世界史 ON MAP

起草 編纂 鎌田雅治　イラスト 編纂 山岸 全

WADE

はじめに

　現在の地球上の生物全般の中で、人類が認知できる歴史の記録があるのは人類だけです。
　これは当たり前な話ですが、公平全般に考えてみれば人類だけに即した認識とも言えます。
　しかし学問とはそんな前提を設定しなければ、何も始まらない事もまた事実です。
　そこで大事な事は、妄信的にこれが正しいと思わない事で、人類の歴史は概ね現在残存する数々の史料でこれが妥当とされている真意で語られていなければなりません。
　よってこの「世界史 ON MAP」もこの主旨の元に制作されています。
　またこの「世界史 ON MAP」はその中でも特に事項発生の前後を、関係する地域との連鎖や、地域が持つ特殊性を距離感で把握して頂ける事を特徴として、制作致しました。
　この「世界史 ON MAP」によって今までよりも多くの方の世界史への興味と、より印象的な理解度の向上の一助になればと願う次第です。

2019年10月　起草・編纂　鎌田 雅治

本書の見方

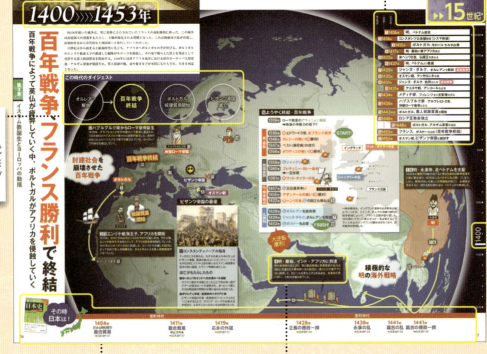

年代 この見開きで紹介している年代を示しています。

年表 この見開きで紹介している年代に起こった出来事を年表形式で紹介しています。年代の頭に記載した数字はMAP上の数字と紐づけられています。

世紀 新たな世紀に突入したことを示してます。

この時代のダイジェスト 紹介している年代のを象徴する出来事をピックアップしています。

その時日本は！ 紹介している同時期に日本で起こった出来事を紹介。さらにその出来事のWADE発行の「原田君にもわかる！日本史 時系列バー方式」での掲載ページを記載しています。

歴史的出来事を解説 主要な出来事について詳しく解説しています。タイトルの頭に記載した数字は年表の数字とMAP上の数字と紐づけられています。

通史における現在地 世界史全体の中でどのあたりに位置する時代なのかを示しています。

目次

第1章 人類と国家誕生

約700万年前 ▶ 約6000年前	アフリカで人類誕生	6
約6000年前 ▶ 約4000年前	文明の誕生と国家形成	8
BC2000年 ▶ BC1000年	優位な土地をめぐって栄枯盛衰	10
BC1000年 ▶ BC600年	オリエント世界に統一国家誕生	12
BC600年 ▶ BC400年	アケメネス朝、全オリエントを支配	14
BC400年 ▶ BC200年	アレクサンドロスと始皇帝	16

第2章 古代ローマとヨーロッパ世界の形成

BC200年 ▶ 1年	地中海を制覇、ローマ帝国の誕生	18
1年 ▶ 149年	キリスト処刑とキリスト教の誕生	20
150年 ▶ 399年	ローマ帝国、東西に分裂	22
400年 ▶ 599年	ゲルマン民族大移動の余波	26

第3章 イスラム教誕生とヨーロッパの動揺

600年 ▶ 749年	イスラム世界の誕生と拡散	28
750年 ▶ 849年	西ローマ帝国の復活	32
850年 ▶ 949年	フランク王国の分裂	34
950年 ▶ 1024年	神聖ローマ帝国の誕生	36
1025年 ▶ 1074年	世界に広まるノルマン人	38
1075年 ▶ 1139年	十字軍とレコンキスタ	40
1140年 ▶ 1199年	イスラム勢力の反撃開始	42
1200年 ▶ 1249年	モンゴル帝国の勃興	48
1250年 ▶ 1299年	モンゴル帝国、世界史上最大の領土	50
1300年 ▶ 1349年	ヨーロッパの危機（百年戦争とペスト）	52
1350年 ▶ 1399年	オスマン朝とティムール朝	54
1400年 ▶ 1453年	百年戦争、フランス勝利で終結	56

第4章 ヨーロッパ列強、領土求めて大海原へ

1454年 ▶ 1500年	大航海時代の幕開け	58
1501年 ▶ 1525年	ルターの批判、宗教改革の発端に	62
1526年 ▶ 1550年	オスマン朝、キリスト教圏を侵蝕	64
1551年 ▶ 1575年	プロテスタント公認される	68
1576年 ▶ 1600年	イングランド、無敵のスペイン破る	70
1601年 ▶ 1625年	東・西インド会社、設立ラッシュ	72
1626年 ▶ 1650年	三十年戦争終結。ヨーロッパ新秩序が始動	76
1651年 ▶ 1675年	イギリス、オランダの支配地を狙う	78
1676年 ▶ 1700年	名誉革命で、立憲王政が成立	80
1701年 ▶ 1720年	北方戦争、ピョートル海を目指す	82
1721年 ▶ 1740年	帝政ロシア誕生と2つの王位継承戦争	84
1741年 ▶ 1760年	イギリス・フランス世界各地で激突	86

第5章 アメリカ誕生と揺らぐ絶対王政

1761年 ▶ 1780年	アメリカ独立と産業革命	90
1781年 ▶ 1790年	市民が蜂起、フランス革命	94
1791年 ▶ 1800年	ナポレオン登場で革命に幕	96
1801年 ▶ 1810年	皇帝ナポレオン、欧州各国を撃破	98
1811年 ▶ 1820年	ウィーン体制で絶対王政に逆戻り	100
1821年 ▶ 1830年	新旧大陸を分つモンロー宣言	102
1831年 ▶ 1840年	イギリスの三角貿易とアヘン戦争	104
1841年 ▶ 1850年	諸国民の春で、ウィーン体制瓦解	106
1851年 ▶ 1855年	久々の欧州大戦・クリミア戦争	108
1856年 ▶ 1860年	サルディーニャ、イタリア統一へ	110
1861年 ▶ 1865年	南北戦争勃発。黒人奴隷解放へ	112
1866年 ▶ 1870年	ビスマルク、仏墺を巧みに挑発	114
1871年 ▶ 1875年	統一完成! ドイツ帝国の誕生	116
1876年 ▶ 1880年	ビスマルク、世界の調停を主導	118
1881年 ▶ 1885年	安全保障を図るビスマルク体制	120
1886年 ▶ 1890年	皇帝の死＝ビスマルク時代の終焉	122
1891年 ▶ 1895年	フランス、ビスマルク包囲網を脱出	124

第6章 二つの大戦争を経験する世界

1896年 ▶ 1900年	西洋列強、敗戦国・清を侵蝕	128
1901年 ▶ 1905年	日露戦争で揺らぐロシア帝国	130
1906年 ▶ 1910年	三国協商と三国同盟	132
1911年 ▶ 1915年	第一次世界大戦と辛亥革命	134
1916年 ▶ 1918年	大戦終結とソヴィエト誕生	136
1919年 ▶ 1921年	国際連盟誕生と民族自決の気運	138
1922年 ▶ 1924年	欧州の混乱を収めるアメリカ	140
1925年 ▶ 1927年	ドイツ、国際社会へ復帰	142
1928年 ▶ 1930年	NYから始まった世界大恐慌	144
1931年 ▶ 1932年	世界経済のブロック化	148
1933年 ▶ 1935年	吹き始めたファシズムの風	150
1936年 ▶ 1937年	スペイン内戦 ～第二次大戦前哨戦	152
1938年 ▶ 1939年	ついに勃発!! 第二次世界大戦	154
1940年 ▶ 1941年	ドイツ、電撃戦で欧州大半を手中に	156
1942年 ▶ 1943年	米英主導の連合国結成で、形勢逆転	158
1944年 ▶ 1945年	原爆投下とともに、第二次大戦終結	160

第7章 世界を二分する東西冷戦時代

1946年 ▶ 1947年	新体制を打ち出す各国と米ソ冷戦	162
1948年 ▶ 1949年	米ソ対立がドイツ・朝鮮分裂を生む	164
1950年 ▶ 1951年	朝鮮戦争勃発。第三次大戦の危機	168
1952年 ▶ 1953年	核兵器開発競争、米ソ以外に拡散	170
1954年 ▶ 1955年	第三世界、世界に平和共存の訴え	172
1956年 ▶ 1957年	米ソの争いはいよいよ宇宙へ	174

1958年 ▶ 1959年	ピークを迎える米ソの「雪どけ」	176
1960年 ▶ 1961年	キューバへの圧力強めるアメリカ	178
1962年 ▶ 1963年	核兵器のボタンに手をかける	180
1964年 ▶ 1965年	ベトナム戦争、米が直接介入!!	182
1966年 ▶ 1967年	中国・文化大革命の開始	184
1968年 ▶ 1969年	広がる反戦気運で米軍撤退決定	186
1970年 ▶ 1971年	台湾に替わり中国が国連加盟	188

第8章 世界を動かす中東諸国

1972年 ▶ 1973年	先進国を揺るがすオイルショック	190
1974年 ▶ 1976年	ベトナム戦争・文化大革命終結	194
1977年 ▶ 1979年	イスラム原理主義と米ソの軋轢	196
1980年 ▶ 1982年	イラン・イラク戦争勃発	198
1983年 ▶ 1985年	南アメリカ諸国の民政復帰	200
1986年 ▶ 1988年	東欧崩壊を呼ぶペレストロイカ	204
1989年 ▶ 1990年	ハンガリー(東欧)、西欧との国境を解放	206

第9章 冷戦終結で再編成進む世界

1991年 ▶ 1992年	ソ連解体➡アメリカ一強時代へ	208
1993年 ▶ 1994年	EU誕生で自由化進む欧州	210
1995年 ▶ 1997年	凶弾によりパレスチナ問題、再び暗礁に	212
1998年 ▶ 2000年	ユーロ導入で進むEUの経済統合	214
2001年 ▶ 2003年	9・11アメリカ中枢で同時多発テロ	216
2004年 ▶ 2006年	経済成長により発言力を増す中国	218
2007年 ▶ 2009年	世界経済に衝撃!! リーマン・ショック	220
2010年 ▶ 2012年	アラブ長期政権相次いで崩壊	222
2013年 ▶ 2015年	スンニ派武装集団IS、イスラム国を建国	224
2016年 ▶ 2018年	世界に広がるナショナリズムの潮流	226

世界史"まとめ"コラム

●古代ローマ世界~ローマ帝国誕生と衰退~	24
●中国全通史~その❶~	30
●カロリング=ルネサンス~カール大帝の文化復興~	44
●12世紀ルネサンス~十字軍がもたらす文化復興~	45
●7度にわたる十字軍~聖地回復はなったのか~	46
●ルネサンス~ヨーロッパ近代の出発点~	60
●キリスト教とイスラム教~争いを続ける両宗教~	66
●重商主義と三角貿易~西洋列強の搾取の構造~	74
●イングランド・フランス王朝の変遷	88
●産業革命~木綿工業の革新から生まれた資本主義~	92
●パレスチナ問題~ユダヤ人の歴史~	126
●北米全通史~大陸発見から大国アメリカ誕生まで~	146
●中国全通史~その❷~	166
●中東戦争~イスラエルvsアラブ諸国~	192
●中南米全通史~ラテンアメリカの歩み~	202

索引 228

約700万 >>> 約6000年前

第1章 人類と国家誕生

アフリカで人類誕生

直立二足歩行を特徴とする人類は700万年前に誕生し、世界各地へ拡散していく

直立二足歩行を特徴とする人類が誕生したのは、約700万年前のアフリカ大陸であると考えられている。アウステラロピテクスなどの猿人が最初に現れた人類で、打製石器を使用するものもいた。さらに約240万年前になると原人と呼ばれる人類がアフリカ大陸に現れる。改良された打製石器と火を用いた原人は氷河期を生き抜き、世界各地に広がっていった。約60万年前には旧人、そして約20万年前に我々と同じホモ＝サピエンスに属する新人が誕生する。彼らは石器の他に骨格器を使用し、ラスコーの洞穴絵画に代表される絵画を残した。1万年前に氷河期が終わると自然環境の変化に伴い、彼らの生活も変化する。それまでの狩猟による獲得経済から農耕や牧畜による生産経済へと変貌を遂げたことで、人口は増加し大規模集落が誕生した。

9 農耕と牧畜の開始＝生産経済の開始
約9000年前、西アジアで麦の栽培とヤギ・羊などの飼育が始まった。これにより、人類は不安定な狩猟による獲得経済から、農耕・牧畜による生産経済へと移行した。その結果、人口は激増し文明誕生の基礎が築かれた。

小集団が獲物を追って移動生活
↓
大集団化により食物生産・計画が発達

10 大規模集落の誕生
エジプトのナイル川流域で灌漑農業が行われるようになると、形成された集落を基盤とした小国家（＝ノモス）が誕生した。

1	約400万年前～	アウステラロピテクス (猿人) 登場
2	約240万年前～	ホモ＝ハビルス (猿人) 登場
3	約170万年前～	ジャワ原人 (原人) 登場
4	約70万年前～	北京原人 (原人) 登場
5	約35万年前～	ネアンデルタール人 (旧人) 登場
6	約4万年前～	クロマニョン人 (新人) 登場
7	約1万年前	氷河期の終焉
8	約1万年前	長江流域での稲の栽培開始
9	約9000年前	西アジアで麦の栽培と牧畜の開始
10	約8000年前	エジプトにノモス (県) 出現
11	約7〜6000年前	黄河中流域に仰韶文化出現

旧石器時代

その時日本は！

約6000 >>> 約4000年前

第1章　人類と国家誕生

文明の誕生と国家形成

メソポタミア・エジプトなどのオリエント世界で人類文明が誕生する。

約1万年前の氷河期終了以降、人類は徐々に農耕技術を発展させて、定住化・集団化を進めていった。メソポタミアでは灌漑農業が始まり、生産性は向上して集団はさらに巨大化し、農耕にとって重要な大きな河川の周辺に集中するようになる。エジプト文明・メソポタミア文明・インダス文明・黄河文明といった巨大文明が誕生し、その中から、王や君主が出現し、メソポタミアやエジプトで統一国家が形成されていった。

各地に都市が生まれ、都市同士の交易が行われるようになると、国民統制・祭祀行事のために各地で「文字」が産み出されるようになった。殷の甲骨文字や、アッカド王国の楔文字などがその代表例である。

この時代のダイジェスト

氷河期の終焉 → 四大文明の誕生 → 王国の形成

1 2 3 6 人類最古の文明・メソポタミア
ティグリス川とユーフラテス川流域に挟まれた地域に成立し、人類最古と考えられているメソポタミア文明。灌漑農業が発達して食糧生産が増加したことで人口が増加し、ウル、ウルクなどのシュメール人による都市国家が多数誕生していった。シュメール人は楔形文字や青銅器を用い、都市国家の中心には神殿（ジッグラト）が建設された。

10 11 メソポタミアの統一
BC2350年頃、アッカド人サルゴンがシュメール人の都市国家を征服し、アッカド王国を建国しメソポタミアのほぼ全域を支配した。しかし、北東の山岳民族の侵入を受けて200年ほどで滅亡し、シュメール人のウル第三王朝がアッカド王国にかわってメソポタミアを支配した。

クレタ文明

シュメール人 1 6

ジッグラト 2

クノッソス神殿 12

メソポタミア文明 3
アッカド王国 10
↓
ウル第3王朝 11

ヒエログリフ 7

4 7 エジプト古王国誕生
メソポタミア文明の影響を受け、灌漑農業を行っていたエジプトで、BC3000年頃、ファラオ・ナルメル王がノモスを統一して、エジプト古王国を成立させた。この時代に青銅器の使用、文字（ヒエログリフ）、ピラミッドなど文明が繁栄した。

エジプト文明
古王国 4
↓
中王国 14

四大文明花開く

その時日本は！

縄文時代

紀元前2000 ≫ 紀元前1000年

第1章　人類と国家誕生

優位な土地をめぐって栄枯盛衰

オリエントの肥沃な土地を奪い合って、様々な民族が入り乱れて争いを繰り広げる

BC2,350年頃にメソポタミアに誕生したアッカド王国が崩壊した後、再び全メソポタミアを支配したのはアムル人のバビロン第一王朝である。バビロン第一王朝はハンムラビ王の時に全盛を迎えるが、周辺諸民族の侵入を受け、鉄器を武器としていたヒッタイト人によって滅ぼされる。その後もミタンニ・カッシートらが侵入。東地中海沿岸には「海の民」と呼ばれる民族の進出が見られるなど、諸王国が並立する状況が生まれ、メソポタミア・エジプトを含む古代オリエント世界は優位な土地を巡って諸民族が争いを続けていった。

一方の地中海世界では、ヨーロッパで初めて青銅器を持ったクレタ文明（エーゲ文明）やオリエントの影響を受けて、北方から移住して来たギリシア人によるミケーネ文明が誕生する。

この時代のダイジェスト

バビロン第一王朝 → ヒッタイトの侵攻 → メソポタミアに多民族割拠

西アジア・地中海周辺の動乱

人類初の法律

1 5 9 10 様々な民族が入り乱れるメソポタミア
シリアからメソポタミアに侵入したアムル人は、バビロンを都としたバビロン第一王朝を設立。6代目ハンムラビ王がメソポタミアを統一した。しかし、アナトリア高原で力を持ったヒッタイトによって滅ぼされると、メソポタミアはミタンニ・カッシートなどの民族が分け合う形になった。

ハンムラビ法典

ヒッタイト
ミタンニ
カッシート
トロイア
ミケーネ　6 18
11
4
5
9
15
14 20
1　バビロン
10
バビロン第一王朝

ギリシア暗黒の400年スタート！
19
ヒクソス
2
16

2 13 15 ヒクソスに滅ぼされるが、新王国として復活したエジプト
BC1800年頃、小アジアから侵入したヒクソスによってエジプト中王国は滅亡し、エジプト人はテーベに都を遷す。アフメス1世の時に、ヒクソスを破って、再統一を成し遂げる〈新王国〉。第18王朝アメンホテプ4世は、ファラオの権威維持のため、それまでの多神教にかわりアトン神を創出し、その信仰を国民に強制した。

アマルナ美術　13

7

エジプト文明
中王国　2
↓
新王国　7

モーセ、エジプト脱出

その時日本は！

縄文時代

紀元前1000 >>> 紀元前600年

第1章 人類と国家誕生

オリエント世界に統一国家誕生

オリエントはアッシリア王国によって統一される一方、ローマ・ギリシアが動き始める

諸民族の争いは複雑化し、国家の規模も巨大化していく。そんな中BC1000年頃にパレスチナの地に誕生したヘブライ王国はダヴィデ王・ソロモン王の時代に最盛期を迎えるが、ソロモン王の死後分裂。BC7世紀前半にアッシリア人が、分裂した旧ヘブライ王国の領土を含めたメソポタミアからエジプトに渉る広大な領土を手中に入れ、初の全オリエント統一王朝であるアッシリア王国を誕生させた。

一方の地中海では「暗黒時代」を脱したギリシア各地でスパルタ・アテネといった「ポリス」が誕生し、さらにイタリア半島では後のローマ帝国の礎となる小さな都市国家・ローマが産声を上げた。

この時代のダイジェスト

ヘブライ王国隆盛 → ギリシアでポリス誕生 → ローマ建国 → アッシリア全オリエント統一

ギリシアの復活とローマの胎動

4 12 ローマの建国
BC1000年頃、北方から**イタリア半島**に移住した**古代イタリア人**は、ティベル川のほとりに**都市国家ローマ**を建国。

10 暗黒時代を抜けたギリシア
BC8世紀に入ると、暗黒時代といわれていた**ギリシア**で、有力貴族のもとにいくつかの集落が集まり、**アクロポリス**を作り、**スパルタ・アテネ**などといった**都市（ポリス）**を成立させていた。彼らは地中海や黒海沿岸に植民市を建設し、オリエント世界などとの交易をさかんに行っていた。

7 9 アルファベットの原型を作ったフェニキア人
BC1200年頃から、**地中海貿易**を支配していた**フェニキア人**は、貿易上の必要性から**アルファベットの原型**となる**フェニキア文字**を作った。これは、彼らの貿易活動の拡大とともに地中海世界に広がっていった。**シドン**や**ティルス**を中心都市としていたフェニキア人は、アッシリア王国の力が強大になると、チュニジアの**カルタゴ**などに**植民市**を建設するようになった。

古代オリンピア開催

アッシリア王国 13 14

全オリエント統一

1 5 ヘブライ王国隆盛
BC1000年頃、ヘブライ人がパレスチナに建国。ダヴィデ王の時にパレスチナ全域を支配し、ソロモン王の時に「ソロモンの栄華」と称される最盛期を迎えた。

6 イスラエル王国とユダ王国に分裂
最盛期を迎えたヘブライ王国だったが、ソロモン王の死後、イスラエル王国とユダ王国に分裂。

その時日本は！　　縄文時代

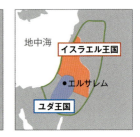
ダヴィデ王

紀元前600 >>> 紀元前400年

第1章 人類と国家誕生

アケメネス朝、全オリエントを支配
広大な領土を得たアケメネス朝ペルシア。その矛先をギリシアへ向ける。

数々の王国が誕生・分裂・滅亡を繰り返すオリエント世界を統一したのは、アケメネス朝ペルシアだった。東はインダス川から西は小アジア・エジプトに渉る巨大な領地を治めたアケメネス朝は、ボスポラス海峡を渡ってヨーロッパ大陸へと進出。ギリシアのポリス群との戦いに挑むのだった。

またこの時代には各地で新たな宗教が現れる。オリエント世界ではバビロン捕囚から解放されたユダヤ人がユダヤ教を、アジアではバラモン教による支配体制への抵抗から、仏教・ジャイナ教が誕生する。諸子百家によって様々な思想が誕生した中国でも、孔子を中心とする集団によって儒教が確立されていった。

この時代のダイジェスト

バビロン捕囚 → アケメネス朝ペルシア成立 → アケメネス朝全オリエント支配 → ペルシア戦争

13 17 18 アケメネス朝、ギリシア・ポリス群へ侵攻　ペルシア戦争勃発！
BC500年に起きたイオニアの反乱を鎮圧したアケメネス朝のダレイオス1世は、反乱に加担したアテネなどのポリスに対し遠征軍を送った。一時はアケメネス朝軍によってアテネが制圧されたが、アテネを中心として結成されたデロス同盟は、見事アケメネス朝軍を撃退することに成功する。

11 ローマ、王制から共和政へ
建国当初のローマは、先住民であるエルトリア人の王によって支配されていた。しかし、BC509年にこの王を追放し、コンスル（執政官）を中心とする貴族共和政が始まった。

エーゲ海を巡る覇権争い

アケメネス朝ペルシア

ユダヤ教確立

20 ポリス同士が戦うペロポネソス戦争
アケメネス朝対策として結成されたデロス同盟だったが、戦争終結後もアテネはこれを続行。「アテネ帝国」と呼ばれるほどの権力を誇った。デロス同盟は、次第にスパルタを盟主とするペロポネソス同盟との対立を深め、BC431年、両者はぶつかり、ペロポネソス戦争が勃発する。

その時日本は！

弥生時代

紀元前5～4世紀
青銅器や鉄器を使いはじめる
→日本史P.15

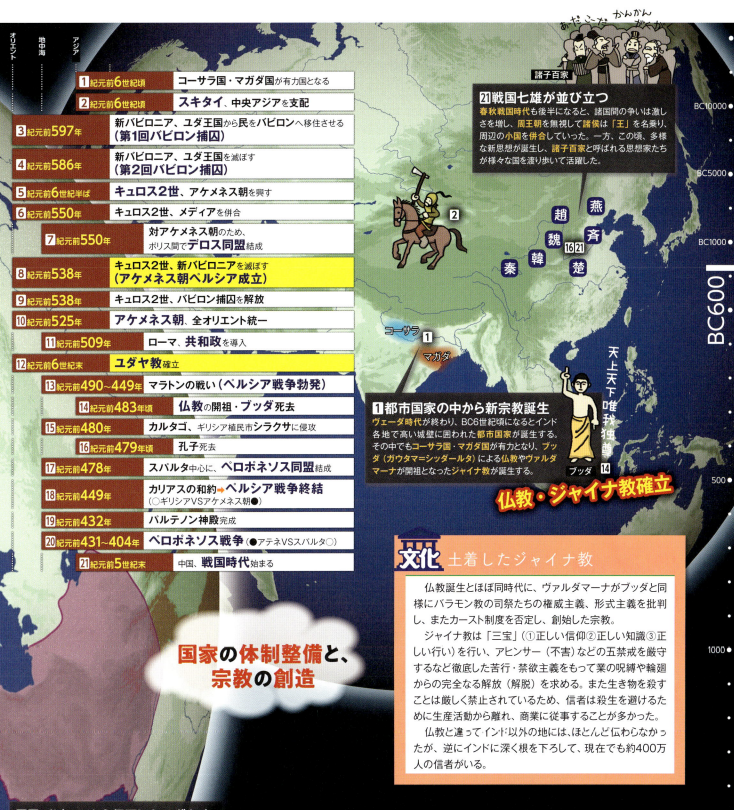

1	紀元前6世紀頃	コーサラ国・マガダ国が有力国となる
2	紀元前6世紀頃	スキタイ、中央アジアを支配
3	紀元前597年	新バビロニア、ユダ王国から民をバビロンへ移住させる（第1回バビロン捕囚）
4	紀元前586年	新バビロニア、ユダ王国を滅ぼす（第2回バビロン捕囚）
5	紀元前6世紀半ば	キュロス2世、アケメネス朝を興す
6	紀元前550年	キュロス2世、メディアを併合
7	紀元前550年	対アケメネス朝のため、ポリス間でデロス同盟結成
8	紀元前538年	キュロス2世、新バビロニアを滅ぼす（アケメネス朝ペルシア成立）
9	紀元前538年	キュロス2世、バビロン捕囚を解放
10	紀元前525年	アケメネス朝、全オリエント統一
11	紀元前509年	ローマ、共和政を導入
12	紀元前6世紀末	ユダヤ教確立
13	紀元前490〜449年	マラトンの戦い（ペルシア戦争勃発）
14	紀元前483年頃	仏教の開祖・ブッダ死去
15	紀元前480年	カルタゴ、ギリシア植民市シラクサに侵攻
16	紀元前479年頃	孔子死去
17	紀元前478年	スパルタ中心に、ペロポネソス同盟結成
18	紀元前449年	カリアスの和約→ペルシア戦争終結（○ギリシアVSアケメネス朝●）
19	紀元前432年	パルテノン神殿完成
20	紀元前431〜404年	ペロポネソス戦争（●アテネVSスパルタ○）
21	紀元前5世紀末	中国、戦国時代始まる

21 戦国七雄が並び立つ

春秋戦国時代も後半になると、諸国間の争いは激しさを増し、周王朝を無視して諸侯は「王」を名乗り、周辺の小国を併合していった。一方、この頃、多様な新思想が誕生し、諸子百家と呼ばれる思想家たちが様々な国を渡り歩いて活躍した。

1 都市国家の中から新宗教誕生

ヴェーダ時代が終わり、BC6世紀頃になるとインド各地で高い城壁に囲われた都市国家が誕生する。その中でもコーサラ国・マガダ国が有力となり、ブッダ（ガウタマ＝シッダールタ）による仏教やヴァルダマーナが開祖となったジャイナ教が誕生する。

仏教・ジャイナ教確立

国家の体制整備と、宗教の創造

文化　土着したジャイナ教

仏教誕生とほぼ同時代に、ヴァルダマーナがブッダと同様にバラモン教の司祭たちの権威主義、形式主義を批判し、またカースト制度を否定し、創始した宗教。

ジャイナ教は「三宝」（①正しい信仰②正しい知識③正しい行い）を行い、アヒンサー（不害）などの五禁戒を厳守するなど徹底した苦行・禁欲主義をもって業の呪縛や輪廻からの完全なる解放（解脱）を求める。また生き物を殺すことは厳しく禁止されているため、信者は殺生を避けるために生産活動から離れ、商業に従事することが多かった。

仏教と違って、インド以外の地には、ほとんど伝わらなかったが、逆にインドに深く根を下ろして、現在でも約400万人の信者がいる。

9 12 バビロンから帰国したユダヤ人

バビロン捕囚によって拘束されていたユダ王国の人々たちは、苦境の中で、生き残るために様々な宗教改革を行っていた。そして彼らは、キュロス2世によって解放され、ユダヤに帰国するとユダヤ教を確立した。

アケメネス朝ペルシア誕生

6 8 9 キュロス2世とバビロン捕囚

新バビロニアのネブカドネザル2世は、2度にわたりユダ王国を攻め、住民をバビロンに強制移住させた。（バビロン捕囚）。しかし、BC6世紀半ばにアケメネス朝を興したキュロス2世は、BC538年にバビロンを征服し、住民を解放した。

10 アケメネス朝、全オリエント統一

キュロス2世によってメディア・リディア・バビロンを征服したアケメネス朝ペルシアは、第3代ダレイオス1世の時にエジプトを制し、ついにインダス川からエーゲ海北岸に至る大帝国を打ち立てた。（BC525年）

紀元前400 >>> 紀元前200年

第1章 人類と国家誕生

アレクサンドロスと始皇帝

巨大国家が誕生する一方、イタリアを手中に収めたローマが地中海に勢力を広げる

オリエント世界と中国でほぼ同時期に巨大帝国が誕生する。BC336年にマケドニアの王となったアレクサンドロスは東方遠征を開始すると瞬く間にインドに及ぶ巨大な帝国を誕生させる。一方の中国では秦の嬴政（始皇帝）が中国初となる統一王朝を開くことに成功する。

ほぼ同時期に誕生したこの2つの巨大王国は、ともにアレクサンドロス・始皇帝が死去すると簡単に瓦解。再び混乱が始まる。

イタリア半島ではローマが勢力を拡大。半島の統一を成し遂げ、続いて地中海への進出を目論み、カルタゴに対して仕掛ける（ポエニ戦争）。カルタゴはハンニバルを中心にローマに立ち向かうが、敗戦。地中海の覇権はローマへと移るのであった。

この時代のダイジェスト

アレクサンドロスの巨大国家 → 秦の始皇帝 中国を統一 → ローマ、イタリア半島を統一 → ポエニ戦争

3 13 ローマ、イタリア半島統一

ローマはBC340年に周辺のイタリア人都市（ラテン同盟）を武力で制圧して、ラティウムを支配下に。サムニウム戦争では、イタリア半島の中部をほぼ手中に入れた。さらに、イタリア半島南端のギリシア植民都市の征服に乗り出し、BC272年イタリア半島の統一に成功した。この一連の戦争で中核を担ったのは、重装歩兵と戦った平民たちであったため、平民たちの発言力が増していった。

BC270頃ローマ勢力圏
BC300頃ローマ勢力圏
ローマ
カルタゴ
地中海

大王・アレクサンドロスの快進撃

アレクサンドロス東征ルート

マケドニア

12 ローマ　18

4 5　6　アレクサンドロス

14

ハンニバル

カルタゴ　シラクサ

ポエニ戦争勃発

アレクサンドリア

ローマの勢力拡大

14 18 ローマ、カルタゴと地中海覇権を巡って争う

イタリア半島を統一したローマは、シチリア半島でカルタゴと対立するシラクサの援軍要請を受け、地中海の覇権を奪うべくカルタゴに侵攻した。第一次ポエニ戦争に敗れ、シチリアを失ったカルタゴは、ハンニバルがローマ本土に侵入し、ローマ軍を撃破するも反撃を受けて再び敗北した。

その時日本は！

弥生時代

16

1	紀元前4世紀頃〜	ドンソン文化誕生
2	紀元前380年	仏教、大衆部と上座部に分裂
3	紀元前340〜338	ラテン同盟戦争
4	紀元前338年	マケドニア、アテネ・テーベ連合軍を破り、全ギリシアを支配
5	紀元前336年	アレクサンドロス、マケドニアの王となる
6	紀元前334年	アレクサンドロス大王、東方遠征開始
7	紀元前330年	アレクサンドロス大王、アケメネス朝ペルシアを滅ぼす
8	紀元前330年頃〜	ヘレニズム文化
9	紀元前323年	アレスサンドロス大王死去
10	紀元前317年	インド、初の統一王朝マウリヤ朝成立
11	紀元前301年	マケドニア、3つに分裂
12	紀元前287年	ローマ、ホルテンシウス法制定 →平民と貴族の権利が同等に
13	紀元前272年	ローマ、イタリア半島を統一
14	紀元前264〜241年	第一次ポエニ戦争（○ローマVSカルタゴ●）
15	紀元前268年	マウリヤ朝、アショーカ王即位 最盛期を迎える
16	紀元前247年	遊牧イラン人のパルティア独立
17	紀元前221年	秦の始皇帝が中国統一
18	紀元前219〜201年	第二次ポエニ戦争（○ローマVSカルタゴ●）
19	紀元前215年〜	マケドニア戦争勃発（ローマVSマケドニア）
20	紀元前207年	秦が滅亡、楚漢戦争起こる
21	紀元前202年	漢（前漢）建国

17 20 21 秦の始皇帝、中国統一するも…

BC221年、戦国七雄の一つ「秦」の嬴政は中国を統一し、「始皇帝」を名乗った。文字や軌道などの統一を図って中央集権化を図る一方で、万里の長城建設に狩り出すなど民衆に対して圧政を行ったため、彼の死後再び世は乱れ（楚漢戦争）、その争いを制した劉邦が漢を建国した。

1 北ベトナムの金属器文化

北部ベトナムの紅河流域に、中国の青銅器文化の影響を受けたドンソン文化が誕生し、BC4世紀頃からBC1世紀頃まで続いた。銅鼓という青銅器が特徴。

文化　ヘレニズム文化

アレクサンドロス大王の東方遠征によって、ギリシア文化とオリエント文化が融合して誕生した文化で、大王の死後に分裂した3国の他、アジア各地のギリシア系国家のもとで発展した。文化の中心地となったのがプトレマイオス朝エジプトのアレクサンドリアだ。そこには博物館であり、研究機関でもあるムセイオンが建設され、自然科学者が活躍した。

ヘレニズム文化の代表的なものに『ミロのヴィーナス』・『サモトラケのニケ』などがあり、後のルネサンスの美術に大きな影響を与えた。プトレマイオス朝がローマに滅ぼされるまでをヘレニズム時代と呼ぶが、その後も西アジアからインドにかけて存続し、インドのガンダーラ美術、日本の天平文化にも影響を与えている。

ミロのヴィーナス

10 15 インド初の統一王朝誕生

アレクサンドロス大王の東征によって、西北インドにもギリシア系の政権が複数誕生した。その混乱の中、BC4世紀終わりに登場したマウリヤ朝のチャンドラグプタ王が、マガダ国さらにギリシア勢力を倒して、インド初の統一王朝を打ち立てた。マウリヤ朝はアショーカ王の時に最盛期を迎えるが、彼の死後衰退した。

アレクサンドロス大王の死後

9 11 大王の死後、3つに分裂

BC323年にアレクサンドロス大王が死去すると後継者（ディアドコイ）たちの争いが起こり、BC301年のイプソスの戦いでマケドニアはアンティゴノス朝・セレウコス朝・プトレマイオス朝に分裂した。

16 バクトリア・パルティア独立

BC3世紀半ばに、アム川上流でギリシア人がセレウコス朝から独立してバクトリアを立てると、遊牧イラン人のアルサケスもパルティアを建国した。

紀元前200 》》 紀元前1年

第2章 古代ローマとヨーロッパ世界の形成

地中海を制覇、ローマ帝国の誕生

マケドニアの三国・カルタゴを次々に制圧し、オクタウィアヌスが皇帝となる。

第三次ポエニ戦争に勝利し、カルタゴを滅ぼして地中海の制海権を手中に入れたローマは、同時にギリシア・マケドニアを次々に制圧して勢力を拡大する。しかし、その領土拡大の結果、奴隷がローマ本国に大量に供給されたことで、その社会構造は大きく変化し、「内乱の1世紀」と呼ばれる混乱の時期を迎える。

その内乱を鎮めることに功のあったカエサルらによってローマは統治される（第一回三頭政治）が、そのカエサルの暗殺後、ライバルたちを滅ぼし、プトレマイオス朝エジプトを滅亡させたオクタウィアヌスが、ローマの元老院から「アウグストゥス」の称号を送られ、ローマ帝国の初代皇帝となる。

この時代のダイジェスト

第三次ポエニ戦争 → ローマ「内乱の1世紀」 → アウグストゥス プトレマイオス朝滅ぼす → **ローマ帝国誕生！**

オリエント / ローマ

1 紀元前192年	セレウコス朝、ギリシアに侵攻 ➡ローマに敗れ、小アジア失う	
2 ～紀元前167年	マケドニア戦争終結 ➡アンティゴノス朝滅亡	
3 紀元前148年	ローマ、マケドニアを属州とする	
4 紀元前150年頃	バクトリア、大月氏に滅ぼされる	
5 紀元前149～146年	第三次ポエニ戦争 ローマ、カルタゴを滅ぼす	
6 紀元前146年	ローマ、ギリシアを併合	
7 紀元前2世紀半ば	パルティア、メソポタミア併合	
8 紀元前73～71年	スパルタクスの反乱 ➡クラッススによって鎮圧	
9 紀元前64年	ポンペイウス、セレウコス朝滅ぼす	
10 紀元前60年	第1回三頭政治（ポンペイウス・クラッスス・カエサル）	第1回三頭政治
11 紀元前53年	カルラエの戦い パルティア騎兵隊、ローマ軍に大勝	
12 紀元前48年	カエサル、プトレマイオス朝の内紛介入 →クレオパトラ7世を王に復位させる	
13 紀元前46年	カエサル、全土を平定	
14 紀元前44年	カエサル、ブルートゥスらに暗殺される	
15 紀元前43年	第2回三頭政治（アントニウス・レピドゥス・オクタウィアヌス）	第2回三頭政治
16 紀元前31年	アクティウムの海戦 ➡プトレマイオス朝滅亡	
17 紀元前27年	オクタウィアヌス、元老院からアウグストゥスの称号を与えられる ➡ローマ帝政時代	
18 紀元前7年頃	キリスト誕生	

ローマ帝国初代皇帝 アウグストゥス [17]

第2回三頭政治の一角を担ったオクタウィアヌスは、アクティウムの海戦でアントニウスとクレオパトラ7世を破り、翌年にはプトレマイオス朝を滅ぼし、地中海世界を完全に掌握した。オクタウィアヌスは非常時のため与えられていた大権の返還を申し出るが、逆に元老院から「アウグストゥス（＝尊厳ある者）」の称号を受け、初代ローマ皇帝に就任し、「ローマ帝国」を創始した。

その時 日本は！

弥生時代

オクタウィアヌス

0 >>> 149年

第2章 古代ローマとヨーロッパ世界の形成

キリスト処刑とキリスト教の誕生

キリストの死後、キリストの教えに基づき原始キリスト教が誕生する。

BC7年頃に誕生したキリストは30歳を過ぎた頃から、宗教活動を開始。ユダヤ教の律法主義を否定して、神の愛を説き、多くのユダヤ人の信者を得たが、BC30年頃、反ローマの嫌疑をかけられ処刑された。しかし、キリストの復活を信じる使徒によって教団が誕生。やがてローマ帝国領内に広まり、民族を越えた世界宗教として発展していく。しかし、キリスト教誕生当初は皇帝崇拝を拒否したため、ローマ皇帝ネロの迫害に代表されるように、ローマ帝国からの厳しい処分を受けるのだった。

一方のローマ帝国は96年に即位したネルヴァから始まる、最も繁栄し、安定した五賢帝時代を迎える。

この時代のダイジェスト

キリストの処刑 → 原始キリスト教の成立 → ネロ帝 キリスト教を迫害 → ローマ 五賢帝時代

キリスト教団の誕生と拡散

ネロ

⑨乱心のネロ皇帝、キリスト教を迫害
第5代ローマ皇帝ネロは、就任当初は名君とされていたが、次第に乱行が多くなる。64年にローマで大火事が起こると市民はネロが自ら火をつけたのでは?と噂するようになった。これに対しネロはキリスト教徒を放火犯に仕立て上げ、キリスト教の大迫害を行った。

コロッセウム ⑫

ローマ ⑨⑬

パルティア

ローマ帝国

⑮

⑩⑪⑰ エルサレム

⑥

⑬ローマが最も安定した五賢帝時代
ネルヴァ、トラヤヌス、ハドリアヌス、アントニヌス=ピウス、マルクス=アウレリウス=アントニヌスの5人のローマ皇帝は五賢帝と称され、その治世（96年〜180年）は安定し、ローマ帝国の領土も最大となるなど最盛期を迎えた。

原始キリスト教成立

五賢帝時代到来

⑩⑪⑰ローマ帝国によって離散するユダヤ人
ローマ帝国の支配下にあったパレスチナで、その支配に不満を募らせていたユダヤ人が、66年ローマに対して反乱を起こした（第1次ユダヤ戦争）。反乱を鎮圧するために派遣されたローマ軍は70年にエルサレムを制圧、ユダヤ教のヤハウェ神殿を破壊した。131年ハドリアヌス帝がローマの神殿をヤハウェ神殿を破壊した地に建設しようとすると、再びユダヤ人による反乱が発生（第2次ユダヤ戦争）、135年再びローマ軍によってエルサレムは破壊され、ユダヤ人たちは地中海各地に離散していくのであった。

パックス=ロマーナ と呼ばれる時代

原田 智にわかる! **日本史** 年表列パー方式

歴史の「ココどこ?症候群」を一気に解決!!

その時 日本は!

弥生時代

57年 後漢より **金印** を受ける →日本史P.18

文化　ガンダーラ美術

1世紀末ごろから、クシャーナ朝時代の西北インド、ガンダーラ地方とタキシラで興った仏教美術。

初期の仏教は偶像崇拝ではなかったため、現在のような仏像文化は存在しなかった。しかし、クシャーナ朝はイラン系民族が造った王朝であり、バクトリアから起こった国であったのでヘレニズムの影響を受け、ギリシア彫刻を模して仏像・菩薩像が造られるようになった。初期の仏像はギリシア彫刻の影響を強く受けていたが、4世紀のグプタ朝時代になると次第にインド独自の様式であるグプタ様式が成立する。

このガンダーラ美術は、仏教の伝播とともに中央アジア・中国・日本へと伝わっていった。

1 2 7 16 カニシカ王と大乗仏教

1世紀頃、中央アジアから西北インドに侵入したイラン系民族であるクシャーナ族がクシャーナ朝を興す。それまでインドを支配していたマウリヤ朝とは人種は違ったが、同じく仏教を保護した。特に3代目の王であるカニシカ王は1世紀に誕生した大乗仏教を強く保護し、彼のもとヘレニズム文化の影響を受けたガンダーラ美術が発展した。

3 4 5 王莽が漢を倒すが、一瞬の夢…

皇后の一族である王莽は、幼少の平帝の外戚となって実権を握っていたが、8年平帝を毒殺して皇帝の座を奪い新王朝を成立させた。王莽は周の時代を理想とする改革を行ったが、実情に合わない法を乱発して国内を混乱させてしまう。18年に農民による反乱（赤眉の乱）が発生。さらには漢王朝の生き残りである劉秀などの豪族が挙兵し、王莽は自殺に至った。劉秀は25年、光武帝として即位して漢王朝を復興した（後漢）。

国家と宗教の関係の変化

1	1世紀頃	クシャーナ朝 起こる
2	1年頃	大乗仏教 起こる／クシャーナ朝の保護を受ける
3	8年	王莽、前漢を滅ぼし、新を建国
4	18年〜27年	赤眉の乱
5	25年	劉秀、漢を復興（後漢）
6	30年頃	キリスト 処刑される
7	50年頃	ガンダーラ美術
8	57年	倭奴国が後漢に朝貢 ➡ 金印が贈られる
9	64年	ネロ帝、キリスト教徒迫害
10	66年	パレスチナでユダヤ人蜂起（第1次ユダヤ戦争）
11	70年	ローマ軍、エルサレムを破壊
12	80年	ローマ市にコロッセウム完成
13	96〜180年	五賢帝時代
14	101年	メコン川流域に扶南国起こる
15	114年	トラヤヌス帝、アルメニアを属州とする
16	128年	クシャーナ朝、カニシカ王即位
17	132〜135年	第2次ユダヤ戦争 ➡ ユダヤ人のエルサレム立入禁止

弥生時代

キリスト教徒への迫害

イエスが十字架に架けられた後、3日後に復活したことを信じ、少数の信者からなる原始キリスト教団が誕生した。当初はユダヤ教の一派とみなされていたが、使徒ペテロやパウロらの伝道によって小アジアやローマ帝国内に広まっていった。

誕生当初、キリスト教徒はユダヤ人が多く、あくまでもユダヤ教の一分派としてユダヤ教のしきたりを守っての活動であったが、ユダヤ教徒からは敵視され、しばしば迫害が行われた。さらに64年にローマで大火が起こると、ネロ皇帝はキリスト教徒を犯人としてこれを処刑した。これが、ローマ帝国によるキリスト教徒への迫害の初めとされ、2世紀になると、キリスト教からの改宗を拒否した者が処刑されるなどの迫害がしばしば行われた。

しかし、この迫害は一時的なもので、皇帝も無責任な告発や暴動による迫害は禁止していたが、313年のミラノ勅令によってキリスト教の信仰が認められるようになるまで、この迫害は続いていく。

150 ≫ 399年

第2章 古代ローマとヨーロッパ世界の形成

ローマ帝国、東西に分裂

ササン朝ペルシアやゴート人の侵攻によって勢力を失うローマ。

BC1世紀、中国の漢王朝に滅ぼされた匈奴の一部が西方に移動し、定住したのがフン族であるとされている。そのフン族が2世紀頃にバイカル湖からさらに西へと移動を開始し、370年頃にゲルマン人・東ゴート人の居住地に侵入。フン族の侵攻を恐れた西ゴート人がローマ領内に移住したことからゲルマン民族の大移動が始まる。

ゲルマン人の侵入だけでなく、新たに誕生したササン朝ペルシアの侵攻にも悩まされていたローマ帝国は、帝国統治に徐々に行き詰まりを見せる。外敵へ迅速な対応を可能にするため、293年にディオクレティアヌスが四帝分治制を導入するが、これが395年にローマ帝国が東西に分裂する結果を産むことになる。

この時代のダイジェスト

ササン朝ペルシア誕生 → ローマ帝国キリスト教を認める → ゲルマン民族大移動 → **ローマ帝国東西に分裂**

東西に二分される ローマ帝国

西ローマ帝国 / 東ローマ帝国 / コンスタンティノープル

6 10 帝国の治世に行き詰まりが見える
五賢帝時代が終わると、ローマ帝国は経済不振によりまとまりを失っていく。3世紀には軍人皇帝時代を迎え、さらにササン朝やゲルマン人の侵入によって領土は削られていった。そんな中即位したディオクレティアヌス帝はローマ帝国を東西に分けて統治すること（四帝分治制）で政治的秩序を回復しようとした。

16 21 ついに分裂! ローマ帝国
その後、コンスタンティヌス帝による改革、コンスタンティノープルへの遷都などで専制支配体制を作り上げるが、ゲルマン人の大移動によって帝国内は混乱。395年テオドシウス帝は没する前に、2人の子に東西ローマを分け与えたため、帝国は東西に分裂した。

ローマ帝国、キリスト教を国教化

皇帝ネロ以来、キリスト教を弾圧して来たローマ帝国だったが、ローマ帝国が軍人皇帝時代を迎え、危機を感じていた西の正帝コンスタンティヌス帝は、313年にミラノ勅令を発してローマ市民や上層階級にまで広まって来たキリスト教を公認した。この勅令は、「宗教寛容令」であり、全ての宗教の信仰を認めるもので、あくまでもキリスト教もその一つとして認められたものである。

さらに、アタナシウス派キリスト教を正統と定めたテオドシウス帝は、392年にアタナシウス派キリスト教以外を異教徒して禁じる勅令を発し、ローマ帝国の国教としたのである。

ミラノ勅令 — コンスタンティヌス

その時 日本は！

弥生時代

239年 卑弥呼（邪馬台国）魏に使者を送る ➡日本史P.19

248年頃 卑弥呼死去 ➡日本史P.19

22

2～4世紀の中国の変遷

1 4 黄巾の乱で漢が衰退～三国時代へ

185年各地で勃発した黄巾の乱によって漢の中央集権体制は崩壊し、各地に軍事集団が現れ、混乱の時代となった。その中で220年に曹丕が後漢の皇帝から帝位を譲り受けて魏を建国すると、続いて蜀・呉も建国され、三国時代が始まった。

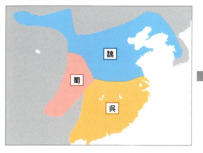

9 西晋が中国を統一

263年に蜀を滅ぼすことに成功した魏だったが、配下であった司馬炎に国を奪われ、滅亡する。その司馬炎の建国した西晋が、最後に残った呉を滅ぼして中国を統一する。しかし司馬炎（武帝）の死後、帝位を争って司馬氏一族が争い（八王の乱）、その支配力は一気に弱まり、再び分裂の時代となる。

12 五胡十六国

八王の乱の中で活躍した遊牧民族（五胡）が力を持ち、各地で反乱をおこし、西晋は滅ぼされる。一族の司馬睿が江南に逃れて東晋を興すが、華北地域は遊牧民族によって建てられた多くの国が興亡を繰り返した。

民族大移動の開始

18 19 ゲルマン民族大移動の発端となったフン族の西進

4世紀の中頃、アジア系遊牧騎馬民族のフン族がドン川を越え、ゲルマン民族である東ゴート人を征服、さらに西ゴート人を圧迫した。これを受けて375年から西ゴート人は南下を始め、ローマ帝国領内に移住するようになり、これをきっかけに様々なゲルマン人が大移動を始めた。

16 500年振りに北インドを統一

マウリヤ朝滅亡以来混乱が続いたインドでは、マウリヤ朝創立者と同名を名乗るチャンドラグプタ1世がグプタ朝を設立する。320年にガンジス川流域を統一、第2代サンドラグプタの時に北インドをほぼ統一する。都パータリプトラを中心にサンスクリット文学やインド美術が発達し、ヒンドゥー教が広まった。

16 グプタ朝
ナーランダー僧院

2 チャンパー国

5 8 ゾロアスター教を国教とするササン朝

224年、農耕イラン人のアルダシール1世はパルティアを滅ぼし、ササン朝を建国した。第2代皇帝のシャープール1世はシリアに侵入して、ローマ軍を破り領地を拡大。ゾロアスター教を国教とし、中央集権的な体制を確立した。

5 8 ササン朝ペルシア

	後漢
1	
4	三国
9	西晋
12	五胡十六国

年表

1	184年	黄巾の乱発生
2	199年頃	チャム人、ベトナム中部にチャンパー国を建国
3	200年頃～	マヤ古典期文化起こる
4	222年	後漢が終わり、三国時代始まる
5	224年	パルティアを滅ぼし、ササン朝ペルシア建国
6	235～284年	ローマ、軍人皇帝時代迎える
7	239年	ササン朝、クシャーナ朝を滅ぼす
8	276年	ササン朝、ゾロアスター教を国教とする
9	280年	西晋、呉を滅ぼし、中国統一
10	293年	ディオクレティアヌス帝、ローマ帝国を東西に分ける（四帝分治制・テトラルキア）
11	303年	最後のキリスト教徒大迫害始まる
12	304年～	五胡十六国時代始まる
13	311年	ガレリウス帝、キリスト教寛容令出す
14	313年	ミラノ勅令 ➡ 信仰の自由が認められる
15	320年	西晋、呉を滅ぼし、中国統一
16	320年	グプタ朝、ガンジス川流域を統一
17	330年	ローマ帝国、コンスタンティノープルに遷都
18	4世紀中頃	フン族の西進
19	375年	西ゴート人が南下（ゲルマン民族大移動の始まり）
20	392年	ローマ帝国、キリスト教を国教とする
21	395年	ローマ帝国東西に分裂

古墳時代

372年 七支刀が百済より贈られる ➡日本史P.20

391年 倭国が高句麗を攻める ➡日本史P.21

世界史"まとめ"コラム
古代ローマ世界 〜ローマ帝国誕生と衰退〜

第2章 古代ローマとヨーロッパ世界の形成

王政

BC1000年頃　古代ローマの誕生
〜ローマの建国　➡P12

紀元前1000年頃から北方よりイタリア半島に移り住むようになった古代イタリア人の中のラテン人の一派が、ティベル川のほとりに都市国家ローマを建設した（BC750年頃）。

共和政

BC509年　共和政のスタート
〜王の支配からの独立　➡P14

建国以来、先住民のエルトリア人の王の支配下にあったローマは、BC509年に王を追放し共和政に。貴族議会である元老院から選ばれたコンスル（執政官）が実質的な支配権を握っていた。

BC272年　イタリア半島の統一
〜領土拡大と平民の躍動　➡P16

ローマは周辺のイタリア人都市（ラテン同盟）やエルトリア人都市、ギリシア植民都市を次々に征服し、BC272年イタリア半島の統一に成功。この一連の征服戦争で中核を担ったのは平民たちであったため、平民出身の「護民官」や平民だけの民会「平民会」が設けられるなど、平民の発言力は上がり、政治上の権利は貴族と同等のものとなった。

BC264年〜　ローマ、地中海を制する
〜ポエニ戦争勃発　➡P16〜

地中海の覇権奪取のため、ローマはカルタゴとのポエニ戦争に踏み切る。BC264から三度にわたる戦いの末、ローマは勝利。さらに軍事力によってマケドニア・ギリシアの併合にも成功し、地中海の覇者となる。

BC1世紀　共和政崩壊の兆し
〜内乱の1世紀が始まる　➡P18

一連の征服戦争による属州の獲得は、ローマ国内の貧富の格差を生んだ。貧富の格差が進むと国内は二つの派閥に分かれて争い始め、護民官のグラックス兄弟の死をきっかけに武力による紛争が起こり「内乱の1世紀」に突入した。

BC46年　カエサル、全土統一
〜第一回三頭政治　➡P18

内乱鎮圧に功のあったポンペイウス・カエサル・クラッスス は互いに手を組み（第一回三頭政治）元老院を抑え込み実権を握った。その中で、ガリア征服に成功したカエサルがBC46年に全土を統一。しかし、BC44年に暗殺され、政治は再び混乱した。

BC100頃　地中海を制覇
BC500頃　ローマ勢力圏
BC270頃　イタリア半島統一
ローマ
カルタゴ
シラクサ
395　東西分裂の境界
ハンニバル
スパルタクス

コロッセウム

BC27年 ローマ帝国の成立
~アウグストゥスの称号 ➡P18

カエサルの死後、第2回三頭政治の一角を担ったオクタウィアヌスは、プトレマイオス朝を滅ぼして地中海を完全に掌握し、内乱を完全に鎮圧する。その功を称え元老院から「アウグストゥス（＝尊厳ある者）」の称号を受けた彼は初代ローマ皇帝に就任し、「ローマ帝国」を創始。自らはプリンケプス（第一の市民）として共和政を尊重したが、実質は皇帝独裁であった。

96年～ 五賢帝時代
~パックス＝ロマーナ ➡P20

ローマ帝国誕生から約200年は「ローマの平和（パックス・ロマーナ）」と呼ばれ、特に五賢帝時代は「人類の最も幸福な時代」といわれ、トラヤヌス帝の時に領土は最大となった。

180年頃～ 行き詰まる支配体制
~軍人皇帝時代 ➡P22

五賢帝の最後アントニヌス帝の末期頃から、ローマはまとまりを失い、各属州が独自の皇帝を立てて争いを始める（軍人皇帝の時代）。さらに周辺の異民族からの侵略に苦しむようになった。

（元首政）

293年 東西分割の始まり
~四帝分治制（テトラルキア） ➡P22

293年、ディオクレティアヌス帝はローマを東西に二分した上でそれぞれを正帝・副帝によって統治させる四帝分治制を導入。実権は東の正帝であるディオクレティアヌス帝のみが持ち、残りの三皇帝はあくまで代理という位置づけでしかなく専制君主政であった。これによって政治的秩序の回復と外敵への対応力を高めることを目指した。

300年頃～ 単独帝政の復活
~支配民への圧力強化 ➡P22

父の後を継ぎ、西の正帝となったコンスタンティヌス帝は四人の皇帝による対立を制し、単独帝政を復活。キリスト教を公認する一方で、巨大な官僚制度を築いて専制君主政の支配力をさらに強化した。

395年 ローマ帝国、東西分裂
~ゲルマン人の大移動 ➡P22

コンスタンティヌス帝によって始まった重税は属州での反乱を招き、さらに375年に始まるゲルマン人の大移動によって、ローマ帝国内は混乱を極めた。最後の皇帝となったテオドシウス帝はその死の際に、二人の息子に東西に分け与えたため、ローマ帝国は東西に分裂した。

（専制君主政）

400 〉〉〉 599年

ゲルマン民族大移動の余波
フランク王国など新国が誕生する一方で、西ローマ帝国は傭兵によって滅ぼされる

第2章　古代ローマとヨーロッパ世界の形成

フン族の侵攻によって、新たな地に定住を果たしたゲルマン人たちは、現在のヨーロッパ諸国の基礎となる国家を次々に創立する。クローヴィスが建国したフランス・ドイツ・イタリアの礎となるフランク王国をはじめ、西ゴート王国・東ゴート王国等などがそれにあたる。

一方で、東西に分裂したローマ帝国内では、476年に西ローマ帝国がゲルマン人傭兵オドアケルによって滅亡させられる一方で、「ビザンツ帝国」と名を変えた東ローマ帝国が興隆する。また、ローマ帝国の東西分裂はキリスト教界にも亀裂を生じさせ、西のローマ教会と東のコンスタンティノープル教会の間でも主導権を巡る争いが始まった。

この時代のダイジェスト

欧州各地にゲルマン人の王国誕生 → 西ローマ帝国滅亡 → フランク王国誕生

ヨーロッパに新たなる国家誕生

8 民族大移動でフランク王国誕生
ゲルマン人一派の**フランク人**は、ゲルマン人の大移動の中、**ライン川**東岸から北ガリアの地に侵入。481年にメロヴィング家の**クローヴィス**が、そのフランク人たちを統一して**フランク王国**を建国した（**メロヴィング朝**）。496年にクローヴィスは**キリスト教のアタナシウス派**に改宗すると**ローマ教会**との関係を深めていった。

9 最初のキリスト教会東西分裂
キリスト世界は五本山（ローマ教会・コンスタンティノープル教会など）と呼ばれる5つの派に分かれ、各地に存在していた。その中でも有力な**ローマ教会**と**コンスタンティノープル教会**による首位権闘争が発生。宗教論争から**ローマ教会**が**コンスタンティノープル総主教を破門**にしたことから東西分裂が始まった。

新王国誕生重なるヨーロッパ大陸

1 2 6 フン王アッティラの大帝国滅亡
ゲルマン人の大移動を引き起こしたフン族はパンノニア（現在のハンガリー）を中心に帝国を建設し、アッティラ王の時全盛期を迎えた。しかし451年のカタラウヌムの戦いで西ローマ・西ゴートの連合軍に敗れ、彼が死去すると急速に衰え、滅亡した。

7 8 西ローマ帝国滅亡
度々フン人の侵入に悩まされていた西ローマ帝国では、その戦いで重責を担った傭兵たちの権力が増していった。476年、傭兵長のオドアケルは傭兵たちの要求に従わなかった皇帝を追放し、西ローマ帝国を滅ぼした。

その時日本は！

古墳時代

421年〜478年
倭の五王、南宋に朝貢
→日本史P.24

600 ≫≫ 749年

イスラム世界の誕生と拡散

イスラム教による国家の誕生は、ヨーロッパにとって脅威となった。

第3章　イスラム教誕生とヨーロッパの動揺

メディーナの商人ムハンマドが神の啓示を受けてアッラーへの信仰を説き始めたのは610年頃のことである。当初は周囲から迫害されてメッカを追われるが、メディナに移って教団（イスラム共同体）を建設し、630年にメッカを征服し凱旋する。

イスラム教は聖戦（ジハード）と呼ばれる他教徒との戦闘によって各地を支配下に治め、第2代カリフ・ウマルの時代にアラビア半島を統一。正統カリフ時代（632～661年）の後も聖戦を続け、初の王朝であるウマイヤ朝の時代には東はインドのササン朝、西はイベリア半島の西ゴート王国を滅ぼしてその勢力圏とするなど、瞬く間に領土を拡大。ヨーロッパのキリスト教世界への大いなる脅威となった。

この時代のダイジェスト

イスラム教の誕生 → イスラム王朝の成立 → イスラム王朝ヨーロッパ大陸へ → レコンキスタの始まり

キリスト教社会との長い対峙の始まり

13 14 17 レコンキスタの始まり
西ゴート王国を滅ぼして、イベリア半島に上陸したウマイヤ朝はさらに北上を続ける。しかし、そこでヨーロッパ諸国の抵抗に合う。コバドンガの戦いとトゥール・ポワティエ間の戦いは、これから長く続くレコンキスタの始まりであった。

トゥール・ポワティエ間の戦い 17
コバドンガの戦い 14
西ゴート王国 13
ブルガリア帝国 12
ローマ 16
15

偶像崇拝は御法度だ！
そんな禁止令は認めん！

アラブ軍、怒濤の勢いで領土を拡大
ムハンマドの死後、その言葉はコーランとしてまとめられ、アラブ人の間で広まっていき、さらには聖戦（＝ジハード）と称して敵対する異教徒や周辺地域への戦いを繰り広げ、瞬く間に広大な領土を占めるイスラム帝国が築かれていった。

10

イスラム教誕生

その時日本は！

飛鳥時代

600年	604年	622年	630年	645年
第一回遣隋使 隋の文帝に朝貢	憲法十七条 制定される	厩戸皇子 病死する	初の遣唐使 派遣される	乙巳の変
➡日本史P.28	➡日本史P.29	➡日本史P.31	➡日本史P.31	➡日本史P.34

世界史"まとめ"コラム
中国全通史〜その❶〜

BC5000年 黄河文明〜殷王朝
〜黄河・長江流域に都市文明 ➡P9

　四大文明の一つとされる黄河文明は、BC5000年頃に黄河流域で発生した（仰韶文化）。中国の最古の王朝は長年、殷であるとされていたが、戦後の二里頭遺跡の発掘によりBC3000年頃から始まる竜山文化の中に最初の王朝として夏が実在したという考え方が定着している。
　その夏を滅ぼして誕生した殷は甲骨文字を使用し、高度な青銅器技術を持っていた。また、周辺の邑と呼ばれる都市国家の連合体をまとめた国家であった（封建制）ため、邑制国家とも呼ばれる。

BC221年 初の統一王朝・秦
〜皇帝の出現と国内統一 ➡P17

　BC770年に周王朝が衰退し群雄割拠が長く続く中、秦の嬴政が他国を滅ぼし、初の統一王朝を成立させて自らを「始皇帝」と称した。秦はそれまでの封建制にかわり、郡県制度を導入。度量衡の統一する等、中央集権的な仕組みを打ち出したが、反乱によってわずか15年で滅亡した。秦滅亡後の争乱を制した漢王朝はその仕組みを踏襲し、約400年の長期政権を維持した。

304年〜 五胡十六国〜南北朝
〜北方民族の流入 ➡P23〜

　ヨーロッパでゲルマン民族による大移動が発生した同時期に北方遊牧民族が中国世界に流入する。五胡（匈奴・鮮卑・羯・氐・羌）と呼ばれた北方民族が、三国時代を終結させた西晋の内乱に介入して、数々の国を成立させたため、この時代は五胡十六国時代と呼ばれる。
　442年に拓跋族（鮮卑）の北魏が華北を統一し、これ以降は南北2つの王朝が並立して興亡を繰り返す南北朝時代に入る。
　華北に住んでいた漢民族が長江流域に移住して南朝が成立すると、開発の途上にあった長江の中・下流域は、急速に発展した。

589年 隋が再び中国を統一
〜37年で滅びる短命王朝 ➡P27〜

　北朝の北周の丞相・楊堅が禅譲を受けて建国した隋は589年に南朝の陳を滅ぼして約350年続いた分裂の時代を終わらせ、再び統一王朝を実現した。
　隋は律令制・州県制の整備・科挙の導入等を行ったが、二代皇帝・煬帝の時に反乱が起きわずか37年で滅亡。反乱軍の一つであった李淵が隋の皇帝より禅譲を受ける形で唐に取って代わられた。

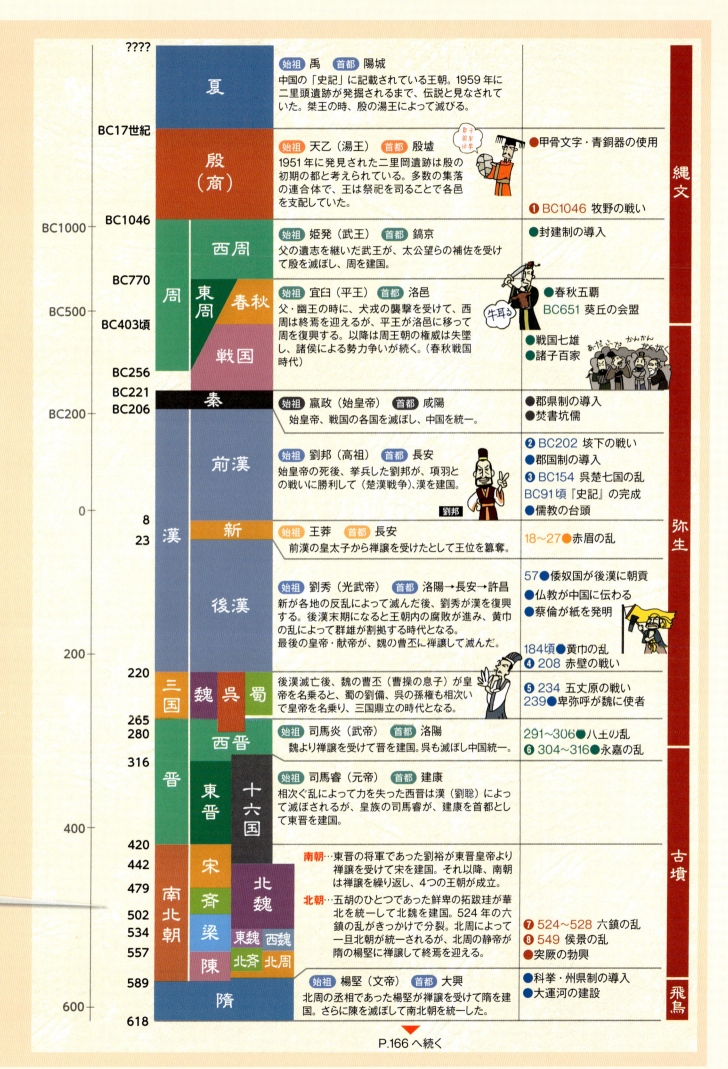

750 ≫ 849年

第3章 イスラム教誕生とヨーロッパの動揺

西ローマ帝国の復活

ビザンツ帝国と決別したローマ教会に近づいたフランク王国はローマ皇帝を授かる

広大な領土を手に入れたイスラム帝国だったが、カリフの座を巡る争いから分裂が始まり、シーア派などによる王朝が成立する。

そのイスラムとの戦いに功のあったカール＝マルテルの子・ピピンは、フランク王国の王位に就くと、ローマ教皇への接近を図る。当時のローマ教皇は、キリスト教東西分裂によってビザンツ帝国の政治的後ろ盾を失っていたため、ピピンから領土の寄進を受けるとフランク王国との関係強化をはかり、その子・カール1世へローマ皇帝の称号を授与。カール大帝となった彼は、ローマ帝国の後継者であるとともに西ヨーロッパのキリスト教世界の護護者となり、キリスト教世界とゲルマンの封建社会を結びつけた新たなる「ヨーロッパ世界」を出現させた。

この時代のダイジェスト

ピピン3世、ローマ教皇に領地を寄進 → カール1世、フランク王となる → カール1世、ローマ皇帝を授かる → **西ローマ帝国の復活**

15 エグバート、イングランド統一
5世紀頃からブリテン島に移り住んだアングロ＝サクソン人は、原住民と同化しながら七王国として定着していたが、829年にウェセックス王のエグバートによって初めてほぼ統一された。しかし、統一直後から次第にデーン人による侵略行為に悩まされることになる。

親子2代かけて皇帝の座を手中に

3 7 ピピン3世、ローマ教皇領を寄進
トゥール・ポワティエ間の戦いで功のあったカール＝マルテルの子・ピピンは751年にメロヴィング朝を廃して、王位に就いた。ピピンはビザンツ帝国と決別し、後ろ盾を失ったローマ教会に近づき、774年にランゴバルド王国から奪った領土をローマ教皇に寄進。フランク王国の権威増強を図った。

8 9 12 カール1世、ローマ皇帝を戴冠
ピピンの後、王位についたカール1世は、フランク王国の領土を拡大し、800年、ローマ教皇レオ3世よりローマ皇帝を授かり、ローマ帝国の後継者であり、西欧諸国のキリスト教世界の護護者としての立場を得た。

14 17 カール大帝の死後…
ゲルマン社会では分割相続が当たり前であり、カール大帝の死後はその風習にしたがったため、王国は東フランク・西フランク・中央フランクの3つに分割された（ヴェルダン条約）。これが後のドイツ・フランス・イタリアの前身となった。

フランク王国の躍進

ピピン3世　カール大帝
フランク王国

教皇に近づくピピン親子

ランゴバルド王国

メスキータ（コルドバ）

後ウマイヤ朝

イドリース朝

シーア派

アッラフマーン1世

10 初のシーア派王朝イドリース朝
第4代カリフのアリーの血を引くアリー家のイドリースはメディナで反乱を起こすが失敗。逃げついたモロッコの地で先住民族のベルベル人の支持を受け、789年に初のシーア派の国家とされるイドリース朝を立ち上げた。

その時日本は！

奈良時代

752年	754年	764年	784年
大仏開眼供養	鑑真が来日	恵美押勝の乱	長岡京へ遷都
➡日本史P.49	➡日本史P.49	➡日本史P.49	➡日本史P.50

850 ≫≫ 949年

フランク王国の分裂

フランク王国が3つに分裂した頃、イスラム世界でも3人のカリフが並立する

第3章 イスラム教誕生とヨーロッパの動揺

カール大帝の死後、ゲルマン人特有の風習から分割相続されたフランク王国内で、領土の再編が行われ、西フランク王国・東フランク王国・イタリア王国に再編成される。これが後のフランス・ドイツ・イタリアの母体となるのである。

一方のイスラム世界でも分裂が進み、本家であるアッバース朝以外に、ファーティマ朝、ついで後ウマイヤ朝もイスラーム教の最高指導者であるカリフの名を称する事態となった（3カリフ時代）。これは明確なアッバース朝の権力低下を象徴し、カアバ神殿がシーア派の一派によって襲撃されるという事件まで起こり、アッバース朝は軍事政権であるブワイフ朝に大アミールの称号を贈り、その後ろ盾にすがらねばならなくなった。

この時代のダイジェスト

ノルマン人各地に拡大 → フランク王国の再編 → 3人のカリフ誕生 → アッバース朝の衰退

2 4 フランク3王国の再編
中部フランク（イタリア王国）はロタール1世の死後さらに3人の息子に分割統治されていたが、その一つを治めていたロタール2世が死去すると、西フランク王・シャルル2世と東フランク王・ルートヴィヒ2世が介入し、メルセン条約を締結して、中部フランクの領土の一部をそれぞれの国家に編入してしまった。

3 7 ロシアの礎となる
ルーシと呼ばれたノルマン人のリューリクは、スラヴ人が居住していたノヴゴロドを占領し、ここにロシアの起源とされている国家を打ち立てた。その一族オーレグがさらに南下して領土を広げ、スラヴ人と同化してキエフ公国となった。

12 13 ムハンマドの娘の名を掲げるファーティマ朝
909年チュニジアで興ったファーティマ朝はシーア派の分派であるイスマーイール派のアブドゥッラー・マフディーがアグラブ朝を滅ぼし、建国した。翌年には自らが「カリフ」であると主張し、アッバース朝に対抗した。

三カリフ時代

その時日本は！

平安時代

858年 藤原良房、初の摂政となる ➡日本史P.56

866年 応天門の変 ➡日本史P.57

887年 藤原基経、初の関白となる ➡日本史P.58

お家の風習が生んだ王国の分裂

もともとフランク王国（ゲルマン人）には風習として分割相続という考え方があった。カール大帝の子・ルートヴィヒ1世は当初、ロタール、ピピン1世、ルートヴィヒ2世の3兄弟への分割を決めていたが、晩年にシャルル2世が生まれると、彼にも広大な領地を与えてしまう。一度はこれを承認したロタールだったが、830年に反乱をおこし、これが引き金となって残った3兄弟による領土紛争が続いた。

6 11 五代十国時代の始まり

875年、塩の密売人の黄巣と王仙芝は唐の規制に反発して山東で挙兵し、長安を攻略した。しかし黄巣の配下であった朱全忠（朱温）の功により、反乱は鎮圧され、朱全忠は節度使となって権力を得る。朱全忠は907年に衰えていた唐を倒し、開封を首都とする後梁を建国するが、わずか20年で後唐に滅ぼされる。それ以降の約50年間で5つの王朝（後梁907・後唐923・後晋936・後漢947・後周951）が興亡を繰り返し、中原以外の地でも10もの国が相次いで登場した（五代十国）。

19 アッバース朝の衰退を象徴する

イスマーイール派の一派カルマト派が930年、メッカに攻め入り、カアバ神殿に据えられている聖宝・黒石を奪い去るという事件が発生。アッバース朝の権力失墜を物語る事態となった。

番号	年	出来事
1	850年頃	南インドに港市国家チョーラ朝成立
2	855年	中部フランク・ロタール1世死去
3	862年頃	スウェード人の一派ルーシのリューリク、ノヴゴロド国を建国
4	870年	メルセン条約 → 東フランク、西フランク、イタリアに再編
5	875年	サマルカンドでサーマーン朝興る
6	875～884年	黄巣・王仙芝ら山東で反乱（黄巣の乱）
7	882年頃	オレーグ、南北ロシアを統一しキエフ公国を建国
8	885年	カール3世、西フランクの支配権を獲得（一時的に東西統一）
9	10世紀初頭	契丹（遼）の隆盛
10	10世紀頃	ガーナ王国の最盛期
11	907年	朱全忠、唐の皇帝を廃し、後梁を開く → 五代十国時代
12	909年	アグラブ朝を滅ぼし、ファーティマ朝成立
13	910年	ファーティマ朝マフディーがカリフを称する
14	911年	ノール人ロロ、西フランク王国の一部を受けノルマンディー公国建国
15	911年	東フランク王国のカロリング朝断絶
16	919年	ザクセン侯ハインリヒ、東フランク（ドイツ）国王に（ザクセン朝）
17	926年	契丹、渤海を滅ぼす
18	929年	後ウマイヤ朝もカリフ称する → 三カリフ時代
19	930年	シーア派の分派カルマト派がカアバ神殿に侵入
20	935年	高麗、新羅を滅ぼす
21	936年	オットー1世、東フランク国王に
22	936年	高麗、朝鮮半島を統一
23	935年	イラン人軍事政権ブワイフ朝、バグダード入城（大アミールの称号）

平安時代

- 902年 延喜の荘園整理令 → 日本史P.59
- 905年 古今和歌集 完成 → 日本史P.61
- 940年 平将門の乱 → 日本史P.62
- 941年 藤原純友の乱 → 日本史P.62
- 949年 天暦の治 始まる → 日本史P.62

950 >>> 1024年

神聖ローマ帝国の誕生

2度のイタリア遠征及びマジャール人撃破の功のあったオットー1世が戴冠

第3章 イスラム教誕生とヨーロッパの動揺

ドイツの司教に領地を寄進して教会を国家の組織に取り組み、マジャール人の襲来を打ち払ったことで国内の地位を不動のものとした東フランク王国のオットー1世は、さらにローマ教皇の要請に応え、ローマ皇帝を戴冠する。いわゆる神聖ローマ帝国の誕生である。

しかし、神聖ローマ帝国の名称が正式に登場するのは13世紀後半になってからで、この時点では理念的表現に過ぎない。ドイツ王となったものがローマ皇帝の戴冠を受け、イタリア王も兼ねる仕組みとなっていたため、ドイツ国内統治に集中することができなかった。

イスラム世界では、3大カリフの一角ファーティマ朝がエジプトの地を奪い、そこに「カイロ」という都市を建設する。

この時代のダイジェスト

レヒフェルトの戦い → オットー1世イタリア遠征 → **神聖ローマ帝国誕生**

オットー1世、ローマ皇帝への道

1 2 オットー1世、要請を受けてイタリア遠征
936年に東フランク王国の国王となったオットー1世は、イタリア王の未亡人の要請を受けてイタリアに遠征。未亡人を娶ってイタリア王を名乗った。さらにはこれに反発した息子ロイドルフの反乱を鎮めて、国内の地盤を固めた。

3 マジャール人を撃破
955年、オットー1世はハンガリーから侵入したマジャール人たちをレヒフェルトの戦いで打ち破り、「異教徒マジャール人からキリスト教国を守った英雄」として称えられるようになった。

5 7 ローマ教皇の要請に応えてローマ皇帝を戴冠
オットー1世はローマ教皇の要請を受けて、再びイタリアに遠征。教皇を救った功もあり、962年、ローマで教皇からローマ皇帝の冠を授けられた。

19 21 イングランドでデーン朝興る
8世紀末頃から徐々にイングランド内での支配地を拡大していたデーン人。それに対抗したいイングランド王エゼルレッド2世がデーン人を殺害すると、それを口実にデンマーク王スウェイン1世が1013年に上陸、エゼルレッド2世を亡命に追いやった。スウェインの急死で一旦はエゼルレッド2世が復位するが、その子クヌートがイングランド王位を継承し、旧国王の勢力破って、1016年デーン朝を興した。

クヌート
スウェイン1世
外敵破った救世主！
オットー1世
神聖ローマ帝国
ポーランド公国
ジェノバ ピサ
後ウマイヤ朝
グラナダ
ファーティマ朝

10 16 「カイロ "勝利の街"」建設
969年にエジプトを征服したファーティマ朝は「勝利の街」を意味する「カイロ」という名をつけた都市を建設し、そこを首都とした。第6代カリフのハーキムは知恵の館という教育・研究機関を創立し、アッバース朝と張り合った。

その時日本は！

平安時代

969年
安和の変
→日本史P.63

986年
藤原兼家、摂政となる
→日本史P.63

36

11世紀

ヨーロッパ / アジア / アフリカ

1	951年	東フランク王・**オットー1世**、イタリア遠征
2	953年	オットー1世の息子・ロイドルフが反乱
3	955年	**レヒフェルトの戦い**（オットー1世、マジャール人を撃退）
4	960年	**趙匡胤**、後周から禅譲を受け、**宋（北宋）**を建国
5	961年	オットー1世、再びイタリア遠征
6	961年	アストゥリアス王国から**カスティリャ伯領**独立
7	962年	オットー1世、**ローマ皇帝戴冠** → **神聖ローマ帝国**誕生
8	966年	ポーランド公国建国
9	966年	ベトナム北部に丁朝成立
10	969年	**ファーティマ朝**、エジプトを征服 → **首都カイロ**を建設
11	976年	ビザンツ帝国**バシレイオス2世**即位
12	979年	宋・趙匡義、北漢を滅ぼす → **五代十国時代終結**
13	980年	ベトナム、前黎朝成立
14	987年	西フランク王国・カロリング朝断絶 → **カペー朝**
15	1001年	ジェノバとピサ、西地中海の**イスラム軍**を撃退
16	1005年	ファーティマ朝ハーキム、カイロに**知恵の館**を開設
17	1009年	ベトナム、**李公蘊**王位を奪う → **李朝成立**
18	1012年	ベルベル人、グラナダに**ズィール朝**建国
19	1013年	デンマーク王**スウェイン1世**、**イングランド**を襲撃
20	1014年	**クレイディオンの戦い** ビザンツ帝国、ブルガリア軍を撃破
21	1016年	デンマーク王子**クヌート**、**イングランド王**となる（デーン朝）
22	1018年	**ビザンツ帝国**、再び全バルカン半島を支配
23	1024年	ドイツ・ザクセン朝断絶 → **ザーリア朝**

4 12 趙匡胤、禅譲を受け皇帝となる

後周の将軍だった趙匡胤が皇帝から禅譲を受けて、開封を首都とする宋（北宋）を建国し、五代十国時代を終わらせた。弟であり第2代皇帝・趙匡義の時に中国の統一を成し遂げた。

大越国の成立

9 中国からの独立

漢の時代より中国の王朝の支配下にあったベトナムは五代十国が終焉を迎える頃の966年、丁部領が独立を果たし、丁朝を興した。

13 17 李朝の成立

短命に終った丁朝の後に興った前黎朝（930年）も長くは続かなかったが、1009年に李公蘊が建てた李朝は、1054年に国号を大越国と改め、長期政権となった。

11 20 22 ビザンツ帝国、最盛期迎える

976年にビザンツ帝国マケドニア朝の皇帝となった**バシレイオス2世**は、第一次ブルガリア帝国を**クレイディオンの戦い**で破って**全バルカン半島**を奪還、さらに**シリア**を手中に入れるなど、**ビザンツ帝国の最盛期**を飾った。

用語 ［禅譲］

中国において、王朝が変わる時に天子の姓が変わることから、それを易姓革命と呼ぶ。その際、新王朝の天子がその王位を簒奪するのでなく、前王朝の天子がその地位を世襲せずに徳のある人物に譲ることを禅譲という。古代中国で堯（ぎょう）という天子が舜（しゅん）に帝位を譲ったといわれるのがその始まりである。

しかし、禅譲と称していても譲られる側が強制して行われていることが多く、歴史上では魏の曹丕が後漢から禅譲を受けた以降、しばしば行われるようになった。

平安時代

995年	996年	1001年
藤原道長 内覧となる	**枕草子** 執筆開始	**源氏物語** 執筆開始
→ 日本史P.64	→ 日本史P.64	→ 日本史P.64

37

1025 ≫≫ 1074年

世界に広まるノルマン人
初の世界大戦は終結を迎え、世界は新しい秩序に包まれる

第3章　イスラム教誕生とヨーロッパの動揺

西フランク王国内に誕生したノルマンディー公国では、跡継ぎの資格のない貴族の次男・三男たちが居場所を求めて、ヨーロッパ各地に移住を始める。そしてその地で勢力を増し、地中海の南イタリア・シチリアなどを手中に治め、新たな国家を建設していく。

一方、イングランドではデーン朝が短命に終わった後、前王の遠縁にあたるノルマンディー公ウィリアムが後継者争いに名乗りを上げてイングランドに乗り込んでノルマン朝を開く。彼はフランス王国の家臣でありながら、イギリス王となり、ドーバー海峡を挟んでフランス・イングランドの両方に領地を有することとなった。ウイリアムは全イングランドの統治を完成するとフランスから封建制を導入して統治。イングランドの封建国家化が進むのであった。

この時代のダイジェスト

クヌート全北欧の王となる → **ノルマン・コンクエスト** → ノルマン人南イタリア侵攻 → 東西教会の分裂

6 16 ノルマン・コンクエスト
1035年クヌートが死去するとデーン朝は崩壊。その後エドワードが即位し、アングロ＝サクソン王朝が一旦復活するが、そのエドワードが後継者を残さず死去したため、後継者争いが勃発。ノルマンディー公ウィリアムもその権利を主張し、イングランドへ出兵。ウィリアムはヘースティングスの戦いでアングロ＝サクソン軍を破り、ウィリアム1世として即位し、ノルマン朝を興した。

	年	出来事
1	1028年	イギリス王クヌート、ノルウェー王を破り、**全北欧の王**となる
2	1031年	後ウマイヤ朝が内部抗争により**滅亡**
3	1035年	カスティリャ王国・アラゴン王国誕生
4	1038年	タングート族の首長・李元昊が**西夏**を興す
5	1038年	トゥグリル＝ベグ、**セルジューク朝**を興す
6	1042年	デーン朝断絶、アングロ・サクソン王朝復活
7	1044年	ビルマ族最初の王朝パガン朝興る
8	1054年	ローマ教会とギリシア正教会の決別（**大シスマ**）
9	1054年	ベトナム、李朝で聖帝即位、**大越国**となる
10	1055年	セルジューク朝、**バグダード**入城 → アッバース朝より**スルタン**の称号
11	1056年	ベルベル人アブー・バクル、**ムラービト朝**興す
12	1059年	ローマ教会、**教皇選任制**を規定 → 神聖ローマ皇帝の干渉を排除
13	1060年	ノルマン人・ルッジェーロ、**シチリア**を攻撃
14	1062年	ムラービト朝、新都マラケシュ建設
15	1063年	ピサの大聖堂建設開始
16	1066年	ノルマンディー公ウィリアム、イングランド王となる（ノルマン朝）
17	1071年	ビザンツ帝国、ノルマン人に南イタリア奪われる
18	1071年	マラズギルトの戦い（●ビザンツ帝国VSセルジューク朝○）

13 17 ノルマン人の地中海進出
ロロによって建国されたノルマンディー公国内では、職にあぶれた貴族の次男・三男たちが傭兵としてヨーロッパ各地で雇われるようになった。特に政情が不安定だった南イタリアへこぞって移住を進めたため、ノルマンディー出身の兄弟ルッジェーロ（弟）によってシチリア島が、ロベール＝ギスカール（兄）によって南イタリアが征服されるにいたった。

その時日本は！

平安時代

1028年 藤原道長死去 → 日本史P.68

1030年 忠常の乱死去 → 日本史P.68

1075 ≫≫ 1139年

十字軍とレコンキスタ

教皇の呼びかけで結集した十字軍は聖地エルサレムの奪還に成功する

第3章 イスラム教誕生とヨーロッパの動揺

1095年のクレルモン宗教会議において教皇ウルバヌス2世は、聖地回復を目指す十字軍の結成を宣言した。そもそもはルーム=セルジューク朝の侵攻に対抗すべく西ヨーロッパへ発したビザンツ帝国の救援要請に応えるものであったが、ローマ教皇は十字軍運動によって11世紀後半に神聖ローマ帝国との聖職者叙任権を巡る闘争における教皇の優位性を確立するとともに分離した教会世界の統合を目指したものである。

1096年に結成された十字軍は中東のイスラム軍を打ち破り、聖地を奪還。さらに各地にキリスト教国を建国する成果を上げた。しかし、大きな成果を上げられたのはこの第一回のみで後の十字軍はイスラム軍の反撃や内部紛争により確固たる成果を上げることはできなかった。

この時代のダイジェスト

ビザンツ帝国 西欧諸国に救援求める → **十字軍結成** → 十字軍エルサレムを攻略

⑩教皇の呼び掛けで十字軍結成
ビザンツ皇帝の救援要請から10年以上経った1095年、ローマ教皇ウルバヌス2世はクレルモン宗教会議において、聖地(=エルサレム)の奪還を提唱した。そこには教会の東西分裂を再統合しようという思いと、西ヨーロッパでくすぶっていた次男・三男たちの不満の矛先にしようという意図が存在した。

⑩ クレルモン
⑪

各地で十字軍結成

	年	出来事
①	1076年	ローマ教皇、神聖ローマ皇帝**ハインリヒ4世を破門**
②	1077年	ハインリヒ4世、ローマ教皇に許しを乞う(**カノッサの屈辱**)
③	1080年	ハインリヒ4世、クレメンス3世を対立教皇に
④	1081年	ルーム・セルジューク朝のスライマーン、ニケーアを征服
⑤	1081年	ビザンツ皇帝・アレクシオス1世、西欧諸国に**救援を依頼**
⑥	1082年	ムラービト朝、アルジェリア征服
⑦	1084年	ハインリヒ4世、ローマを占領 ➡ クレメンス3世から**ローマ皇帝を戴冠**
⑧	1085年	カスティリャ王国、トレドを征服
⑨	1091年	シチリアの**イスラム勢力**、ノルマン人に降伏
⑩	1095年	クレルモン宗教会議 ローマ教皇、エルサレム奪還を呼びかける
⑪	1096年~	第一回十字軍結成
⑫	1098年	十字軍がニケーアを占領 ➡ ルーム・セルジューク朝、コニヤに遷都
⑬	1099年	十字軍、エルサレムを占領(エルサレム王国などを建国)
⑭	12世紀	キリスト教圏がイベリア半島北半分を奪還(レコンキスタ)
⑮	12世紀	イスラム・ギリシアの書物の翻訳が進み、スコラ学発展

ムラービト朝 ⑥
ムワッヒド朝 ㉑

⑧⑭⑮イベリア半島のレコンキスタ
ムラービト朝がイベリア半島を支配するようになった頃から、キリスト教国の国土回復運動(レコンキスタ)はさらに盛んになり、ムラービト朝やその後のムワッヒド朝はこれに対抗すべく出兵を繰り返した。しかし12世紀までにイベリア半島の北半分はキリスト教圏となり、その地はカスティリャ・アラゴン・ポルトガル王国が建てられた。1085年にカスティリャ王国のアルフォンソ4世がトレドを征服した際にイスラム王朝が所蔵していた多数の書物が押収された。これらの書物は翻訳が進められて、スコラ学が発展した。

キリスト教圏の抵抗が本格化

その時日本は！

平安時代

1083~1087年 **後三年の役** ➡日本史P.70

1086年 **白河上皇**、初の院政をしく ➡日本史P.70

1140 ≫≫ 1199年

イスラム勢力の反撃開始
イスラム側の体制が整ってしまうと、その後の十字軍の結果は芳しくなかった。

第3章 イスラム教誕生とヨーロッパの動揺

迎撃の準備も乏しく第一回十字軍に完敗したイスラム勢力だったが、体制を整え徐々に反撃に出る。1144年、ルーム・セルジューク朝のザンギーが十字軍の建国したエデッサ伯領を滅ぼし、1187年にはアイユーブ朝が同じく十字軍が建国したエルサレム王国を破ってエルサレムの奪還に成功した。

この動きに対しローマ教皇は、その都度十字軍を召集したが、複数の王が参戦したためまとまりを欠き、第二回・第三回ともに聖地奪還は果たせなかった。しかし、第三回十字軍の際にイングランド王リチャード1世がアイユーブ朝のサラディンと結んだ和平協定によって、キリスト教徒はスルタンから通行証をもらうことで安全に聖地を巡礼することが可能となった。

この時代のダイジェスト

ザンギー エデッサ伯領を侵略 → 第2回十字軍結成 → 失敗 → アイユーブ朝 エルサレムを奪還 → 第3回十字軍結成 → 失敗

8 アンジュー伯アンリ、フランス国王を凌ぐ
パリの南西部の**アンジュー地方**を支配していた大領主**アンジュー伯**の**アンリ**は、1152年にフランス南部の**アキテーヌ伯**の継承者と結婚して、アキテーヌを支配。続いて1154年に母の実家であるイギリス・**ノルマン朝のヘンリ2世**として即位し、**プランタジネット朝**を設立した。こうしてノルマンディーとイングランドを獲得したアンリ（ヘンリ2世）はフランス王国の中で、国王をしのぐ強大な勢力を持つことになり、「**アンジュー帝国**」とも称された。

1	1143年	カスティーリャ王国の宗主下で、**ポルトガル王国**成立
2	1144年	セルジューク朝傘下の**ザンギー**、エデッサ伯領侵略
3	1145年	ローマ教皇、**十字軍**呼びかけ
4	1145年	**ムワッヒド朝**、イベリア半島に侵入
5	1147年	ムワッヒド朝、ムラービト朝滅ぼす
6	1147年〜	第二回十字軍結成
7	1148年	シチリア王国、ズイール朝滅ぼす
8	1154年	アンジュー伯アンリ、イギリス王に（プランタジネット朝）
9	1159年	ムワッヒド朝、チュニジアの**ノルマン人**を駆逐
10	1163年	ノートルダム寺院建設開始
11	1167年	ロンバルディア都市同盟成立
12	1169年	オックスフォード大学設立
13	1169年	ファーティマ朝宰相・**サラディン**が独立（アイユーブ朝成立）
14	1171年	アイユーブ朝、ファーティマ朝滅ぼす
15	1171年	英・ヘンリ2世、アイルランドへ侵入
16	1187年	アイユーブ朝、**エルサレム**を奪還
17	1189年〜	第三回十字軍結成
18	1198年	ドイツ騎士団成立

フランス王国 / **ポルトガル王国** / **ムワッヒド朝** / スンナ派

4 5 ムワッヒド朝、ムラービト朝を滅ぼす
ムラービト朝への反乱から生まれた**ムワッヒド朝**は、1147年にマラケシュを攻略し、ムラービト朝を滅ぼした。それ以前より、ムワッヒド朝はイベリア半島を度々侵略。セビリアはムワッヒド朝の副都として大いに栄えた。

その時日本は！

平安時代

1156年	1159年	1179年
保元の乱	平治の乱	鹿ヶ谷の陰謀
➡日本史P.71	➡日本史P.72	➡日本史P.73

第一～三回十字軍の比較

	第一回十字軍 (1096～1099)	第二回十字軍 (1147～1149)	第三回十字軍 (1189～1192)
きっかけ	セルジューク朝の侵略を受けた**ビザンツ帝国**の救援要請	**イスラム勢力**の反撃 **ザンギー**が**エデッサ伯領**を侵略	**アイユーブ朝・サラディン**の隆盛 **エルサレム**の奪還に成功
呼びかけた人	ローマ教皇 **ウルバヌス2世**	ローマ教皇 **エウゲニウス3世**	ローマ教皇 **グレゴリウス8世**
参加者	**フランス・イタリア**などの**諸侯**や**騎士**が中心（王侯は不参加）	フランス王 **ルイ7世** ドイツ王 **コンラート3世**	神聖ローマ皇帝 **フリードリヒ1世** フランス王 **フィリップ2世** イングランド王 **リチャード1世**
結果	○ 大成功 **イスラエル**を奪還し、**十字軍王国**を各地に建設	✕ 失敗 **内部対立**もあり、内陸シリアの**ダマスカス**を攻撃するも失敗	✕ 失敗 **アッコン**を奪還するが**フリードリヒ**の事故死や**内部対立**により、失敗。サラディンと**和平**を結ぶ

第四回へ続く

BC10000
BC5000
BC1000
0
500
1000
1140
1500
2000

11 神聖ローマ帝国に対抗する北イタリア諸国同盟
北イタリアのロンバルディア地方にはミラノなどの**自治都市**が誕生していたが、神聖ローマ帝国の干渉が激しくなると、ミラノ、**クレモナ**、**ボローニャ**などの北イタリア諸国は**ローマ教皇**の支援を受けて、防衛のための**軍事同盟**を結成。1176年のレニャーノの戦いでは見事、神聖ローマ帝国軍を打ち破っている。

十字軍を再び!!

2 6 ザンギー、エデッサ伯領を滅ぼす
第一回十字軍に対しては守勢一辺倒だった**イスラム勢力**が反撃に出る。**ルーク・セルジューク朝**のザンギーが**エデッサ伯領**を攻め、これを滅ぼした。これに対して、ローマ教皇・エウゲニウス3世の呼びかけで1148年に結成された**第二回十字軍**が**ダマスカス**を包囲したが、攻略できずに**撤退**した。

ザンギー

ローマ
3

6 第二回十字軍結成

11

ビザンツ帝国

ルーム・セルジューク朝

2
コニア

シチリア王国

9

18 ドイツ騎士団、アッコンで誕生
1190年の第三回十字軍のアッコン包囲の際に建てられた野戦病院をきっかけに誕生した修道会が、1198年に**テンプル騎士団**をモデルに**ドイツ騎士団**として再編成された。**エルサレム**の防衛と聖地巡礼者の保護のを目的とし、後の**プロイセン王国**の礎となる。

ダマスカス
18 アッコン
エルサレム 16

エルサレム奪還!

カイロ

アイユーブ朝 13 14

スンナ派

17 第三回十字軍結成
17

サラディン

13 14 16 サラディン、ファーティマ朝の実権握る
1169年、**ファーティマ朝**の宰相に**サラディン**が就任したが、**カリフ**の力はほぼ無く、実質的にはサラディンによる**支配**が始まった（**アイユーブ朝**の誕生）。エジプトを支配したサラディンは**エルサレム王国**を侵略し、**エルサレム**の奪還に成功する。これに対して第三回十字軍が派遣されると、**アッコン**を失うことにはなったが、十字軍と和平を結びエルサレム占領は許さなかった。

イスラム諸国の猛反撃始まる

平安時代			鎌倉時代		
1180年～**1185**年 治承・寿永の乱 ➡日本史P.73	**1181**年 平清盛死去 ➡日本史P.74	**1185**年 壇ノ浦の戦い ➡日本史P.77	**1185**年 鎌倉幕府成立 ➡日本史P.77	**1192**年 源頼朝 征夷大将軍となる ➡日本史P.77	**1199**年 源頼朝死去 ➡日本史P.79

世界史"まとめ"コラム

カロリング＝ルネサンス～カール大帝の文化復興～

フランク王国のカロリング朝・カール大帝のアーヘン宮廷を中心に、聖職者に正しいラテン語の知識を与えることなどを目的として始まった文化復興の運動。中世のゲルマン社会で衰退した古典文芸を復活させようとし、14～15世紀に興ったルネサンスの先駆けとして、カロリング＝ルネサンスと言われる。中心になったのはイギリス生まれの神学者でカール大帝に招かれたアルクインである。

カロリング＝ルネサンスの興り

●キリスト教世界の守護者

768年にフランク王国の国王となったカール大帝は父である前王ピピン3世の意志を継ぎ、キリスト教理念に則った「神の国」実現のために教会改革を推し進めた。

785年頃、カール大帝は「学問新興に関する書簡」という勅令を出して、フランク王国内の各司教座に対して、正しいラテン語で記された聖書を所持することを命じ、さらに789年の「一般訓令」ではフランク王国内の礼拝を統一することを規定し、ラテン語の学校を設立して聖職者のラテン語能力の向上を目指した。

正しいラテン語の復興と聖書作成

●乱れたラテン語の復興と教育

長年のゲルマン人の支配により、教会改革を実施した頃には古代ローマ文化の遺産であるラテン語にゲルマン語の俗語が入り込み、乱れてしまっていた。そこでカール大帝はまずラテン語の復興と、その教育にあたった。アーヘンの宮廷学校や各地の学校ではラテン語の正しい文法と表記法を学ばせた。

●写本生産から生まれたカロリング小文字

当時まではラテン語を表記するローマ字にはローマ以来の統一的な大文字が使われていたが、羊皮紙が高価であったため、なるべくつめて書く必要から小文字が使われるようになった。

聖書や古典の写本は修道院で学僧によって書写されていたが、小文字の書体は修道院ごとに異なり、ラテン語そのもの乱れとともに問題になっていた。そこでカール大帝はイギリス生まれの神学者アルクインらに検討させ、統一的な小文字を考案させ、それを普及させた。それがカロリング小字体と呼ばれるもので、その後、現在のアルファベットの小文字書体のもとになった。

> 正しいラテン語による
> キリスト教理念の浸透を目指す
> （カール大帝）

```
ラテン語による
古典文化の復興
```

```
ラテン語の        ラテン語教育の
聖書の作成        学校の設立
```

```
聖書の写本        アーヘン宮廷に
                 「アカデミア」創設
```

```
カロリング小文字   各地に学校設立
の誕生
```

> スペースや句読点も
> この時に生まれた
> （アルクイン）

カロリング小文字

写本生産の拠点となった修道院

サン・リキエ／コルビ／フルダ／ランス（サン・レミ）／サン・ドニ／ミュルバハ／ライヒェナウ／トゥール（サン・マルタン）／ザンクト・ガレン／ボッビオ

第3章 イスラム教誕生とヨーロッパの動揺

世界史"まとめ"コラム

12世紀ルネサンス～十字軍がもたらす文化復興～

12世紀ルネサンスは西ヨーロッパ世界における十字軍のイスラム文明との接触がもたらした文化復興であり、14～15世紀のルネサンスの礎となった。はビザンツやイスラームを経由して、ギリシア哲学の古典をもたらした。

12世紀ルネサンスの興り

●イスラム圏に残るギリシア文明

十字軍の中東派兵によって、西ヨーロッパはイスラムやビザンツの文化と触れその影響を受けたが、もたらされた文化の中には、アラビア語文献に翻訳されていたアリストテレスなどの哲学書やエウクレイデス、プトレマイオスなどの科学書といったギリシア文明・ヘレニズム文化の文献もあった。

レコンキスタによって取り返された都市トレドやシチリア王国の首都パレルモにおいて、これらの文献は盛んにラテン語へ翻訳されていった。

スコラ学と大学の創設

●古典への関心高まる

もともと古代ローマの古典は存在していたが、十分に理解されずにいた。しかし、古代ギリシアの古典が次々にラテン語に翻訳されてパリなどの文化的中心地にもたらされるようになると、一気に脚光を浴びた。

その結果、西欧世界の学問のあり方は一変し、11世紀末のボローニャ大学、12世紀のパリ大学、オックスフォード大学といった大学が各地に誕生していった。

> われら十字軍が
> イスラムの文化を持ち帰った

↓

アラビア語に翻訳された
ギリシア・ヘレニズム文化

↓

ラテン語への翻訳進む

↓

古典への関心高まる

↓

スコラ学の誕生 ／ 大学の創設

↓

注釈書の誕生

> 検索しやすいように
> 章・ページ・索引が
> 生まれたのだ

12～13世紀に誕生した大学
● 12世紀までに創立した大学
● 13世紀以降に創立した大学

●スコラ学の誕生と本の進化

12世紀の教育の場では、様々な問題を人間の理性の力で論理的に改名しようという方法が盛んになった。ここに神学者たちは聖書や著作への注釈を通じて、それまでの神学者たちの異なる意見を調和させて真理を発見しようとしたスコラ学が誕生したのである。

スコラ学の教育の場では主に注釈書が主役となったのだが、学校での教科書として使用される中で、読み手が自分の知りたい知識を即座に得るための工夫がなされた。

スコラ学って？

中世ヨーロッパで、教会や修道院付属の学校（スコラ）や大学を中心として形成された神学・哲学の総称。その目的はキリスト教の教義を学ぶ神学を、ギリシア哲学（特にアリストテレス哲学）によって理論化、体系化することであった。アベラールの弁証論（唯名論）がスコラ学の基礎を作り、のちトマス・アクィナスにより大成された。

世界最古のゴシック建築・
サン＝ドニ修道院

世界史"まとめ"コラム

7度にわたる十字軍〜聖地回復はなったのか〜

　11世紀末〜13世紀末までの約200年間にわたって展開されたキリスト教圏の東方遠征。ビザンツ帝国皇帝アレクシオス1世の要請を受け、1095年のクレルモン宗教会議で教皇ウルバヌス2世によって提唱された十字軍は1096年の第一回から1270年の第七回まで実施された。当初は本来の目的「聖地回復＝エルサレムの奪還」に成功したこともあったが、結局はイスラム側の反撃を受け、後半は遠征の主目的は大幅に変わった。しかし十字軍は、東方との貿易の活発化やイスラム文化の流入など、中世ヨーロッパ社会に大きな変化をもたらすこととなった。

第3章　イスラム教誕生とヨーロッパの動揺

エルサレム奪還を呼びかけるローマ教皇
〜第一回〜第三回十字軍〜

　ローマ教皇は、「聖地回復」という宗教的目的での十字軍の派遣を提唱したのだが、根底にはローマ教皇の権威増強とキリスト教会の東西分裂を再統合しようという狙いと、西ヨーロッパでくすぶっていた次男・三男たちの不満の矛先にしようという意図が存在した。

第一回十字軍が建てた国々
- アルメニア王国
- エデッサ伯領
- アンティオキア公国
- キプロス王国
- トリポリ伯領
- エルサレム王国

第一回　1096-1099　十字軍圧勝、エルサレムを奪還!!
→P40
　1096年、前年のウルバヌス2世の十字軍運動の呼びかけに応じたフランス・ドイツなどのノルマンの諸侯たちが参加して、第一回十字軍が編制された。突然の侵攻にふいをつかれたイスラム勢は抵抗できず、エルサレムは十字軍の手に落ち、十字軍は各地に王国を建国した。

第二回　1147-1149　イスラムの反撃! シリアで断念
→P42
　1144年、ルーム・セルジューク朝のザンギーによってエデッサ伯領が滅ぼされたのをきっかけに、フランス王ルイ7世とドイツ王コンラート3世率いる第二回十字軍が結成された。しかし、ルイ7世とコンラート3世およびビザンツ皇帝の思惑が食い違い、ダマスカスの攻略に失敗して敗退した。

ザンギー

第三回　1189-1192　サラディンに敗北も巡礼の安全は確保
→P42

サラディン

　1187年、アイユーブ朝のサラディンがエルサレム王国を滅ぼし、エルサレムを奪還する。これを受けてローマ教皇グレゴリウス3世が十字軍の派遣を呼びかけるとイギリス王リチャード1世、ドイツ王フリードリヒ1世、フランス王フィリップ2世が揃って参加した。しかし、第三回も王たちの足並みは揃わず、フリードリヒ1世は戦死、フィリップ2世はアッコン奪還後に帰国する。残ったリチャード1世はエルサレム攻略に向かうが、聖地回復は叶わないものの、サラディンと条約を結んでキリスト教徒の聖地巡礼の許可を得ることはできた。

エルサレムの奪還には失敗。しかし、安全な聖地巡礼は確保した

エルサレムを目指さない十字軍
～第四回～第七回十字軍～

13世紀に入ると十字軍の様相は変化する。聖地回復という宗教的目的は薄れ、東方貿易権や領土拡大など、政治的・経済的理由で派遣される色合いが強くなった。

第四回　1202-1204　十字軍の攻撃目標はコンスタンティノープル
→P48

さらなるローマ教皇権の強化を目指したインノケンティウスの提唱した第四回十字軍は、エルサレムではなくコンスタンティノープルの攻略に向かった。東西貿易の要であるコンスタンティノープルを手に入れ東方貿易独占欲を目論むヴェネツィア商人に唆されてのことだった。十字軍はコンスタンティノープルを占領して、そこを中心とするラテン帝国を建設する。

第五回　1228-1229　外交交渉で一旦はエルサレムを奪還
→P48

シチリア生まれの神聖ローマ皇帝フリードリヒ2世は、アイユーブ朝の内紛に乗じて十字軍を結成。アッコンに上陸したフリードリヒ2世はアイユーブ朝との交渉の結果、一時的にエルサレムを譲り受けることに成功した。

第六回　1248-1254　ルイ9世が捕虜となり撤退
→P48

1244年、再びエルサレムが陥落し、現地のキリスト教徒が多数殺害されると、フランス王ルイ9世を中心に第6回遠征が決行された。ルイ6世はイスラム勢力の中心地カイロを目指すが、マムルーク軍を主体とするイスラム軍にマンスーラに敗れ、王も捕虜となる。

第七回　1270　ルイ9世リベンジ目指すが、チフスで没する

最後の十字軍となる第七回十字軍はフランス王ルイ9世が、前回の失敗を取り返すべく計画。チュニスに上陸しイスラム軍と交戦するが、現地で蔓延していたチフスに感染して死亡してしまったため、十字軍も撤退を余儀なくされた。

十字軍が西ヨーロッパにもたらしたもの

結局、当初の目的である聖地回復をなすことのできず、後半は失敗続きであったが、十字軍が西ヨーロッパ社会に様々な影響を及ぼすこととなった。

❶ビザンツ帝国の滅亡	❷教皇・諸侯の没落	❸東方貿易の利益	❹イスラム文化の流入

1261年に一旦は復活したものの、ビザンツ帝国は第4回十字軍によって受けた打撃から立ち直れずに滅亡した。	度重なる遠征で教皇や諸侯の力が衰え、逆に遠征を指揮した国王の地位が向上し、絶対王政の下地が出来た。	東地中海岸でのイスラム圏との交易が盛んになり、欧州商業の復興、北イタリア諸都市の勃興ももたらされた。	イスラム文化との交流はキリスト教世界に大きな刺激を与え、12世紀ルネサンスが起こるきっかけとなった。

1200 ≫ 1249年

モンゴル帝国の勃興

モンゴルに誕生した東方の帝国は、瞬く間にイスラム・キリスト教圏の脅威となった。

第3章 イスラム教誕生とヨーロッパの動揺

遊牧部族のチンギス=ハンがモンゴル高原を統一し1206年に建設したモンゴル帝国は、瞬く間にモンゴル高原から中国北部、中央アジア、西トルキスタンを支配する大帝国となった。チンギス=ハンの死後も勢いは止まらず、カラコルムに首都を遷した第2代オゴタイはバトゥをヨーロッパへ派遣。その支配領域を中国全土、西アジア、ロシアにも広げ、ついにはヨーロッパ圏に達した。

モンゴル帝国は一族を各地に派遣し、大ハンである『元』を頂点とするハン国（大元ウルス）に分かれて広大な帝国領を支配した。

この時代のダイジェスト

モンゴル帝国誕生 → 中央アジアへ進出 → キエフ公国を服従させる → モンゴル帝国ヨーロッパへ

モンゴルの支配 ヨーロッパ圏へ

ワールシュタット 18
キエフ公国 17
キプチャク=ハン国 19
チャガタイ=ハン国 10
西遼 1218年滅亡

15 17 18 バトゥ、キリスト教圏を脅かす
第2代オゴタイはチンギス・ハーンの長男の息子バトゥをヨーロッパ遠征に派遣した。ユーラシア大陸を横断したバトゥは東欧の地に侵入し、1240年キエフ公国を滅ぼし、1241年のワールシュタットの戦いでドイツ・ポーランド軍を撃破して、キリスト教圏の脅威となった。

エルサレム 11
カイロ
アイユーブ朝
マルムーク朝 21

11 交渉でエルサレムを奪還
1229年、神聖ローマ皇帝フリードリヒ2世はアイユーブ朝の内紛に乗じて十字軍（第五回）を結成した。アッコンに上陸した十字軍は一戦も交えることなく、アイユーブ朝スルタンと交渉。エルサレムを譲り受けることに成功した。

20 21 マルムークによる軍事クーデター
アイユーブ朝は1248年にフランス国王ルイ9世が興した第六回十字軍のエジプト侵攻を撃退する。その原動力となったのはマルムーク（トルコ人系奴隷兵）たちであった。しかし、戦後スルタンが彼らを冷遇したため、マルムークたちはクーデターを起こしてアイユーブ朝を滅ぼしてしまう。

その時日本は！

鎌倉時代

1203年 北条時政 執権となる →日本史P.79

1219年 源実朝暗殺 →日本史P.79

1221年 承久の乱 →日本史P.79

1222年 六波羅探題 設置される →日本史P.80

▶▶ 13世紀

イギリス史上ワースト王「ジョン王」

3 教皇から破門
ジョン王は、イギリスのカンタベリー大司教の叙任についてローマ教皇と対立し、破門されてしまう。フランス国王との戦争でフランス国内の領土をほとんど失っていたジョン王は、やむなく教皇に屈服した。

4 フランス王と対決
奪われた地を取り戻すべく、ジョン王はアキテーヌに出兵するが、1214年ブーヴィーヌの戦いでフランス王国軍に敗退し、領土奪還に失敗する。この出兵の戦費創出のために、臨時課税を度々行ったため、イングランド貴族の不満も高まっていた。

5 6 約束を反故に
不満を募らせた貴族たちは、ジョン王に自分たちの権利を守ることを迫り、マグナ＝カルタを承認させた。しかし、ジョン王がこれを反故にしたため、諸侯がフランス国王の後ろ盾を得て反乱を起こす（第一次バロン戦争）。1216年ジョン王は病死し、反乱は終結した。

13 16 イベリア半島、最後のイスラム王朝
イベリア半島を支配していたムワッヒド朝がマリーン朝などとの抗争で撤退すると、再び小国（タイーファ）が乱立する世となった。その中の1国として1230年頃に誕生したナスル朝（グラナダ王国）はグラナダを制して都とし、レコンキスタの流れの中、グラナダにアルハンブラ宮殿を造営するなどイベリア半島最後のイスラム朝として栄えた。

アルハンブラ宮殿

モンゴル帝国始動

2 12 14 チンギス＝ハン、モンゴル帝国を興す
モンゴル高原東北部の遊牧民のテムジンは、諸部族を統合し1206年にチンギス＝ハンを称してモンゴル帝国を建国。騎馬軍を率いて中央アジア・インド北西部まで領土を拡大した。チンギス＝ハンのあと継いだ第2代オゴタイは、金を滅ぼして華北を支配し、カラコルムに都を建設した。

1 聖地に向かわぬ十字軍
1202年に結成された第4回十字軍は、東方貿易を独占しようと目論むヴェネツィア商人の思惑に乗り、聖地ではなくコンスタンティノープルを攻略した。占領に成功した十字軍はこの地にラテン帝国を建国。敗れたビザンツ皇帝はニケーアに亡命し、ニケーア帝国を打ち立てた。

チンギス＝ハン

カラコルム 14

西夏 1218年滅亡
金 12 1234年滅亡
高麗 1259年滅亡
南宋 1279年滅亡

	ヨーロッパ	アジア	中東	アフリカ

	年	事項
1	1204年	第四回十字軍、コンスタンティノープル占領、**ラテン帝国**を建国➡ビザンツ皇帝、ニケーアに亡命
2	1206年	チンギス＝ハン、**モンゴル帝国**建国
3	1209年	ローマ教皇、英・ジョン王を破門
4	1214年	**ブーヴィーヌの戦い** ➡ジョン王、フランスの地を失う
5	1215年	マグナ＝カルタ（イギリス大憲章）制定
6	1215年～	第一次バロン戦争
7	1216年	ドミニコ修道会、ローマ教皇から認可される
8	1223年	フランチェスコ修道会認可される
9	1225年	大越国で、李朝に代わり**陳朝**成立
10	1227年	次男、**チャガタイ＝ハン国**建国
11	1229年	第五回十字軍、エルサレム奪還
12	1234年	モンゴル帝国、**金**を滅ぼす
13	1235年	ナスル朝、グラナダを占領
14	1235年	モンゴル帝国、カラコルムへ遷都
15	1236年	モンゴル帝国、バトゥの西征開始
16	1238年	ナスル朝、アルハンブラ宮殿を建設
17	1240年	モンゴル帝国、キエフ公国を服従させる
18	1241年	**ワールシュタットの戦い**（○モンゴル帝国vsドイツ・ポーランド●）
19	1243年	バトゥ、**キプチャク＝ハン国**建国
20	1248年	アイユーブ朝、第六回十字軍を撃退
21	1250年	マルムーク軍団、新政権を樹立（**マルムーク朝**）

用語 [マグナ＝カルタ（大憲章）]
1215年、貴族と都市が自分たちの権利を守るため、フランスとの戦いに戦費をつぎ込むイギリス王ジョンに対し「王権の制限」「貴族の特権」「都市の自由」などを認めさせた文書。「法による支配」「人権の保護」などが初めて成文化されたものであり、後の「権利の請願」「権利の章典」と並んで、イギリス憲法を構成する重要文書となっている。

鎌倉時代

1225年 北条政子死去 評定衆設置 ➡日本史P.80

1232年 御成敗式目 ➡日本史P.81

1247年 宝治合戦 ➡日本史P.82

1249年 引付衆設置 ➡日本史P.82

1250 >>> 1299年

モンゴル帝国、世界史上最大の領土

アッバース朝や南宋を滅ぼし、さらに版図を広げたモンゴル帝国

第3章　イスラム教誕生とヨーロッパの動揺

領土の拡大を続けるモンゴル帝国は、1258年にアッバース朝を滅ぼしてイル＝ハン国を建国、1279年には南宋を滅ぼして世界史上で最大の領土を獲得した。その広大は領土は宗主国である元の他、キプチャク＝ハン国、イル＝ハン国、チャガタイ＝ハン国に分かれて支配された。元以外の3国は元に服属し、「タタールの平和」と呼ばれる時代を迎える。

一方ヨーロッパでは、大陸内における領土を巡り親戚関係の深いイングランドとフランスの対立が激化し、14世紀の百年戦争の火種が燻り出す。そしてハプスブルク家がドイツ王となり、オスマン朝が誕生するなど、次のヨーロッパ世界の中心となる集団が徐々に力を伸ばし始めていく。

この時代のダイジェスト

アッバース朝 滅亡 → 国号を 元に改称 → 元、南宋を 滅ぼす

⑫モスクワ公国誕生
キエフ公国滅亡以来、キプチャク＝ハン国の支配下におかれたルーシたちの中で、ノヴゴロド公アレクサンドルの末子ダニールはモスクワ公となり、モスクワを拠点とするモスクワ公国を立ち上げ、次第に勢力を拡大していった。

ダニール

モスクワ

㉑オスマン帝国の礎　オスマン・ベイ
スンナ派を信奉するトルコ人戦士集団（ガーディー）を率いたオスマン・ベイは、1299年にアナトリアのイェニシェヒルを攻略し、ここを拠点としてルーム・セルジューク朝からの独立を宣言。最後のイスラム王朝オスマン朝がスタートした。

キプチャク＝ハン国

コンスタンティノープル
イェニシェヒル
㉑

チャガタイ＝ハン国

イル＝ハン国

アッコン　⑰　バグダード　①

マルムーク朝

⑰マルムーク朝、キリスト勢力を一掃
バグダードを征服し、さらにエジプトへと侵攻したイル＝ハン国の撃退に成功したマルムーク朝は、1291年に十字軍によって建てられたエルサレム王国の最後の拠点アッコンを制圧。こうして十字軍によって建てられた西アジアにおけるキリスト教国は一掃されることとなった。

モンゴル帝国
世界を席巻

その時 日本は！

鎌倉時代

1252年	1268年	1274年	1275年
宗尊親王 将軍となる →日本史P.83	**北条時宗** 執権となる →日本史P.83	**文永の役** →日本史P.84	**異国警固番役** 設置される →日本史P.84

1300 ≫≫ 1349年

第3章 イスラム教誕生とヨーロッパの動揺

ヨーロッパの危機（百年戦争とペスト）

混迷極まる中、イタリア・フィレンツェを中心にルネサンスが勃興する

14世紀のヨーロッパは戦争とペストの二重の災害に見舞われる。1309年から始まるアヴィニョン捕囚によって、社会におけるローマ教皇の仲裁力が低下すると、領土を巡って対立を深めるイングランドとフランスの間で百年戦争が勃発する。そして追い打ちをかけるかのようにアジアで発生し、1347年にヨーロッパに流入したペストが瞬く間にほぼヨーロッパ全土に広がり、気候の寒冷化による食糧不足と相まってヨーロッパの人々を長年苦しめた。

しかし、一方でイタリアを起点にヨーロッパの文学・思想・芸術の革新運動「ルネサンス」が興る。7～8世紀のカロリング=ルネサンス、次いでイスラム文化との接触の中から生まれた12世紀ルネサンスを基盤として一気に花開いた。

この時代のダイジェスト

アヴィニョン捕囚 → フランスカペー朝断絶 → **百年戦争** → **ペストの大流行**

11 13 百年に渉る戦いの幕開け
以前よりフランドル地方の所有を巡ってフランス王国と対立を深めていたイングランドのエドワード3世は、カペー朝が断絶して代わりに立ったヴァロワ朝のフィリップ6世の王位に異議を唱え、1339年にフランスへ軍を派遣し、戦争が勃発した。1346年のクレシーの戦いにイングランドが圧勝するなど、序盤はイングランドが優勢であった。

6 スコットランド

イングランド

12

11 百年戦争勃発!

フランス王国 7

3 アヴィニョン

2 アナーニ

2 3 フランス国王、ローマ教皇を監禁
教会への課税を巡ってローマ教皇と対立し、破門されたフランス王・フィリップ4世の意を受け、宰相ギヨーム・ド・ノガレは、アナーニに滞在中のローマ教皇ボニファティウス8世を捕らえ、退位を迫った。フィリップ4世は、変わって即位したローマ教皇クレメンス5世をアヴィニョンに移住させ（アヴィニョン捕囚または教皇のバビロン捕囚）、これより約70年間、教皇をフランス国王の支配下においた。

14 ペスト、ヨーロッパを席巻
1347年から大流行したペストはヨーロッパ世界のほとんどに伝播し、1370年頃に終息を迎えるまでに、全人口のおよそ4分の1を死に至らしめたと言われている。寒冷化した気候と相まって凶作・飢饉を引き起こし、戦争で苦しむイングランドやフランス王国での農民の反乱の一因となった。

5 モスクワ

14

ペストが蹂躙ヨーロッパ社会

9 ブルサ

オスマン朝

9 ビザンツに迫るオスマン朝
オスマン朝を立ち上げたオスマン・ベイはアナトリアのビザンツ帝国の領土を徐々に削っていった。オスマンの後を継いだオルハン・ベイはブルサを首都と定め、ニケーアを制圧して、コンスタンティノープルへと迫ろうとしていた。

16 カイロ

イタリアでルネサンス萌芽

その時日本は！

鎌倉時代

1308年	1311年	1317年	1324年
幕府から朝廷へ **両統迭立の議**	北条高時 執権となる	**文保の御和談**	**正中の変**
→日本史P.86	→日本史P.87	→日本史P.87	→日本史P.87

52

1350 ⟫⟫⟫ 1399年

オスマン朝とティムール朝
最後となるイスラム王朝の座を巡って2つの王朝が激突する。

第3章 イスラム教誕生とヨーロッパの動揺

モンゴル帝国がペスト流行と農民の反乱により崩壊すると、アジア圏は新たな時代を迎える。明とティムール朝の誕生である。西トルキスタンで誕生したイスラム王朝ティムール朝は西へと拡大を続け、同じく小アジアからヨーロッパ圏へと勢力を拡大しつつあったオスマン朝と歴史上最後のイスラム王朝の座を巡ってしのぎを削るのだった。

一方のヨーロッパでは、長年続く百年戦争で疲弊していたイングランドとフランスとの間に休戦条約が結ばれ、細かないざこざは続くものの、ひとまず小康状態となる。その後フランスの監視下に置かれていたローマ教皇庁もローマへの帰還を果たし、事態は収束するかに見えたが、教皇選出を巡ってフランスが反発し、教会大分裂の時代へ突入する。

この時代のダイジェスト

ジャックリーの農民一揆 → **百年戦争休戦** → モンゴル帝国の衰退 → アジアに新勢力誕生

大戦と病魔の疲弊感漂う

ノルウェー / スウェーデン / デンマーク — バルト三国同君連合 ㉒

イングランド ⑮
ボーヴェ ④
フランス王国
アヴィニョン ⑬ ⑫ → ローマ
モスクワ ⑦
オスマン朝
バグダード

ちょっとタイムで…

④⑤ 英仏疲弊…百年戦争一時休戦
戦況は1356年のポワティエの戦いに勝利したイングランド優位で進んでいたが、1340年代後半からのペストの大流行は両国ともに大打撃を受けた。さらにはフランス王国内でジャックリーの農民一揆が起こるなど政情不安が深刻化したため、ローマ教皇の仲介で休戦条約が締結された。

⑫⑬ 教皇、捕囚より解放されるが、教会分裂
1309年以降、アヴィニョンでフランス国王の監視下に置かれていたローマ教皇は、神聖ローマ帝国の皇帝カール4世の尽力により、1377年にようやくローマ帰還を果たした。ローマ市民の大歓迎で迎えられたグレゴリウス11世だったが、翌年病死。後任となる教皇選出会議でイタリア人のウルバヌス6世が選出されたが、フランスはこれに反発して、アヴィニョンに対立教皇（クレメンス7世）を擁立。こうしてローマ教会は教会大分裂（大シスマ）に突入してしまった。

大航海時代の先駆者登場 ⑩

その時日本は！ 室町時代

1351年	1358年	1368年	1379年
半済令発布	足利尊氏死去	三代将軍足利義満即位	康暦の政変
➡日本史P.93	➡日本史P.93	➡日本史P.94	➡日本史P.95

1400 ≫≫ 1453年

百年戦争、フランス勝利で終結
百年戦争によって英仏が疲弊していく中、ポルトガルがアフリカを侵蝕していく

第3章 イスラム教誕生とヨーロッパの動揺

約100年続いた戦争は、常に劣勢に立たされていたフランスの逆転勝利に終わった。この戦争は封建領主の没落をもたらし、王権が強化される契機となった。これ以降絶対王政が出現し、封建的社会から近代的な主権国家へと移行していくのだった。

15世紀末から始まる大航海時代に先立ち、アフリカへポルトガルの手が伸びる。ポルトガルのエンリケ航海王子の派遣した艦隊がモロッコを開拓し、その地で捕らえた黒人を商品として売買する黒人奴隷貿易を開始する。1448年には西アフリカ海岸における初のヨーロッパ人居留地・アルギム要塞が建設され、黒人奴隷の他、金や象牙などが本国にもたらされ、大きな利益となった。

この時代のダイジェスト
オルレアン解放 → **百年戦争終結** → ポルトガル奴隷貿易開始 → ビザンツ帝国滅亡

12 ハプスブルク家からローマ皇帝誕生
1438年、アルブレヒト2世が神聖ローマ皇帝に選出され、130年振りのハプスブルク家からの皇帝が誕生した。皇帝の位はこれよりハプスブルク家で世襲されていき、ヨーロッパでの地位を確立していく。

アルブレヒト2世 12　神聖ローマ帝国

封建社会を崩壊させた百年戦争

百年戦争終結 16

フィレンツェ 11　ビザンツ帝国 17　テッサロニキ 8　オスマン朝

ポルトガル　セウタ　3

3 13 エンリケ航海王子、アフリカを開拓
1415年、ポルトガルはモロッコのセウタの征服に成功。それ以降、エンリケ航海王子を中心として、アフリカ西海岸を開拓していった。1441年にリオ＝デ＝オロに到達した、エンリケの派遣した船団によって初めて黒人が捕獲され、ポルトガルによる黒人奴隷貿易がスタートした。

エンリケ　奴隷貿易開始　13　アルギム要塞 15

ビザンツ帝国の最後

17 コンスタンティノープル陥落
テッサロニキを奪われ、わずかな領土のみとなったビザンツ帝国。最後の拠点コンスタンティノープルも1453年にメフメト2世の率いるオスマン帝国軍の猛攻の前に陥落。ビザンツ帝国は滅亡した。

滅亡がもたらしたもの
❶ ヨーロッパのインドへの交易ルート遮断
オスマン朝が大帝国となったことで地中海～西アジアへの貿易ルートが遮断され、ヨーロッパ商人たちは新航路の開発の必要に迫られるのだった。

❷ ギリシア人学者・芸術家のイタリア亡命
ビザンツ帝国の学者・芸術家がフィレンツェなどへ亡命することで、ギリシア・ローマの古典文化が伝わり、ルネサンスへの大いなる刺激となった。

その時日本は！
室町時代

1404年	1411年	1419年
日本と明の間で **勘合貿易** ➡日本史P.97	**勘合貿易** 中止される ➡日本史P.97	**応永の外寇** ➡日本史P.97

1454 ≫≫ 1500年

大航海時代の幕開け

スペインとポルトガルは海洋でのインド路開拓を競い、東西へ船を派遣する

第4章 ヨーロッパ列強、領土求めて大海原へ

長く続くレコンキスタはイベリア半島に新たに誕生したスペイン王国によってついに完結される。グラナダを制圧しイスラム勢力の排除に成功したスペインは、ポルトガルの後を追うように新たなインド航路開拓に力を入れるのだった。

ポルトガルが東に向いアフリカ大陸を巡る航路を開拓したのに対して、スペインは西航路の開拓に力を入れた。結果、インドへの新たな航路を発見したのはポルトガルのヴァスコ・ダ・ガマであり、アジア圏での支配をリードすることになる。一方のスペインは、女王の命で派遣されたコロンブスが西インド諸島を発見したことで、新大陸・アメリカ進出への先鞭をつけることに成功した。

この時代のダイジェスト

バラ戦争勃発 → スペイン王国誕生 → スペイングラナダ奪還 → 大航海時代始まる

スペイン

西インド

新大陸の発見

⑩ コロンブスが見つけたもうひとつの"インド"
イタリア出身のコロンブスは、はじめインドへの東廻り航路開拓をポルトガルに提案するが、断られた。その後、レコンキスタを完成させたスペイン・イザベル女王に認められて、航海に出た。1492年10月に現在の西インド諸島に到着したコロンブスは現地の人間を「インディオ」と名付けた。

③ 南アメリカ大陸の帝国
クスコを首都として、ケチュア族が南アメリカ大陸に建国したインカ帝国は、15世紀に半ばに最盛期を迎えた。アンデス文明を継承し、高度なインカ文明を成立させた。

ポルトガル

インカ帝国 — クスコ

ポルト＝セグロ

① 1455年	イギリス国内でバラ戦争勃発（ランカスター家VSヨーク家）
② 1455年頃	グーテンベルク、活版印刷を実用化する
③ 15世紀半ば	インカ帝国隆盛
④ 1479年	カスティリャ王国とアラゴン王国が統一（スペイン王国誕生）
⑤ 1480年	モスクワ大公国、キプチャク＝ハン国から独立
⑥ 1485年	バラ戦争終結→テューダー朝成立
⑦ 1488年	バルトロメウ＝ディアス、喜望峰に到達
⑧ 1490年	ボヘミア王がハンガリー王に
⑨ 1492年	スペイン、グラナダをイスラムから奪還（レコンキスタ）

その時日本は！ 室町時代

1467年 応仁の乱 →日本史P.99

1477年 和議が結ばれ応仁の乱終結 →日本史P.100

1479年 蓮如が本願寺を建立 →日本史P.100

世界史"まとめ"コラム

ルネサンス〜ヨーロッパ近代の出発点〜

　14世紀のイタリアに始まり、15世紀に最盛期を迎えたヨーロッパの文学・思想・芸術の革新運動「ルネサンス」はラテン語で「再生」を意味する言葉で、ギリシア文化・ローマ文化といった「古典古代」の文化を「復興」させるという面があったため、そう呼ばれた。
　当時ヨーロッパの主流であった宗教中心の思想に代わって、「人間性の解放」や「個性」を尊重した古代ギリシア・ローマ時代の古典や美術をあらためて尊重した。そしてその影響は、政治・社会・宗教にまで幅広く渡り、近代ヨーロッパ文化の基盤となった。

ルネサンスの興り

●イタリア＝ルネサンスの始まり

　14世紀初頭に、十字軍運動により始まった東方貿易の拠点として、北イタリアのヴェネツィア・ジェノヴァなどの海港や内陸のフィレンツェが毛織物業と商業で繁栄するようになった。このような商業ルネサンスとも言われる商業の復活による、北イタリアの商業都市の発展を背景に、都市の市民文化が成長し、ダンテ、ペトラルカ、ボッカチオらが現れ、まず文芸でルネサンスが始まった。

フィレンツェの繁栄

●経済発展を遂げた自治都市フィレンツェ

　15世紀は、イタリアの自治都市フィレンツェ共和国は経済の発展を背景として成長した市民層が文化の担い手となり、ルネサンスが最も華やかに展開された時期であった。
　建築家ブルネレスキはフィレンツェにサンタ＝マリア大聖堂を建設し、画家のボッティチェリは『春』や『ヴィーナスの誕生』などで人間性を美しく描いて、ルネサンス美術を開花させた。フィレンツェの市政は有力市民のメディチ家が有力となり、芸術や学問の保護者としてふるまうようになっていった。

イタリア＝ルネサンスの全盛

●全盛期を迎えるが、政情は混乱

　15世紀後半からから16世紀にかけてがイタリア＝ルネサンスは全盛期を迎え、レオナルド・ダ・ヴィンチ、ミケランジェロ、ラファエロの三大画家が活躍し、政治思想家マキャヴェリが登場した。しかし、この時期のフィレンツェはメディチ政権が倒され、サヴォナローラの改革が行われたものの、間もなくメディチ家が復活して専制政治を行うようになった。また、1494年にはフィレンツェの混乱に乗じてフランス王がイタリアに侵攻してイタリア戦争がはじまるなど、イタリア全土が混乱した時代であった。フィレンツェ以外でもミラノ公国のスフォルツァ家やローマのユリウス2世などのローマ教皇も、ルネサンス芸術のパトロンとして存在した。また、イタリア以外でもエラスムス、トマス＝モア、などの近代思想の先駆となる思想家が輩出した。

イタリア＝ルネサンスの終わり

●ヨーロッパへの拡大

　宗教改革が起こると、ヨーロッパは深刻な宗教対立の時代に突入する。またフランス王家とハプスブルク家の対立が軸となった国際関係が続き、その間、主権国家の形成も進んでいった。1527年、神聖ローマ皇帝カール5世の派遣した軍隊によるローマの劫掠によってローマが破壊されたことは、イタリア＝ルネサンスの終わりを象徴する出来事となった。
　1530年にはフィレンツェの都市共和政が終わりを告げ、メディチ家の世襲権力が確定してトスカナ公国となったことも、ルネサンスの終焉の象徴的出来事であった。
　16世紀に入るとルネサンス芸術は、イタリアではヴェネツィアが新たな中心地となり、アルプス以北のフランス、オランダ、ドイツ、イギリスなどへのひろがりが顕著になっていく。

第4章 ヨーロッパ列強、領土求めて大海原へ

何故イタリアで興ったのか？

1 貿易で富を得たイタリア商人

　北イタリアは十字軍以降の東方貿易、フィレンツェの毛織物業の発展など、商業が大きく発展し、商人たちが富を得た。彼らが芸術や学問にお金を使い、芸術家、学者の保護もしたため、文化活動が活発化していったのだ。

2 かつてはローマ帝国の中心地

　ローマ帝国の中心地だったイタリアには、古代ローマに関する歴史的建造物や遺跡も多く残され、当時のイタリア人たちがそれらの古代文化に日常からふれやすく関心も持ちやすかった。

3 古代ギリシア文化の流入

　オスマン朝によるビザンツ帝国征服により、ビザンツ帝国の文化人や学者たちが、イタリアに大勢亡命し、ビザンツには残っていた古代ギリシアの文献がイタリアにもたらされた。

ルネサンスの中心地と活躍した人物

ルネサンスで活躍した人物

レオナルド・ダ＝ヴィンチ 絵画 彫刻 科学

「万能の巨匠」と謳われるように、絵画や彫刻、建築にとどまらず、解剖学をはじめとする科学的な分野にも精通。「最後の晩餐」は数少ないダ＝ヴィンチの完成作品の一つ。それまでの平面的な構図が多かった中世宗教画と異なり、遠近法が、この作品で確立された。

『最後の晩餐』サンタ・マリア・デッレ・グラツィエ修道院

ミケランジェロ 絵画 彫刻 建築 文学

ルネサンス始まりの地フィレンツェに生まれ、ローマで活躍した芸術家。手がけた作品は彫刻、建築、絵画、詩と、多岐にわたる分野で才能を発揮した。代表作の「ダヴィデ像」は、1504年に制作され、きわめて正確な人体構造を再現したことにより、彫刻家としての名声を確立した作品だ。

『ダヴィデ像』アカデミア美術館

ラファエロ 絵画 建築

ダ・ヴィンチ、ミケランジェロと並びルネサンスの三大巨匠とも呼ばれる。フィレンツェでダ・ヴィンチ、ミケランジェロの影響を受け、一連の聖母像を描き上げる。ローマ教皇の寵愛を受けてヴァチカン宮殿に数々の壁画を残し、宗教画や肖像画を得意としたほか、サン・ピエトロ大聖堂の主任建築家となるなど建築にも才能を見せた。

ボッティチェリ 絵画

イタリア・フィレンツェの画家で、メディチ家の援助を受けて、宗教画やギリシア神話を題材にした作品を数多く残した。代表作は「ヴィーナスの誕生」。叙情的で哀愁を帯びた女性像を描き、一世を風靡した。

『ヴィーナスの誕生』ウフィツィ美術館（フィレンツェ）

ガリレオ＝ガリレイ 科学

イタリア・ピサの貴族の出身で、ルネサンスを代表する科学者。ピサの斜塔での実験による落下体の法則など力学の諸法則を発見し、証明して名声を得た。しかし自作した天体望遠鏡を使って天体を観察し、コペルニクスの天動説を裏付けたが、これが宗教裁判で異端と判断され、有罪となって終身禁固の罰を言い渡された。

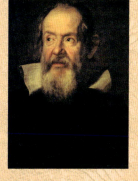

シェイクスピア 文学 劇作家

イギリスのエリザベス1世時代の代表的な詩人・劇作家。ロンドンで役者として成功したシェイクスピアは悲劇・喜劇・史劇とジャンルを問わずに作品を書き上げ、代表作と言われる四大悲劇の『オセロ』『ハムレット』『マクベス』『リア王』以外にも数々の名作を残している。彼の作品の中には今でも語り継がれる名言が多いのも今でも愛されている理由の一つだ。

ダンテ 文学

イタリア・フィレンツェの詩人で、ルネサンスの先駆者ともいわれる。貴族の家に生まれたダンテは皇帝党の一員として20年間市政の要職についていたが、1302年に追放され、放浪生活の中書き上げた『神曲』は、書物はラテン語で書かれるのが普通であった時代に、トスカーナ方言という母国語で書き上げられた。

ボッカチオ 文学

イタリア・フィレンツェの商人の家に生まれた。ナポリ大学で法学を学んでいたが、文学の世界に没頭。叙情詩・叙事詩・小説と多方面に才能を発揮し、代表作である「デカメロン」（1353年完成）は近代散文小説の先駆とされている。晩年は修道院に入り、ラテン語の研究に夢中になった。

マキャヴェリ 文学 思想

イタリアの政治家、思想家、文筆家。1532年に『君主論』を刊行し、当時の混沌とした政治状況を解決するために、政治を宗教や倫理から切り離し、「君主とはどうあるべきか」を記した。彼のこの考え方を「マキャヴェリズム」とも呼びます。

1501 ≫ 1525年

ルターの批判、宗教改革の発端に

教皇によるあからさまな資金集めに反発したルターの声がドイツに広まった。

第4章 ヨーロッパ列強、領土求めて大海原へ

海外進出の先陣を切ったスペインとポルトガルは、それぞれ西インド諸島とインドを拠点に次々に征服地を増やし、貿易拠点を建設していく。スペインは征服と同時に宣教師を送り込み、原住民に対する宣教活動を平行して行っていった。

一方、ヨーロッパ大陸内では、長年宗教的にも政治的にもヨーロッパ社会に君臨し続けていたローマ教皇を頂点とするローマ＝カトリック教会の腐敗が深刻化していた。サン・ピエトロ大聖堂改修資金集めのための贖宥状発行に反発したルターの批判を皮切りにドイツ国内で宗教改革が始まった。この動きはヨーロッパへも広がり、キリスト教世界をカトリック教会とプロテスタントに二分することとなり、同時に社会と政治の変動をもたらした大きな変革となった。

この時代のダイジェスト

スペイン 西インド諸島へ → ポルトガル インドを拠点に → ルターの宗教改革

ドイツ国内で始まった宗教改革

⑩教皇を激しく批判するルター
ローマ教皇の贖宥状販売を見たヴィッテンベルク大学の神学教授ルターは1517年に『九十五ヶ条の論題』を発表。教皇の行為を厳しく批判。内容は一気にドイツ国内に広まり、宗教改革のきっかけとなった。

ヴィッテンベルク ⑩ ⑰

スペインに 神聖ローマ帝国に オーストリアに ネーデルラントに… 全部ワシのもの

カール5世 ⑫
ポルトガル スペイン
ローマ ㉙
⑲

㉙サン・ピエトロ聖堂の大改修
1515年、ローマ教皇レオ10世はドイツにおいて贖宥状を発売したが、これは1506年に始まったローマのサン・ピエトロ大聖堂の大改修費用を得るためであった。

行き
帰り
⑯

私自身は途中で殺されたけどね

マゼラン
⑯

レオ10世

その時日本は！
室町時代

1526 ≫≫ 1550年

オスマン朝、キリスト教圏を侵蝕
オスマン朝の脅威にさらされたキリスト教圏は宗教改革による混乱に苦しんでいた

1520年にスルタンの座についたスレイマン1世。彼の時代にオスマン朝は最盛期を迎える。ハンガリー軍を破ったオスマン朝は1529年にハプスブルク家の拠点・ウィーンを包囲。さらにプレヴェザの海戦でハプスブルク家らを打ち破って地中海の制海権を奪った。

ドイツのルターから始まった宗教改革は、ジュネーヴでのカルヴァンによる宗教改革につながり、キリスト教界をカトリックとプロテスタント（新教徒）に二分する争いに発展していく。一方、イギリスでは、イギリス国王がカトリックと対立して、独自の宗教改革が進められイギリス国教会誕生へと向かうなど、オスマン朝の脅威にさらされる中で、キリスト教界は内部分裂により混乱を極めていくのだった。

第4章 ヨーロッパ列強、領土求めて大海原へ

この時代のダイジェスト

- オスマン朝の最盛期
- スペインの南米支配
- ローマ教会内の紛争激化 → 宗教戦争の始まり

10 13 カルヴァンによる宗教改革
ルターの影響を受け「キリスト教綱要」を発刊したカルヴァンは、ジュネーヴで独自の宗教改革を実施した。ジュネーヴで権力を握ったカルヴァンは厳格な規律のもと神権政治を行った。

6 英国王、ローマ教会から離脱
1509年に即位したヘンリー8世は、王権強化に努め「絶対王政」の基礎を築いた。当初は宗教改革に反対の姿勢を示していたヘンリーは自身の離婚問題でローマ教皇から破門されると、ローマ教会と絶縁してイギリス宗教改革を押し進めた。

16 17 キリスト教会の修復目指す
教皇パウルス3世は、キリスト教内の対立・混乱を収めるため、トリエントで会議を開催。この会議は各組織の主張や政治背景によって度々中断され、以降18年間断続的に行われた。しかし、第一期の最中、出席を拒否していたプロテスタントの諸侯（シュマルカルデン同盟）と、神聖ローマ皇帝カール5世の率いるカトリック諸侯との間で戦争が勃発している。

「カトリック教会を立て直す！」パウルス3世

1	1526年	バーブルがデリーに入り、ムガール朝を建国
2	1526年	モハーチの戦い（○オスマン朝VSハンガリー王国●）
3	1529年	スレイマン1世、ウィーンを包囲（第一次ウィーン包囲）
4	1533年	スペイン、インカ帝国滅ぼす
5	1533年	モスクワ大公国、イヴァン4世（雷帝）即位
6	1534年	ヘンリー8世、ローマ教会から離脱 →イギリス国教会成立
7	1534年	フランス人カルティエ、カナダ・ガスペをフランス領と宣言
8	1534年	パリ郊外でイエズス会創立
9	1535年	ミラノ公国、スペイン領となる
10	1536年	カルヴァン、「キリスト教綱要」発刊
11	1538年	プレヴェザの海戦（●スペイン連合軍VSオスマン朝○）
12	1541年	スペイン、サンティアゴ市建設
13	1541年	ジュネーヴでカルヴァンら、宗教改革始める
14	1543年	コペルニクス、地動説唱える
15	1545年	スペイン、ポトシ銀山を発見 大量の銀がスペイン本国へ
16	1545年〜	トリエント公会議［第一会期］（〜1547年）
17	1546年〜	シュマルカルデン戦争（〜1547年）

その時日本は！ 室町時代

世界史"まとめ"コラム

キリスト教とイスラム教 〜争いを続ける両宗教〜

ユダヤ教という祖を同じくするキリスト教とイスラム教。後から誕生したイスラム教が、ヨーロッパを中心に発展していたキリスト教に対して、領土の侵食を始め対立が始まった。両宗派は内部の分裂・対立を繰り広げながら、聖地エルサレムを巡って長らく対立を続けていく。

第4章 ヨーロッパ列強、領土求めて大海原へ

30年頃〜 キリスト教誕生と布教の開始
～キリスト処刑と12使徒 ➡P20

30年にイエス＝キリストが処刑されると少数の信者団体である原始キリスト教団が生まれた。初めはユダヤ教の一分派に過ぎなかったが、ペテロやパウロといった弟子達（12使徒）が世界に散らばって伝道を始め、ローマ帝国やアジア・アフリカなど世界各地に広まっていった。

1〜3世紀 ローマ帝国とキリスト教
～当初は弾圧されるが、国教となる ➡P22

使徒によってキリスト教は信者を増やしていくが、同時に迫害も受けた。初代ローマ教皇・ペトロも皇帝ネロから迫害を受け処刑されてしまう。皇帝ネロ以降もキリスト教迫害を続けたローマ帝国だったが、313年ミラノ勅令によってキリスト教を公認する。さらにテオドシウスの時代にはキリスト教を国教に認定するが、直後にローマ帝国は東西に分裂し、キリスト教も分裂の道を辿ることとなる。

622年 イスラム教の誕生と拡散
～王朝成立とヨーロッパ侵蝕 ➡P28

610年頃から布教を始めたムハンマドは、622年にメディーナで教団を設立（イスラム教の誕生）。彼の死後、後継者のカリフのもとで急速にその勢力は拡大し、アラビア半島の統一がなされ（正統カリフ時代）、661年には初のイスラム王朝としてウマイヤ朝が成立した。ウマイヤ朝は成立後に瞬く間に勢力を拡大し、イベリア半島への上陸を果たし、キリスト教圏への衝撃を与え、これから長いレコンキスタの歴史が始まる。

800年 ローマ帝国の再建
～教皇、フランク王国を後ろ盾に ➡P32

コンスタンティノープル教会がビザンツ帝国と一体となって存続していたのに対し、西ローマ帝国滅亡によって後ろ盾を失ったローマ教会は756年のピピン3世の寄進によってローマ教皇領を獲得するなど、フランク王国との結びつきを強くしていった。ピピンの子・カール大帝はローマ教皇よりローマ皇帝を授かり、西欧諸国のキリスト教世界の守護者という地位を得た。

1054年 キリスト教の東西分裂
～ローマとコンスタンティノープル ➡P38

ローマ教会とコンスタンティノープル教会は、726年にビザンツ皇帝が出した聖像禁止令を発端に、論争・主導権争いを続けていたが、南イタリアに侵攻して来たノルマン人の討征にローマ教皇が乗り出したことから、対立が激化。1054年に互いを破門として決定的に分裂した。
一方のイスラム教圏でも、アッバース朝に対抗したファーティマ朝、後ウマイヤ朝が揃ってカリフを称したため、元々のアッバース朝のカリフと合わせて三カリフ時代を迎えていた。

1534年
イギリス国教会設立

1517年
ルターの
「九十五ヶ条の論題」

オクタウィアヌス
ロンドン
ヴィッテンベルク
ジュネーヴ
ローマ

1492年
スペイン、
グラナダを奪還

756年
ピピン、教皇領を寄進

グラナダ

711年
ウマイヤ朝、
イベリア半島上陸

ノートルダム大聖堂（パリ）

スルタンアフメト・モスク（イスタンブール）

1095年〜 十字軍と聖地奪還
～エルサレムを巡る両宗教の激突 ➡P40

ルーム・セルジューク朝によるビザンツ帝国侵略をきっかけに聖地エルサレム（イスラム世界にとっても聖地）奪還を目指す十字軍が結成され、イスラム世界へ侵攻した。第1回十字軍でエルサレムはキリスト教圏のものとなったが、その後の十字軍は明確な成果を上げられずに終了した。一方でイベリア半島でのレコンキスタが盛んに行われ、キリスト世界はイベリア半島の北半分を奪還した。

1492年 レコンキスタと大航海時代
～地中海世界の統一 ➡P58

大航海時代の初期である1492年にグラナダをイスラムから奪還し、レコンキスタを完成させたスペインは、ローマ教皇から新大陸での領有権とともにキリスト教布教の許可を得た。これによって、キリスト教はアメリカ大陸へ浸透していくのだった。

1517年〜 宗教改革と宗教戦争
～カトリックとプロテスタントと国教会 ➡P62〜

中世ヨーロッパ世界において、経済的に豊かな基盤を得たローマ教会の中には次第に宗教者としての限度を超えた華美な生活を送る者が現れ、聖職が売買の対象となったりするなど、腐敗が表面化するようになった。
　1515年、サン=ピエトロ聖堂の改修資金のための贖宥状が発行されるとルターによる宗教改革が開始され、それ以降、旧教派（カトリック）と新教派（プロテスタント）の信仰を巡る争いは、シュマルカルデン戦争・ユグノー戦争・三十年戦争など、国家を巻き込む数々の宗教戦争を引き起こしていく。また、イギリスのヘンリー8世は、ローマ教会から破門されたのをきっかけに独自のイギリス国教会を立ち上げ、独自路線を進んでいくこととなる。

1529年〜 オスマン朝の絶頂期到来
～再びキリスト圏を侵蝕 ➡P64

最後のイスラム王朝・オスマン朝は再び地中海の制海権を得て、ヨーロッパ圏への侵出を図り、隣接するオーストリアのハプスブルク家としのぎを削るようになる。しかし、オスマン朝はキリスト教国であるフランスやイギリスとも手を結ぶなど、以前のような宗教的な色合いは薄くなっている。

1948年〜 イスラエル建国と中東戦争
～ユダヤ教vsイスラム教 ➡P164

第二次世界大戦が終結後、国連決議に基づきユダヤ教徒の国・イスラエルが1948年にパレスチナの地に建国される。これは元々パレスチナの地に居住していたイスラム教徒であるアラブ人たちの反発を生み、1948年から1973年までの間に4度に渡る大規模戦争（中東戦争）が勃発し、多くの難民を生み出し、現在でもユダヤ人とアラブ人によるパレスチナを巡る紛争は世界の思惑と絡み合って未解決のままである。

- 1054年 東西教会の分裂
- コンスタンティノープル
- ダマスカス
- エルサレム
- 661年 ウマイヤ朝成立
- 1095年〜 十字軍の派遣
- 30年 キリストの処刑
- メディナ
- 622年 イスラム教設立

1551 》》》 1575年

プロテスタント公認される

信仰の自由が認められたものの、フランスでは両派による宗教戦争が勃発する。

第4章

ヨーロッパ列強、領土求めて大海原へ

戦争にまで発展したカトリックとプロテスタントの争いは1555年に宗教対立を収束をはかるドイツ王フェルディナンドによって、「アウクスブルクの和議」が成立し、プロテスタントの存在が正式に認められた。しかし、カトリックかプロテスタントかの信仰の選択は領主に委ねられ（一領邦一宗派の原則）、個人個人が自由に選べるものではなく、宗教を巡る戦争は1562年から始まるユグノー戦争など各地で勃発していくことになる。

一方、オスマン朝とハプスブルク家の争いは、オスマン朝がハプスブルク家に対抗するイギリス・フランスなどに対して特権を与えて手を結ぶなど、宗教戦争と相まって複雑な対立構図を生んだ。

この時代のダイジェスト

アウクスブルクの和議 → ユグノー戦争 → フェリペ2世即位 → オスマン朝にリベンジ

⑫フランス国内で発生した宗教戦争（ユグノー戦争）
カルヴァンの影響を受け、フランス国内でカルヴァン派（ユグノー）が増加し、旧教派との確執が深まっていた。幼い新王の摂政を務めた母・カトリーヌ＝ド＝メディシスは王権強化のため、カルヴァン派の信仰の自由を認める命を出したが、旧教派はこれに反発して、カルヴァン派信者を虐殺。これをきっかけに戦争が勃発した。

イングランド

フランス王国

カレー

アウクスブルク

トリエント

①	1551年～	トリエント公会議[第二会期]（～1552年）
②	1552年	イヴァン4世、カザン＝ハンを征服
③	1555年	アウクスブルクの和議 カトリックとプロテスタントに分裂
④	1556年	スペイン、フェリペ2世即位 ➡ハプスブルク家スペインとオーストリアに分裂
⑤	1556年	スコットランド、宗教改革運動活発化
⑥	1556年	イヴァン4世、アストラハン＝ハンを征服
⑦	1557年	ポルトガル、明と通商条約 マカオに居住権得る
⑧	1557年	イングランド、フランスに宣戦布告
⑨	1558年	イングランド、欧州大陸の地を全て失う
⑩	1558年	イングランド、エリザベス1世即位
⑪	1558年～	リヴォニア戦争（～1583年）（●モスクワ大公国VSポーランドら○）
⑫	1562年	ユグノー戦争勃発（～1598年）（カルヴァン派VSカトリック）
⑬	1562年～	トリエント公会議[第三会期]（～1563年）
⑭	1562年	イングランド、奴隷貿易開始
⑮	1565年	スペイン、セブ島征服➡フィリピン支配開始
⑯	1568年～	オランダ独立戦争（～1609年）
⑰	1569年	オスマン朝セリム2世、フランスにカピチュレーションを認可
⑱	1571年	レパントの海戦（○スペイン・教皇等連合軍VSオスマン朝●）

フェリペ2世

④⑯スペイン最盛期の王・フェリペ2世
1556年に神聖ローマ帝国カール5世が引退。フェリペ2世をスペイン王に、神聖ローマ皇帝の座は叔父フェルディナントに譲ったため、カール5世の死後ハプスブルク家はスペインとオーストリアの2家に分裂した。スペイン王となったフェリペ2世は強いカトリック保護者であり、カルヴァン派の多かったネーデルラントに対してカトリックを強要したが、反発を受けオランダ独立戦争を引き起こしてしまった。

オスマン朝 VS ハプスブルク家 強まる対立

その時日本は！

室町時代

1560年 桶狭間の戦い ➡日本史P.110

1576 ⟩⟩⟩ 1600年

第4章 ヨーロッパ列強、領土求めて大海原へ

イングランド、無敵のスペイン破る

スペイン・ポルトガルに遅れを取ったイングランドが世界進出を始める

16世紀後半、エリザベス女王がトップに座ったイングランドが、一気に国力を上げる。重商主義政策によって毛織物工業という武器を手に入れたイングランドは、アルマダ海戦でスペイン無敵艦隊を打ち破って制海権奪取のきっかけを得る一方で、北米大陸の植民地化、オスマン朝からのカピチュレーション取得による東方貿易への進出など、スペイン・ポルトガルに対して遅れを取っていた世界各地への進出を強めていった。

「太陽の沈まぬ国」と称されたスペインはオランダ独立戦争、アルマダ海戦敗戦などによって、次第にヨーロッパ内そして世界各地での地位を失っていく。

この時代のダイジェスト

イングランドカピチュレーションを得る → 北米に進出 → **アルマダ海戦** → **東インド会社設立**

エリザベス女王 世界を狙う

帝国主義隆盛

イングランドの世界進出

1558年にイングランド女王に即位したエリザベス1世は、国内では国教会制度を確立して支配体制の整備を行う一方、重商主義政策によって国内の毛織物工業を保護統制した。海外に向けてはアメリカにイングランド初の植民地を建設。さらに1580年にオスマン朝からカピチュレーションを受けて、東方での貿易政策に力を入れレヴァント会社・東インド会社を立ち上げた。

エリザベス1世

- 1558年 **エリザベス1世**即位
- 1568年 **オランダ独立戦争**勃発
- **イギリスはオランダを支援!!**
- 1582年 **カピチュレーション**を得て**レヴァント会社**を設立 8
- 1583年 **北米に植民地**を獲得 9
- 1588年 **アルマダ海戦**勃発 11
- **スペイン無敵艦隊破る!**
- 1600年 **東インド会社**設立を承認 17

フェリペ2世

オランダは羊毛のお得意様ですもの

毛織物の貿易を頑張るぞ!

オランダに味方するヤツらは成敗!

その時 日本は!

室町時代

1580年	1582年	1582年	1582年	1583年
石山合戦終結	本能寺の変	山崎の戦い	天正遣欧使節	豊臣秀吉太閤検地を行う
➡日本史P.111	➡日本史P.112	➡日本史P.112	➡日本史P.112	➡日本史P.112

1601 ≫≫ 1625年

17世紀に入るとイングランドの東インド会社設立を皮切りに、フランス・オランダなどが次々に東・西インド会社を設立した。これらの会社は政府からその地域での貿易独占権を与えられた特許会社で、それまでの遠隔地との貿易が航海の度に出資を募って行われていたのに対し、効率的であり権限も拡大していた。

先駆者であったイギリスは1623年のアンボイナ事件をきっかけに東インドから一旦撤退し、北米進出に重点を移す。逆に本国への承認を得ずに武力行使・条約締結を実行する特権を与えられたオランダ東インド会社がバタヴィアを拠点に、東南アジアでの貿易を独占していくのだった。

東・西インド会社、設立ラッシュ

本国から特権を許されたオランダの東インド会社は東南アジアで各国を排除していく

第4章 ヨーロッパ列強、領土求めて大海原へ

この時代のダイジェスト

- オランダ東インド会社設立 → オランダ東南アジアを支配
- ロシア動乱の時代
- ドイツで三十年戦争

④フランスはカナダを植民地に
16世紀からカナダに進出を続けていたフランスは、1605年アンリ4世の時に植民地を成立させ、ケベックを建設して「ヌーヴェル=フランス」として植民地経営をスタートさせた。

インド会社 設立相次ぐ

国教会を強制されてはかなわんっ

仏

英 メイフラワー号

ケベック
プリマス
ヴァージニア

イングランド 北米に足場を得る

⑰イングランド、北米に植民地を得る
1607年、ロンドン会社がジェームズタウンの建設に成功し、北米にイングランド初の植民地ヴァージニアが誕生した。これを見たイングランドのピューリタン（清教徒）たちは、国教会を強制するジェームス1世の迫害から逃れるため、メイフラワー号に乗って新天地を求めて北米に渡り、1620年植民地プリマスを建設した（ピルグリム・ファーザーズ）。

その時日本は！

原田君にもわかる！
日本史
時系列バー方式

江戸時代

1603年	1604年	1609年	1612年
江戸幕府開府	朱印状貿易	オランダ平戸に商館	天領において禁教令発布
➡日本史P.118	➡日本史P.119	➡日本史P.120	➡日本史P.120

17世紀

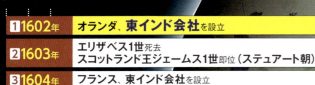

1	1602年	**オランダ、東インド会社**を設立
2	1603年	エリザベス1世死去 スコットランド王ジェームス1世即位（ステュアート朝）
3	1604年	フランス、東インド会社を設立
4	1605年	フランス、**カナダ**地方を植民地化
5	1605年	蘭・東インド会社、ポルトガルからアンボイナ奪う
6	1606年	ロシア、ボロトニコフの農民反乱
7	1608年	オランダ、アユタヤ朝と外交通商条約
8	1609年	スペイン・ネーデルラント休戦条約 →**オランダ独立**を承認
9	1610年	ポーランド、**モスクワ**を占領（ロシア・ポーランド戦争）
10	1611年	カルマル戦争勃発（○デンマークVSスウェーデン●）
11	1612年	ロシア国民軍、モスクワを奪還
12	1613年	ロシア、ミハイル・ロマノフ即位（**ロマノフ朝**）
13	1616年	ヌルハチ、女真を統一→後金を建国（明から独立）
14	1617年	スルタンアフメト・モスク完成
15	1618年	**三十年戦争**勃発（ボヘミア・プファルツ戦争）
16	1619年	蘭・東インド会社、**バタヴィア**に商館を建設
17	1620年	**ピルグリム・ファーザーズ**、プリマスに上陸（メイフラワーの盟約）
18	1621年	オランダ、西インド会社を設立
19	1623年	インドネシアでアンボイナ事件
20	1618年	デンマーク戦争　三十年戦争第二幕

13 女真ヌルハチ、明より独立

女真族の**ヌルハチ**は1583年、**明**に対抗して兵を挙げる。他の女真族を次々に制圧して統一し、1616年に帝位について国号を「**後金（アイシン）**」と定め、明から独立し、宣戦布告した。

オランダ 東南アジアを手中に

1 5 16 19 オランダ・東インド会社、東南アジアから他国を駆逐

1602年に初めての**株式会社**形態を取った**東インド会社**を立ち上げた**オランダ**は、ポルトガルが優位に支配していた**モルッカ諸島**の**アンボイナ**を奪取。バタヴィアに商館を建ててそこを拠点とした。さらにオランダは1623年、後から進出してきたイギリス東インド会社のアンボイナ商館を襲い、駆逐してしまった（**アンボイナ事件**）。

6 9 11 12 ロシア動乱時代（スムータ）

イヴァン4世の死後の1605年～1613年のロシアは「**スムータ（ロシア動乱時代）**」と呼ばれる時代に入る。後継者争いに続き、1605年に**ロシア・ポーランド戦争**が勃発。さらにボロトニコフを首長とするコサックの**農民反乱**で混乱するロシアはモスクワをポーランドに奪われる。1612年にロシア国民軍によってモスクワは奪還され、ミハイル・ロマノフが新しいツァーリとなって、**ロマノフ朝**が誕生し、ロシアは安定を取り戻す。

オランダ東インド会社の特徴

15 20 三十年戦争の第一幕始まる

神聖ローマ皇帝フェルディナント2世は、**プロテスタント**が優勢だった**ボヘミア**に対し、**カトリック**信仰を強制。それに反発した**ボヘミアのプロテスタント**が反乱を起こしたことがきっかけで三十年戦争が勃発する（**ボヘミア・プファルツ戦争**）。この戦争は旧教徒側の勝利に終わったが、1625年、デンマークがプロテスタント支援を名目に参戦。第二幕が幕を上げた（**デンマーク戦争**）。

三十年戦争勃発

スペイン＆ポルトガルが独占 → これまでの世界貿易事情 → 航海1回毎に出資を募る

1602年 オランダ、東インド会社設立

- **特徴1** ポルトガルが持つインド洋での**香辛料**の利権が狙い
- **特徴2** **本国**の指示無しでの**武力行使・条約締結**の特許を持つ
- **特徴3** 複数の会社が集まり**株式会社**になって**継続的資本**を得た
- **特徴4** **バタヴィア城**を築いてアジアにおける会社の拠点とした

イギリスは… 真っ先に東インド会社を設立するが、1623年のアンボイナ事件以降、東南アジアから撤退

フランスは… 1604年に東インド会社を設立するが、すぐに衰退

江戸時代

1613年 慶長遣欧使節	1614年 大坂冬の陣	1615年 大坂夏の陣	1615年 禁中並公家諸法度	1623年 徳川家光 3代将軍に就任	1624年 スペインの来航を禁じる
➡日本史P.121	➡日本史P.121	➡日本史P.121	➡日本史P.121	➡日本史P.124	➡日本史P.124

世界史"まとめ"コラム

重商主義と三角貿易 ～西洋列強の搾取の構造～

絶対王政国家が進める重商主義とは

17世紀前半ヨーロッパは凶作・疫病などにより経済的に停滞期に入る。そして三十年戦争などの戦争・反乱が各地で発生し、その問題はさらに悪化し、ヨーロッパ全体規模で危機的状況となった。

これに対してヨーロッパの絶対王政諸国は商業を重視して国家統制を加え、あるいは特権的な商人を保護することによって富を得ようとした。その基盤には、マニュファクチュア生産様式による生産力の向上を前提とし、また先進的な商工業の発達がみられる地域の国家が、後進地域や植民地を経済的に支配する構造があった。

重商主義の三つの形態

一言で重商主義というが、その具体的な施策は時期や国によって様々な形態があった。

❶重金主義	❷貿易差額主義	❸産業保護主義

16世紀のスペインのようにアフリカ大陸などからの金銀獲得を目指すもの	輸出増加と輸入抑制とによって生み出される貿易の差額による貨幣の獲得を目指すもの	保護関税制の導入や特権の付与などによって、自国の産業資本を保護し、その育成を図るもの

イギリス得意の三角貿易

17～18世紀のヨーロッパ諸国が行っていた、ヨーロッパ本土とアメリカ大陸および西インド諸島とアフリカ大陸を三角形に結ぶ、大西洋上の貿易を三角貿易という。特にイギリスのリヴァプールやブリストルから出航した船が工業製品や武器をアフリカに運び、アフリカから黒人奴隷を積み込んで西インド諸島や北米大陸に渡り、そこからタバコや綿花・砂糖などの産物を積み込んでイギリスに帰ってくるという、空荷を無しに貿易船を仕立てて利益を上げようとしたものが有名である。

三角貿易によってイギリスにもたらされた商品は、イギリス人の生活を大きく変える生活革命をもたらしたが、その一方で、アフリカ連れてこられた大量の黒人奴隷が生まれ、現在につながる黒人差別問題の原因となるだけでなく、西インド諸島による黒人奴隷労働によるプランテーション経営やインドのモノカルチャー化によるその社会の破壊など、深刻な変化をもたらしている。

イギリスのアフリカ・アメリカ支配

❶北アメリカへの進出

スペイン・オランダ・フランスに遅れをとっていたイギリスのアメリカ進出は17世紀に入ってスタートする。1607年に初の植民地を建設したのちは、オランダ・フランスとの戦争に勝利して東海岸を中心に植民地を増やしていった。

1607年	初の植民地ヴァージニア獲得

1620年	ピルグリム・ファーザーズ北米上陸

18世紀	13の植民地を建設

1763年	パリ条約により仏領を獲得

❷アフリカ奴隷貿易

1672年に奴隷貿易独占会社・王立アフリカ会社を設立したイギリスは、スペイン戦争後に結ばれたユトレヒト条約で、アシエント(スペイン領への奴隷供給契約)を獲得し、新大陸での黒人奴隷貿易を独占した。

1672年	王立アフリカ会社設立

1701年	スペイン王位継承戦争

1713年	アシエントを獲得

	米での奴隷貿易を独占

イギリスもう一つの三角貿易

19世紀入るとイギリスはまた違う形態での三角貿易を行うようになる。

イギリス国内での紅茶の需要が高まる中、中国産の茶をイギリスが銀で支払うという従来の貿易形態では輸入超過が進行し、イギリスの銀が大量に中国に流出する状況であった。イギリスはこの対抗策として、インドに対して行ったように綿織物の中国への輸出を目論むが、中国産の綿布(南京木綿)に質・価格ともに敗れ、思うようにいかなかった。そこで目をつけたのが、インドで安価で生産できるアヘンだった。東インド会社はベンガルのアヘンの専売権を得て、それを精製し、ジャーディン＝マセソン商会などの貿易商に中国に密輸させたのである。アヘンで中国から得た銀で茶を買い付け、本国で販売し、本国の綿織物などの工業製品をインドに売りつけるという新しい三角貿易を行ったのである。

中国は新たな三角貿易によって、資本主義の世界市場に巻き込まれ、銀が流出。経済的打撃を受けるだけでなく、国内にアヘンが蔓延する事態となった。政府はアヘンの強制取締を行うが、イギリスの反発を呼び、アヘン戦争勃発の原因となってしまうのだった。

第4章 ヨーロッパ列強、領土求めて大海原へ

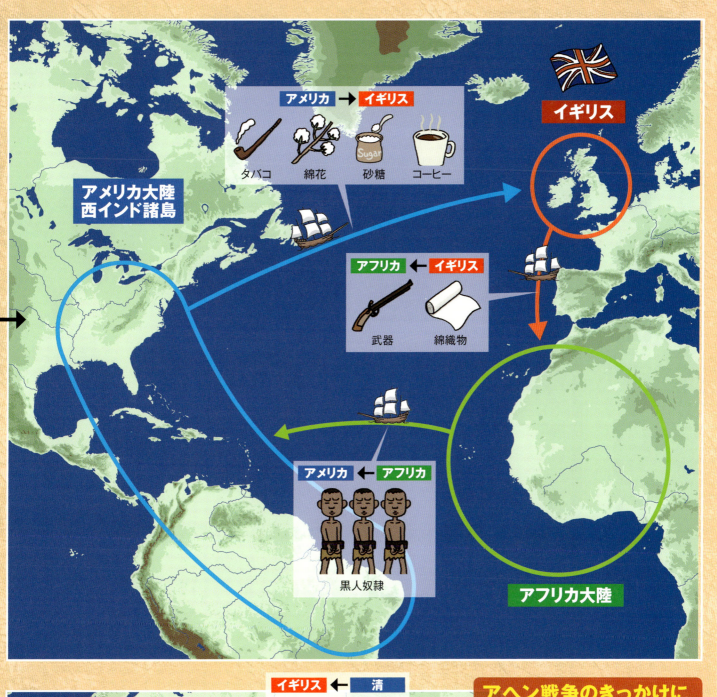

1626 >>> 1650年

三十年戦争終結。ヨーロッパ新秩序が始動

ヨーロッパ諸国を巻き込んだ三十年戦争が終結し、主権国家体制が確立される。

第4章　ヨーロッパ列強、領土求めて大海原へ

ドイツで始まった宗教戦争に、神聖ローマ帝国の弱体を図る西欧諸国が参戦することで、戦火が拡大・複雑化した三十年戦争は3年にも渡る会議の末に結ばれたヴェストファーレン条約締結によって終結を迎えた。

条約ではアウクスブルクの和議が再確認されて新教徒（カルヴァン派含む）の信仰が認められ、カトリックvsプロテスタントという構図の宗教戦争は終焉を迎えた。さらにオランダの独立が承認された他、新たにドイツの諸侯が神聖ローマ帝国から独立を果たし、神聖ローマ帝国の支配範囲は激減するとともに、中世封建国家にかわって主権国家がヨーロッパ世界の趨勢となっていく。

この時代のダイジェスト

スウェーデン戦争 → フランス新教徒側を支援 → 三十年戦争終結 → ヴェストファーレン体制

三王国戦争（ピューリタン革命）

② ④ 議会、権利の請願を可決

ジェームズ1世に代わり即位したチャールズ1世に対し議会は「権利の請願」を突きつけた。チャールズ1世はこれを一蹴して、逆に議会を解散し、それ以降11年間議会を招集しなかった。

⑪ ⑬ スコットランドとの主教戦争

1639年スコットランドは、チャールズ1世が国教会を強制したことに反発して反乱を2度起こす（主教戦争）。チャールズ1世はこの戦いに2度とも敗れた上、戦費拠出のため、1940年に議会を招集しなければならなくなった。

⑭ 三王国戦争勃発

再び議会と衝突したチャールズ1世は、議会内で王党派と議会派の間に内戦が起こると1642年にヨークで挙兵。イングランドは内乱に突入した。

⑲ 王の処刑と共和政のスタート

クロムウェルは、ピューリタンが多数を占めていた議会派をまとめ、勝利に導いた。1649年にチャールズ1世を処刑し、イングランド共和国を誕生させた。

クロムウェル

スコットランド
イングランド
スウェーデン
デンマーク
ミュンスター
フランス
三十年戦争

⑱ 三十年戦争決着

始めはドイツ国内の宗教戦争に過ぎなかった三十年戦争は、対立する旧教徒側・新教徒側（プロテスタント）それぞれに西欧諸国がついて参戦。スペインのハプスブルク家VSフランス・ブルボン家というヨーロッパの覇権が絡む大規模戦争となった。戦争はヴェストファーレン条約で終結し、カトリックとプロテスタントの宗教戦争は終わりを告げた。さらにこの会議には多くのヨーロッパ諸国が参加しており、これによってヨーロッパ諸国は相互の領土尊重を誓い、新たなヨーロッパの秩序が形成されることとなった（ヴェストファーレン体制）

❶ 宗教戦争の終結
❷ 神聖ローマ帝国、ドイツの支配権を失う
❸ 封建制→主権国家体制

その時日本は！

原田賀にもわかる！日本史 時系列バー方式 WADE

江戸時代

1627年	1629年	1635年	1635年
紫衣事件	絵踏み始まる	参勤交代開始	寺請制度開始
→日本史P.124	→日本史P.125	→日本史P.125	→日本史P.125

年表

	年	出来事
1	1626年	後金でヌルハチの子・**ホンタイジ**が即位
2	1628年	イングランド議会、**権利の請願**を可決
3	1628年	ムガール朝、シャー・ジャハーン即位
4	1629年	チャールズ1世、権利の請願を破棄して、議会を**解散**
5	1630年	**スウェーデン戦争**〈三十年戦争第三幕〉
6	1632年	**タージ・マハル**建設開始
7	1632年	リュッツェンの戦い〈三十年戦争〉
8	1635年	**フランス・スウェーデン戦争**〈三十年戦争第四幕〉
9	1636年	ホンタイジ、国名を**清**に
10	1639年	英・東インド会社、**マドラス**を入手
11	1639年	主教戦争勃発（●イングランドVSスコットランド○）
12	1641年	蘭・東インド会社、**マラッカ**占領
13	1640年	チャールズ1世、戦費拠出の為、議会を召集（**長期議会**）
14	1642年	三王国戦争勃発（ピューリタン革命）
15	1644年	清、明を滅ぼし北京に遷都
16	1645年	ポルトガル、ブラジルへ**黒人奴隷**を輸入開始
17	1648年	フランス、フロンドの乱勃発
18	1648年	**ヴェストファーレン条約（三十年戦争終結）**
19	1649年	チャールズ1世処刑される（**イングランド共和国成立**）
20	1650年	クロムウェル、アイルランド・スコットランド征服

1 9 15 女真族、清を建国
ヌルハチの子・**ホンタイジ**は1626年に即位、1636年に国号を**清**に改めた。**明**が1631年に起こった**李自成の乱**によって1644年に**滅亡**すると、この乱を鎮め、**北京**に首都を遷し、**中国**を支配した。

10 イングランド、綿花栽培の中心地マドラスを入手
すでに**インド**に**商館**を設置していた**イギリス東インド会社**だったが、綿花栽培の中心地に近い場所にも商館設置を必要としていた。1639年、マドラスに上陸したイギリス東インド会社商館長の**フランシス・デイ**は、イギリスとの交易を望む現地の領主から、この地を割譲され、**商館**を建設した。

ヨーロッパの新秩序生まれる

文化 タージ・マハル

妃ムムターズ・マハルをこよなく愛していたムガール朝の第5代皇帝ジャハーンは、彼女の死後、その記憶を永遠に留めるために霊廟を建設。22年の歳月と一日2万人を動員してタージ・マハルは完成した。

各国の思惑うごめく三十年戦争

【第一幕】1618～1623 ボヘミア・プファルツ戦争
ボヘミアのプロテスタントが神聖ローマ皇帝フェルディナント2世に反発して起こったボヘミア・プファルツ戦争は神聖ローマ皇帝側の勝利に終わった。この時点ではフランスは間接的に旧教徒側を支援していた

【第二幕】1625～1629 デンマーク戦争
イングランド・オランダの援助を受けたデンマーク王クリスチャン4世がプロテスタント支援を名目にドイツへ侵攻する。フランスもこの時にプロテスタント側へ転じている。

【第三幕】1630～1635 5 7 スウェーデン戦争
スウェーデン王グスタフ2世アドルフは表向きはプロテスタント支援を名目に、フランスの支援を受けて参戦した。1632年のリュッツェンの戦いには勝利したが、グスタフ2世は戦死し、両軍は和睦を結んだ。

【第四幕】1635～1648 8 フランス・スウェーデン戦争
ついにフランスがスウェーデンとともに参戦すると、旧教徒にはスペインが参戦。戦況は膠着し、1648年にヴェストファーレン条約が結ばれて、三十年戦争は終結した。

江戸時代

1637年 島原の乱 ➡日本史P.126

1639年 ポルトガル船追放 鎖国開始 ➡日本史P.126

1641年 オランダ商館を長崎・出島に移行 ➡日本史P.127

1649年 慶安の御触書 ➡日本史P.129

1651 》》》1675年

イギリス、オランダの支配地を狙う

海外貿易の覇権を巡り、三度の戦争を繰り広げたイギリスとオランダ。

第4章　ヨーロッパ列強、領土求めて大海原へ

イギリスの共和政は、トップに立ったクロムウェルの過度な独裁政治が国民の反発を生んだため、短命に終わり、結局王政に逆戻りしてしまう。しかし、議会の復活とともにトーリ党・ホイッグ党という政党政治を担う政党が誕生している。また、オランダの海外拠点を狙うイギリスは航海法の制定でオランダ船の閉め出しを行うなど、オランダに圧力をかけて3度の戦争を引き起こし、徐々にオランダ拠点を奪っていく。

一方、東ヨーロッパではヨーロッパ最強国と言われていたポーランド・リトアニアが、ロシア、スウェーデンの侵攻を受けて一気に弱体化。これ以降の東ヨーロッパの覇権はロシアに移ることとなった。

この時代のダイジェスト

英蘭戦争 → イギリス インド経営に注力 → ロシア・ポーランド戦争 → ロシアに東欧覇権

20 ヴァージニア植民地で初の反乱

イギリス人の最初の入植地ヴァージニアで、開拓民のベーコンを首領とする反乱が勃発。新開拓地のプランターや農民は、インディアンの紛争を機に総督の独裁に反発して兵を挙げた。一時はヴァージニアを支配するほどであったが、ベーコンの死後、失速し、総督軍によって鎮圧された。

蘭 ニューアムステルダム

ニューヨークに改称する！

14

20 ヴァージニア

英 6 ジャマイカ　ハイチ　仏 12

英と蘭、世界貿易で拮抗

植民地を巡って英蘭戦争勃発

1 2【第一次英蘭戦争】1652～54
イギリス、オランダを閉め出す

1623年のアンボイナ事件以来、イギリス国内でオランダに対する警戒が強まる中、クロムウェルはイギリス船以外の領海侵入を禁止する航海法を制定し、オランダの船を次々に拿捕。反発するオランダを海戦で破り、航海法を認めさせた。

航海条令

外国船のイギリス侵入禁止！

その時日本は！

江戸時代

1651年
由井正雪の乱
➡日本史P.129

文治政治
への変換
➡日本史P.129

1657年
明暦の大火
➡日本史P.130

1676 ≫≫ 1700年

名誉革命で、立憲王政が成立

英の立憲王政が誕生したのに対し、仏ではルイ14世による絶対王政を確固たるものに。

第4章　ヨーロッパ列強、領土求めて大海原へ

トーリ党とホイッグ党は議会と対立するチャールズ2世を協力して追い出し、権利の掌典を制定して、立憲王政を確立する。この名誉革命によって三王国戦争から様々な変化を繰り広げてきたイギリスの革命は、終結する。

一方、チャールズ2世の亡命先となったフランスには「太陽王」ルイ14世が君臨していた。彼の王権強化と領土拡大の野望は収まるところを知らず、オランダ戦争・ファルツ戦争を起こすなど、新たなヨーロッパの戦争の火種となった。さらに北方では、ロシアの新たなツァーリにピョートルが就任。西欧化政策を進め、ユーラシア大陸の広大な土地を支配したピョートルはヨーロッパ圏における港を求め、黒海・バルト海への進出を目指し対外戦争を始める。

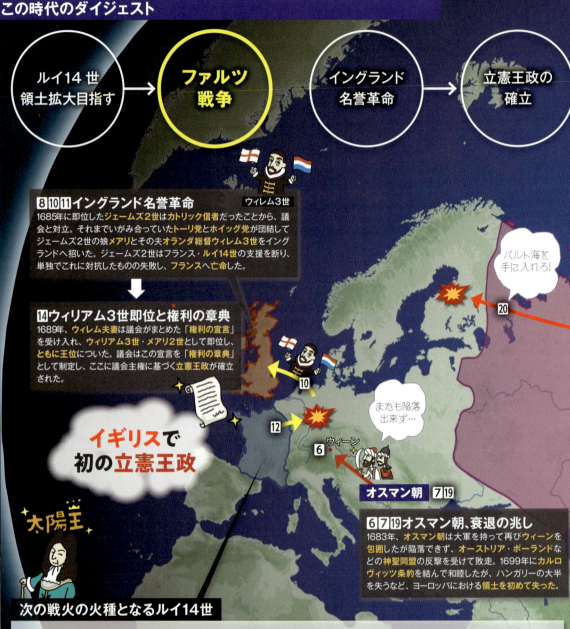

この時代のダイジェスト

ルイ14世領土拡大目指す → **ファルツ戦争** → イングランド名誉革命 → 立憲王政の確立

8 10 11 イングランド名誉革命
1685年に即位したジェームズ2世はカトリック信者だったことから、議会と対立。それまでいがみ合っていたトーリ党とホイッグ党が団結してジェームズ2世の娘メアリとその夫オランダ総督ウィレム3世をイングランドへ招いた。ジェームズ2世はフランス・ルイ14世の支援を断り、単独でこれに対抗したものの失敗し、フランスへ亡命した。

14 ウィリアム3世即位と権利の章典
1689年、ウィレム夫妻は議会がまとめた「権利の宣言」を受け入れ、ウィリアム3世・メアリ2世として即位し、ともに王位についた。議会はこの宣言を「権利の章典」として制定し、ここに議会主権に基づく立憲王政が確立された。

イギリスで初の立憲王政

太陽王

バルト海を手に入れろ！

またも陥落出来ず…

オスマン朝　7 19

6 7 19 オスマン朝、衰退の兆し
1683年、オスマン朝は大軍を持って再びウィーンを包囲したが陥落できず、オーストリア・ポーランドなどの神聖同盟の反撃を受けて敗走。1699年にカルロヴィッツ条約を結んで和睦したが、ハンガリーの大半を失うなど、ヨーロッパにおける領土を初めて失った。

次の戦火の火種となるルイ14世

1 2 オランダとの戦争終結
「太陽王」と呼ばれ、フランス王政の最盛期に君臨したルイ14世は、イングランドとの密約を結び、領土獲得を目指して参戦したオランダとの戦争を、1678年にナイメーヘンの和約を結んで終結させた。ある程度の領土獲得に成功したが、彼の野望は止まず、1681年に戦略要地であるストラスブールを軍事占領した。

4 9 ルイ14世、王権強化
王権神授説に基づく絶対王政を目指すルイ14世は、1661年より建設を進めていたヴェルサイユ宮殿を完成させ、この大宮殿において貴族・官僚を牛耳る体制を作った。さらに一国家一宗教の原則を実現のため、フォンテーヌブローの勅令を発して、ナントの勅令を廃止して、プロテスタントの信仰を禁止した。

12 ライン川侵攻で英と全面戦争
1685年ドイツ・ファルツ選帝侯が死去すると、その継承問題に介入し領土保有を主張。1688年にライン川を越えてファルツに出兵すると、オランダ・神聖ローマ皇帝らが中心となって結成されたアウクスブルク同盟との戦争が勃発（ファルツ戦争）。名誉革命によってウィレム3世がイングランド王となったことでイングランドも同盟側に参加。戦火はヨーロッパ各地に広がった。

その時日本は！

江戸時代

1680年 徳川綱吉 将軍に就任
→日本史P.132

1682年 勘定吟味役 を設置
→日本史P.132

1701 ≫≫ 1720年

北方戦争、ピョートル海を目指す

スウェーデンの要請でオスマン朝参戦するも、ロシアは巧みな外交で勝利を収める

第4章 ヨーロッパ列強、領土求めて大海原へ

バルト海・黒海進出を目論むロシアのピョートルは、スウェーデンの要請に応え参戦したオスマン朝に阻まれ、黒海進出を諦めざるを得なかったが、北方戦争でスウェーデンを破り、バルト海の制海権獲得を成し遂げた。

ヨーロッパ社会では、各国間の婚姻関係が複雑化したことから、後継者争いに他国が介入する王位継承戦争が続くようになる。その始めとしてスペイン王位継承戦争が勃発する。これはフランス王位を継承する権利を持ったフェリペ5世の即位に待ったをかけたイングランド・オランダ・オーストリアが対抗国王を擁立してフランスに戦争を仕掛けたものである。しかし、その対抗国王にも神聖ローマ皇帝就任の可能性が出てくると、状況はさらに複雑化する。

この時代のダイジェスト

北方戦争 → オスマン朝参戦 → ロシアバルト海へ → 立憲王政の確立

ステュアート朝からハノーファー朝へ

国王は君臨すれども統治せず

ステュアート朝のアン女王は跡継ぎを残さず死去したため、ウィリアム3世が制定した王位継承法に基づき、ハノーファー選帝侯ジョージがジョージ1世として即位（ハノーファー朝）。しかし、そのままハノーファー選帝侯を兼任したジョージ1世はほぼハノーファーに居住し、イギリスの国政に口出しをしなかったため、政党政治が定着することとなった。

ステュアート朝
- ジェームズ1世 1603-1625
- プファルツ選帝侯フリードリヒ5世
- チャールズ1世 1625-1649
- ハノーファー選帝侯エルンスト＝アウグスト
- ジェームズ2世 1685-1688
- チャールズ2世 1660-1685
- オランダ総督ウィリアム2世

ハノーファー朝
- ジョージ1世 1660-1685
- アン女王 1702-1714
- メアリ2世 1689-1694
- ウィリアム3世 1689-1702

イングランド　スコットランド
↓
私はイギリスには住まないよ

グレートブリテン王国　ジョージ1世　ハノーファー
③ ⑫ ⑯

① 💥　フランス

スペイン王位継承戦争

⑮ サルディーニャ王国

スペイン王国

他国の王位継承を巡り各国が戦う

①⑪ フランス王継承権を持つスペイン王誕生が火種

スペイン王（スペイン・ハプスブルク家）のカルロス2世の死後、アンジュー公フィリップがカルロス2世の遺言によりスペイン王となり、フェリペ5世となった。しかし、フェリペ5世はフランス王位継承権を保持していたため、イギリス・オランダが反発。オーストリアも加わった対仏大同盟がフランスへ宣戦布告し、スペイン王位継承戦争が勃発した。同盟側はフェリペ5世に対抗してカルロス3世をスペイン王に擁立するが、カルロス3世が神聖ローマ皇帝を兼ねる可能性が出てくると、逆にフェリペ5世支持に傾く。こうして同盟側の足並みは乱れ、フェリペ5世の即位を認める形で講和が結ばれた。

その時日本は！

江戸時代

1709年	1710年	1710年
徳川家宣 将軍に就任 ➡日本史P.133	正徳の治 ➡日本史P.133	閑院宮家の創設 ➡日本史P.133

>> 18世紀

世界初のバブル崩壊 ～南海泡沫事件～

スペイン王位継承戦争中、国債の支払に苦しんだイギリス政府の肝入りで、1711年に南海会社が設立された。南米の奴隷貿易の独占権を与えるかわりに国債の引き受けさせたのである。

奴隷貿易の収益は予想より低いものであったが、過度に有利な喧伝がなされたおかげで、南海会社の株は何倍にも跳ね上がり、国民はこぞってこの株を買い漁った。しかし、一向に奴隷貿易の収益は上がらず、南海会社の信用は一気に下落し、同社の株式は暴落し、破産者が続出。その頃、イギリスでは同様に実体のない会社が乱立しており、「泡沫会社」と呼ばれたそれらの会社の株も大暴落し、株式市場は大混乱に陥ったのである。

オスマン朝も巻き込む北方戦争

4 5 スウェーデン、ポーランドへ侵攻
 ス　　　　　　　　　　　　　　　　ロ
カール12世　　　　　　　　　　　　　　ピョートル1世

1700年のナルヴァの戦いに勝ったスウェーデン・カール12世はポーランドへ侵攻し、1704年にポーランド・リトアニアを属国化する。敗れたロシアはサンクトペテルブルクの建設に着手し、軍備の再整備を行った。

7 8 カール12世、オスマン朝に泣きつく

1707年に再びロシアへ兵を進めたスウェーデンに対し、軍備を整えたロシアはポルタヴァの戦いでこれを打ち破り、ヨーロッパへの道を切り拓き、さらに完成したサンクトペテルブルクへ遷都。カール12世は重傷を負い、オスマン朝へ亡命し救援を求めた。

9 10 オスマン朝参戦、アゾフを奪還
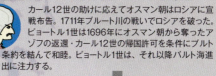

カール12世の助けに応えてオスマン朝はロシアに宣戦布告。1711年にプルート川の戦いでロシアを破った。ピョートル1世は1696年にオスマン朝から奪ったアゾフの返還・カール12世の帰国許可を条件にプルト条約を結んで和睦。ピョートル1世は、それ以降バルト海進出に注力する。

13 ロシア、バルト海を得る

黒海進出を一時棚上げしたピョートル1世はハンゲの海戦で、スウェーデン艦隊を撃破し、バルト海の制海権を獲得。一方のスウェーデンはフィンランドでの戦いでカール12世が戦死。1721年にニスタットの和約によって北方戦争はロシア勝利で終結し、これ以降の北欧・東欧の覇権はロシアの手に。

北方戦争

カール12世
スウェーデン
7
13
ハンゲの海戦
ロシア Win!!
サンクトペテルブルク
2　5
ケーニヒスベルク
ポルタヴァの戦い
ロシア Win!!
8 ポルタヴァ
ピョートル1世
ロシア

プルート川の戦い
オスマン Win!!
10
9 オスマン朝

ロシアが バルト海進出に 成功する

1	1701年	スペイン王位継承戦争
2	1701年	プロイセン王国誕生
3	1703年	英・ウィリアム3世死去
4	1703年	露、サンクトペテルブルク建設
5	1704年	スウェーデン、ポーランド・リトアニア属国化
6	1707年	イングランド、スコットランドを併合 グレートブリテン王国誕生
7	1707年	スウェーデン・カール12世、ロシアに再度侵攻　北方戦争
8	1709年	ポルタヴァの戦い　北方戦争 （●スウェーデンvsロシア○）
9	1710年	オスマン朝、ロシアに宣戦布告　北方戦争
10	1711年	プルート川の戦い　北方戦争 （○オスマン朝vsロシア●）
11	1713年	ユトレヒト条約締結 （仏、英に北米領の大半を割譲）
12	1714年	英・ジョージ1世即位（ハノーファー朝）
13	1714年	ハンゲの海戦　北方戦争 （●スウェーデンvsロシア○）
14	1715年	仏・ルイ14世死去
15	1720年	サルデーニャ王国誕生
16	1720年	南海泡沫事件

江戸時代

1713年	1714年	1715年	1716年	1716年
徳川家継 将軍に就任	正徳小判の発行	海舶互市新例の発布	徳川吉宗 将軍に就任	享保の改革開始
➡日本史P.133	➡日本史P.133	➡日本史P.134	➡日本史P.138	➡日本史P.138

1721 ≫ 1740年

帝政ロシア誕生と2つの王位継承戦争

ポーランドとオーストリアの王位争いに各国の思惑が絡む。

第4章 ヨーロッパ列強、領土求めて大海原へ

スペインの王位継承戦争が決着を迎えると今度はポーランド、オーストリアと二つの王位継承戦争が勃発する。

1733年ポーランド王が死去するとその位を巡ってフランス・スペインとロシア・オーストリアがそれぞれ国王を擁立して戦争を始め、続いて1740年にはオーストリアのハプスブルク家の後継者争いを巡って、オーストリア・イギリス vs プロイセン・フランス・スペインという対立構図で戦争が引き起こされた。オーストリア継承戦争は、北米大陸でのイギリスとスペインの戦い（ジェンキンスの耳戦争）やハプスブルク家に対抗したい国々の思惑が大きく絡んだものであった。

この時代のダイジェスト

北方戦争終結 → **ロシア帝国誕生** → ポーランド継承戦争 → オーストリア継承戦争

3 近代化進むイギリス
1720年の南海泡沫事件の混乱を収拾して頭角を現したウォルポール。国内にいないジョージ1世から国政を一任されて「プライム・ミニスター（＝閣僚の第一人者）」と呼ばれるようになり、それが内閣総理大臣（首相）を意味するようになる。さらに議会で多数を占める政党の党首が首相となり、内閣を組織するという責任内閣制の先例ともなった。また、重商主義政策を推し進め、産業革命の礎も築いた。

ウォルポール

初代

ピョートル大帝 サンクトペテルブルク

ニスタット

ロシア帝国誕生

産業革命への第一歩！

ジョン・ケイ

フリードリヒ2世 / プロイセン / ポーランド / シレジア / オーストリア / マリア・テレジア

2つの王位継承戦争

9 10 ポーランド継承戦争

1733年 ポーランド王アウグスト2世死去

王位継承争いがおこり、2人の王が擁立される

露・神聖ローマ アウグスト3世 ⇔対立⇔ スタニスワフ・レシチニスキ（スペイン・サルディーニャ・仏 ルイ15世）

1733年 **ポーランド継承戦争勃発**

1735年 **ウィーンで講和**が成立、領土の再編
① ポーランド王はアウグスト3世に
② スタニスワフはロレーヌ公国の王に
③ スペイン、ナポリ・シチリアを獲得

17 オーストリア継承戦争

1733年 マリア・テレジア、ハプスブルク家当主に

プロイセン、認める代わりにシレジアを要求

1740年 **オーストリア継承戦争勃発**

英・露 / マリア・テレジア ←シレジア占領← フリードリヒ2世 / バイエルン・スペイン・仏 ルイ15世

1748年 **アーヘンの和約**で講和が成立
① マリア・テレジアの家督承認
② オーストリアはプロイセンにシレジアを割譲
③ オーストリアはスペインにパルマetcを割譲

イスファハーン

その時日本は！

江戸時代

1721年	1722年	1723年
目安箱設置	上げ米の制	足高の制
➡日本史P.139	➡日本史P.139	➡日本史P.140

清の康熙帝「三世の春」

清朝の第4代皇帝である康熙帝は1661年に即位し、中国史上最長となる61年間にわたって中国を統治した。

1681年に三藩の乱を鎮圧して中国全土の統一を果たした康熙帝は、台湾・チベット・モンゴルなども編入して領土を拡大。シベリアに進出していたロシアとも戦ったのちにネルチンスク条約を締結して、国境を定めるとともに通商の取り決めも行った。

このように国内外で清朝の繁栄を生み出した康熙帝の後を継いだ雍正帝・乾隆帝の時代を「三世の春」と呼び、清朝の最盛期となった。

13 イギリスとスペインの戦い 継承戦争のきっかけとなる

スペイン継承戦争による**ユトレヒト条約**によって、**アシエント（奴隷供給契約）**とアメリカ大陸の**スペイン領**での交易権を得た**イギリス**は、スペイン領である**西インド諸島**で密輸行為を繰り返すようになる。これに業を煮やしたスペインは英貿易船船長ジェンキンスを捕らえた。ジェンキンスはスペインによって耳を切られたと本国に訴えたことがきっかけで、1739年にイギリス・スペイン間で**ジェンキンスの耳戦争**が勃発した。この戦争が**オーストリア継承戦争**の引き金となる。

植民地での争い 本国同士の争いの 火種となる

12 北方戦争勝利のロシア、帝国を称する

1721年に**スウェーデン**と**ニスタット条約**を締結し、バルト海沿岸の土地を手に入れた**ロシア・ピョートル1世**は「**バルト海の覇者**」となった。**元老院**などから「**皇帝**」の称号を贈られたピョートル1世は「**ロシア帝国**」建国を宣言した。

6 清、ロシアと2度目の国境協定を結ぶ

清が**外モンゴル**を制したことにより、再び**ロシア**との勢力範囲の確認が必要となり、**雍正帝**はネルチンスク条約に続き、1727年にロシアと国境協定を締結する（**キャフタ条約**）。

ロシア帝国

ナーディル

5 7 12 ナーディル、アフシャール朝を建国

1722年、腐敗の進んでいた**サファヴィー朝**はアフガン人の襲撃を受け、**イスファハーン**を失う。トルコ人系軍人の**ナーディル・シャー**はサファヴィー朝の王を助け、イスファハーンを**奪還**してサファヴィー朝を再興するが、実権を握るとサファヴィー朝を廃して**アフシャール朝**を創設した。

清
4 11

・デリー 14

	ヨーロッパ	アジア	アメリカ	中東	
1 1721年	**ニスタット条約**（戦争終結） 北方戦争				
2 1721年	**ピョートル1世**、**ロシア帝国**建国を宣言				
3 1721年	ホイッグ党のウォルポールが**首相**に就任（責任内閣制始まる）				
4 1722年		清、**康熙帝**死去➡息子・雍正帝即位			
5 1722年				**サファヴィー朝**、イスファハーンを追われる	
6 1727年		キャフタ条約締結			
7 1729年				**ナーディル・シャー**がイスファハーンを奪還	
8 1733年	ジョン・ケイ、新紡績機（飛び杼）を発明				
9 1733年〜	ポーランド継承戦争（〜1733年）				
10 1735年	ウィーンで講和成立➡領土の再編が行われる				
11 1735年		清、乾隆帝即位			
12 1736年				**ナーディル**自らが皇帝に（**アフシャール朝成立**）	
13 1739年			北米大陸植民地を巡り、**ジェンキンスの耳戦争**（イギリスvsスペイン）		
14 1739年				アフシャール朝、デリーを占領	
15 1740年	フリードリヒ2世、プロイセン王となる				
16 1740年	オーストリア・ハプスブルク家**マリア・テレジア**即位				
17 1740年〜	**オーストリア継承戦争**（〜1748年）（英・オーストリアvs仏・スペイン・プロイセンetc）				

1721

BC10000
BC5000
BC1000
0
500
1000
1500
2000

江戸時代

1730年
御三卿・
田安家の創設
➡日本史P.140

1732年
享保の大飢饉
➡日本史P.140

1740年
御三卿・
一橋家の創設
➡日本史P.141

1741 ≫≫ 1760年

イギリス・フランス世界各地で激突

本国でのオーストリア継承戦争や七年戦争に連動して、各地で両国が覇権を争う

第4章 ヨーロッパ列強、領土求めて大海原へ

フランスとの植民地争いを続けるイギリスは、インドで3度、北米で2度に渉るフランスとの戦争に明け暮れる。ヨーロッパ大陸で七年戦争が勃発すると、こちらでもフランスに対抗してプロイセンの援助に回る。フランスも対抗して、亡命していたチャールズをイギリス本土に送り込み政権転覆を目論むが失敗。インド・北米でもイギリスに敗戦し、ほとんどの植民地をイギリスに奪われてしまう。財政的に困窮したフランス国内では政府に対する反発が生まれ、のちのフランス革命勃発の要因となっていく。

一方のイギリスは一連の戦争の結果、大英帝国と呼ばれる礎を築くことに成功したが、北米への圧力を強めていったため、こちらもアメリカ独立戦争が起こる契機となってしまった。

この時代のダイジェスト

北米でジョージ王戦争 → インドでカーナティック戦争 → 北米でフレンチ・インディアン戦争 → 七年戦争

スコットランド

3

イギリス

2

23 ジャコバイト最後の挑戦
ルイ15世は名誉革命でフランスに亡命したジェームズ2世の子・チャールズをステュアート朝復活を求めるジャコバイトの元に送り込む。イギリス本土に上陸したチャールズは王位簒奪の兵を起こすが、イギリス政府軍に鎮圧された。

ルイ15世

フランス

13

フリードリヒ2世
プロイセン

11

14

オーストリア

マリア・テレジア

シレジアを取り返したいマリア・テレジア

七年戦争勃発の要因

| 1740 | プロイセン、オーストリア領シレジアを占領 |

| 1740 | **オーストリア継承戦争勃発** |

| 7 | 1748 | アーヘンの和約(オーストリア継承戦争終結) |

| 13 | 1756 | ヴェルサイユ条約 オーストリアとフランスが手を組む |

プロイセン包囲網を結成

ロシア
一応支援
イギリス
プロイセン
植民地をめぐって険悪
フランス
オーストリア

| 14 | 1756 | **七年戦争勃発** |

どさくさにまぎれて卑怯よっ!

どうしてシレジアだけ返してくれないのよ

背に腹は変えられないわっ

激突その3

14 七年戦争にも英仏対立構図
シレジア奪還を目論むオーストリアがフランスと結んでプロイセンを攻撃する(七年戦争)と、イギリスはここでもフランスに対抗してプロイセン側に付く。実際は出兵はせず金銭的な援助に留まっていたが、1763年に結ばれた講和条約(パリ講和条約)で、フランスの持っていた北米の植民地のほとんどを手に入れることになる。

世界各地で英仏激突

その時日本は!

江戸時代

1742年
公事方御定書
を編纂
➡日本史P.141

1745年
徳川家重
将軍に就任
➡日本史P.141

文化 大英博物館

ハンス・スローンという医師であり、収集家であった人物が収集した8万点の収蔵品を自身の死後、総合的に一括管理し一般人の利用に供することを遺言で残した。イギリス議会はすでに国に所有されていたコットン蔵書などと合わせて収容する博物館を設立することを決定。1759年1月15日に開館した。

激突その1
① ⑫ ⑲ 英仏衝突、北米大陸でも

フランス、北米も失う

オーストリア継承戦争が勃発しても当初は平和外交を守っていたイギリスであったが、1743年にオーストリア側として参戦すると、北米大陸でもフランスとの戦争に踏み切る（ジョージ王戦争）。戦局は膠着し、オーストリア継承戦争の結果、アーヘンの和約が結ばれると、こちらも戦闘は終結したが、平和は長くは続かず、1754年には現地のインディアンを巻き込んでフレンチ・インディアン戦争が勃発した。戦争はイギリスが仏領のモントリオールを占拠するなど勝利を治め、逆にフランスは北米植民地のほとんどを失った。

・モントリオール
・フィラデルフィア

フランスの植民地政策失速

⑤ ⑥ ナーディル暗殺でアフシャール朝衰退

アフシャール朝を創設したナーディルはインドのムガール朝に侵攻してデリーで大虐殺を行う。彼の残忍な行為は親族や市民にも及んだため、部下の兵士によって暗殺されてしまう。これ以降力を失っていくアフシャール朝は、アフガン人によって初めて誕生したアフガン王国・ドゥラーニー朝の支配下となる。

ナーディル
イスファハーン
アフシャール朝
ドゥラーニー朝
ムガール朝
プラッシーの戦い
ベンガル
英 マドラス
ポンディシェリ
仏

激突その2
④ ⑧ ⑯ ⑱ インド・カーナティックで三度の戦争

フランス、インドから撤退

マドラスを拠点とするイギリス東インド会社とポンディシェリを拠点とするフランス東インド会社がインドでの主導権を巡って激突。第一次はフランスがマドラスを占領するなど、フランス優勢に終わったが、第二次・第三次ともにイギリスの優勢で進み、1757年にベンガル地方で発生したプラッシーの戦いにイギリスが勝利したことで結果は決定的になった。フランスはポンディシェリの領有は維持できたものの、インドでの覇権をイギリスに奪われ、インドからの撤退を余儀なくされる。

仏 セーシェル諸島 ⑮

	年	出来事
①	1744年	ジョージ王戦争（イギリスvsフランス）
②	1745年	仏ルイ15世、チャールズをスコットランドに送り込む
③	1745年	スコットランドがイングランドに叛旗（ジャコバイトの反乱）
④	1746年	第一次カーナティック戦争（フランス、英・マドラスを占領）
⑤	1747年	ナーディル・シャー暗殺（アフシャール朝衰退）
⑥	1747年	ドゥラーニー朝創設
⑦	1748年	アーヘンの和約（オーストリア王位継承戦争終結）
⑧	1749年～	第二次カーナティック戦争（～1754年）
⑨	1750年	フランクリン、避雷針を発明
⑩	1753年	大英博物館設立
⑪	1753年	ドイツで初の蒸気機関
⑫	1754年	フランスがインディアンと組みイギリス植民地を侵略 フレンチ・インディアン戦争
⑬	1756年	ヴェルサイユ条約 →フランスとオーストリア接近
⑭	1756年	七年戦争勃発（オーストリア・仏・露vsプロイセン・英）
⑮	1756年	フランス、セーシェル諸島を領有
⑯	1757年	プラッシーの戦い（○英東インド会社vs仏東インド会社●）
⑰	1758年	ドゥラーニー朝、デリー占領
⑱	1758年～	第三次カーナティック戦争（～1763年）→フランス、インドから撤退
⑲	1760年	イギリス、仏領モントリオール占領

ヨーロッパ／アジア／アメリカ／中東

1741

江戸時代

1751年 徳川吉宗死去 →日本史P.141

1758年 御三卿・清水家の創設 →日本史P.141

1758年 宝暦事件 →日本史P.141

1760年 徳川家治 将軍に就任 →日本史P.141

世界史"まとめ"コラム
イングランド・フランス王朝の変遷

第4章 ヨーロッパ列強、領土求めて大海原へ

アングロ＝サクソン王国誕生
5世紀頃からブリテン島に渡ったアングロ＝サクソン人によって建国されたアングロ＝サクソン七王国は、829年ウェセックス王エグバートによって統一され、「イングランド王国」という名称が用いられるようになった。

ノルマン民族の流入
8世紀頃からノルマン人の一派デーン人が、ブリテン島を脅かすようになり、1016年にはクヌートがイングランド王に即位し、デーン朝が始まった。しかしデーン朝が短命に終わるとアングロ＝サクソン王朝が復活するが後継者争いが勃発。1066年に争いを制したノルマンディー公ウィリアムがウィリアム1世として即位し、ノルマン朝を興す。

本家フランスをしのぐ王朝
1154年ノルマン朝が断絶すると、フランス大領主のアンジュー伯のアンリが、母がノルマン朝王家の出身であったことから王位継承を主張しヘンリ2世として即位、本国フランスをしのぐ勢いを持った。

百年戦争・バラ戦争相次ぐ戦争
百年戦争の最中、議会の決定によって退位させられたリチャード2世に変わってランカスター朝が誕生。百年戦争後に発生したバラ戦争ではヨーク朝が勝利するものの、最終的にはランカスター朝の支流であるテューダー朝が誕生する。

イギリス絶対王政・テューダー朝
15世紀末から16世紀はイギリス絶対王政の全盛期であり、独自の宗教改革を断行して国教会による教会統制などで強大な王権を持ち、海外へも大きく進出。エリザベス1世の時代に絶頂を迎え、スペインを破って世界での地位を確立したが、女王は子を持たなかったため、テューダー朝は断絶。スチュアート朝へと引き継がれた。

立憲君主制の誕生
1642年の三王国戦争、1685年の名誉革命を経験したイギリス王朝は、絶対的権力を失い、立憲君主制という新しい政治システムを生み出す。さらにハノーファー朝に至っては国王が国内に居住しなかったため、国王が政治には関与しない責任内閣制が成立。

[イギリス王朝]

8世紀

9世紀 — 初めてブリテン島を統一 — **ウェセックス家** (829-1013, 1014-1016, 1042-1066) — 829年 ウェセックス王エグバート ブリテン島を初めて統一

10世紀

11世紀 — デーン人がイングランドを征服 — **デーン朝** (1013-1014, 1016-1042) — 1013年 デンマーク王スウェイン、イングランド襲撃 (スウェイン)

— 仏と英両方に領土を持つ — **ノルマン朝** (1066-1154) — 1066年 ノルマン・コンクエスト (ノルマンディー公ウィリアム)

12世紀 — フランスを凌駕するアンジュー帝国 — **プランタジネット朝** (1154-1399) — 1154年 アンジュー伯アンリ、イングラン

13世紀
- 1215年 マグナ＝カルタ制定
- 1215年 第一次バロン戦争
- 1284年 ウェールズを併合
- 1294年 ギエンヌ戦争

14世紀 — 百年戦争の最中に誕生 — **ランカスター朝** (1399-1461)
- 1339年 百年戦争勃発
- 1381年 ワットタイラーの乱

15世紀 — バラ戦争に勝利するも内紛続く — **ヨーク朝** (1461-1483)
- 1453年 百年戦争終結
- 1455年 バラ戦争勃発
- 1485年 バラ戦争終結

16世紀 — イギリス絶対王政を築く — **テューダー朝** (1485-1603)
- 1534年 ローマ教会から離脱
- 1555年 大陸の領土全て失う
- 1558年 エリザベス1世即位 (エリザベス1世)

17世紀 — 激動の時代を生き抜く — **ステュアート朝** (1603-1649, 1660-1714)
- 1600年 東インド会社設立
- 1642年 三王国戦争(ピューリタン革命)
- 1649年 共和政スタート (クロムウェル)

18世紀 — 君臨すれども統治せず — **ハノーファー朝** (1714-1901)
- 1685年 名誉革命
- 1707年 グレートブリテン王国誕生
- 1756年 七年戦争終結
- 1775年 アメリカ独立戦争

フランス王朝

751年	ピピン、フランク王国を単独支配
800年	カール大帝、ローマ皇帝に
843年	フランク王国3つに分裂
911年	ノルマンディー公国誕生
987年	カロリング朝断絶
1358年	ジャックリーの農民一揆
1377年	教皇、アヴィニョン捕囚から解放
1429年	ジャンヌ・ダルク、オルレアン解放
1598年	ナントの勅令
1635年	フランス・スウェーデン戦争
1654年	ルイ14世即位
1685年	フォンテーヌブローの勅令
1789年	フランス革命

ゲルマン民族大移動からフランク王国誕生
メロヴィング朝 (481-751) クローヴィス

ローマ皇帝を輩出するも3つに分裂
カロリング朝 (751-987) ピピン3世

名称が「フランス王国」となる
カペー朝 (987-1328)

王位継承問題が百年戦争の引き金に
ヴァロワ朝 (1328-1589) ジャンヌ・ダルク

フランス絶対王政を築く
ブルボン朝 (1589-1792、1814-1830) 太陽王 ルイ14世 / ルイ16世

5〜7世紀 フランク王国誕生
4世紀ごろ北ガリアの地に侵入したゲルマン人一派のフランク人の中で頭角を現したクローヴィスによってフランク王国が建国され、メロヴィング朝が開かれる。

8〜9世紀 カロリング朝、西ローマ帝国を復活
メロヴィン家の宮宰であったカロリング家ピピン3世がローマ教皇のバックアップを受けてフランク国王に即位してカロリング朝を開く。さらにピピン3世の息子・カール大帝の時に西ヨーロッパのほぼ全土を支配し、ローマ皇帝となったが、カール大帝の死後、西フランク王国・東フランク王国・イタリアに分裂する。

10〜11世紀 カロリング朝、西ローマ帝国を復活
987年にカロリング朝が断絶すると、諸侯から推されてパリ伯カペーが即位してカペー朝を開いた（この時から「フランス王国」の名称が用いられるようになる）。
各地に封建領主が分立し、王以外にノルマンディー公やアンジュー伯など家臣でありながらイングランド王も兼ねるなど、王を凌ぐ勢力を持つ者も多かった。

14〜15世紀 誕生時は権威が低かったヴァロワ朝
後継者がいない中、カペー朝シャルル4世が死去。争いを制したフィリップ6世が即位し、ヴァロワ朝を興す。しかし、姻戚関係のあるイングランド王もフランス王位継承権があると主張し、これをきっかけにフランスとイングランドが戦火を交える百年戦争が勃発する。
百年戦争はフランスの逆転勝利に終わったが、戦闘が全てフランス領内で行われたために封建領主は没落し、かわってヴァロワ朝の王権が強化され、ブルボン朝における絶対王政の基盤が築かれることとなった。

16世紀 フランスにも及んだ宗教改革
ドイツで始まった宗教改革の波はフランスにも及びカルヴァンが主導する宗教改革によってユグノーと呼ばれるカルヴァン派の新教徒が誕生した。これに対しヴァロワ朝のアンリ2世が激しい弾圧を加えたため、ユグノー戦争が勃発する。

17〜18世紀 フランス最後にして最強の王朝
ナントの勅令を発し、ユグノー戦争を決着させたアンリ4世が開いたブルボン朝は、ルイ14世に代表されるフランス絶対王政時代を築いた王朝であり、「ルイ王朝」とも呼ばれる。
「太陽王」ルイ14世の時代にフランス領土は大幅に拡大するが、その一方で度重なる戦争によって国家財政は圧迫され、アンシャンレジームの行き詰まりからフランス革命を引き起こすことになる。

1761 ≫≫ 1780年

アメリカ独立と産業革命
手に入れた植民地支配を強めるイギリス本国に対し、植民地が反旗を翻す

パリ講和条約によってフランスから北米植民地を大半を得たイギリスは、これまでの戦争で疲弊した財政の立直しのために、北米植民地への課税を強化する。しかし、これは北米植民地の民衆の反発を買い、アメリカ独立戦争が勃発。アメリカ合衆国が誕生する。

北米を失ったイギリスだったが、本国では産業革命が進行し蒸気機関や紡績機の進歩によって紡績業で目覚ましい発展を遂げた。インドはその製品の市場として、また綿花の供給地をしての重要性が増し、イギリスはインドの周辺国を次々に東インド会社の支配下に入れてその領土を拡大するとともに、元々の綿織物産業から綿花・茶・アヘンといった第一次産業への転換を図っていった。

第5章　アメリカ誕生と揺らぐ絶対王政

この時代のダイジェスト

パリ講和条約 → 英議会 戦費負担をアメリカに → **アメリカ独立戦争** → **アメリカ独立宣言**

アメリカ独立戦争勃発

・サラトガ 15
・ボストン 12

12 独立戦争の引き金「ボストン茶会事件」
1773年に**イギリス**は東インド会社に茶の専売権を与える**茶法**を制定。これに反発した**植民地の民衆**が東インド会社のお茶を海に捨てる騒動が起こった。**イギリス本国がボストン港を封鎖**し、植民地側に強硬な姿勢を示すと、植民地側は**イギリス製品**の**不買運動**で対抗した。こうして対立関係が深まる中、1775年**レキシントン**での武力衝突をきっかけに**アメリカ独立戦争**が勃発した。

17 アメリカ独立宣言
1776年、**13植民地**の代表が集まった**第2回大陸会議**においてジェファーソンが起草した**アメリカ独立宣言**が全会一致で採択された。これにより実質的な**アメリカ合衆国**が発足した。

4 イギリス本国は戦費負担を次々にアメリカ植民地に課す
1763年、七年戦争、フレンチ・インディアン戦争、カーナティック戦争などの**講和条約**が**パリ**で締結され、**イギリス**はフランスから**北米・インド**における**植民地**を獲得した。しかしこれまでの数々の**戦争費用捻出**のための国債などの償還のため、植民地からの代表者が参加していない**イギリス議会**は植民地に対して、様々な**課税**を行うようになった。

タウンゼント諸法
印紙法
砂糖法

社会契約説〜啓蒙思想
それまでの絶対王政の基本理念となっていた王権神授説に対し、社会や国家は、それを構成する個人個人の相互間の自由意志に基づく契約によって成立するという新たな政治理念。17世紀頃からイギリス・フランスで、ホッブズ、ジョン・ロック、ルソーらによって主張された。

18世紀に入るとフランスを中心に、「社会契約説」の影響を受けた「啓蒙思想」が展開するようになる。これは、伝統的権威や旧来の習慣がもたらす現実社会における非合理的なモノを徹底的に批判し、理性の啓発によって人間生活の進歩を図ろうとするもので、フランス革命の原動力の一つになった。

アメリカ　イギリスから独立

その時日本は！

世界史"まとめ"コラム

産業革命 〜木綿工業の革新から生まれた資本主義〜

18世紀後半のイギリスから始まった産業革命は、綿工業（木綿工業）における手工業に替わる機械の発明・蒸気機関の出現とそれにともなう石炭の利用という生産技術の革新とエネルギーの変革をもたらした。木綿工業から始まった技術革新は、機械工業、鉄工業、石炭業といった重工業に波及し、さらに鉄道や蒸気船の実用化という交通革命をもたらすこととなる。このような工場制機械工業の出現という技術革新が産業革命の一面であるが、それは激しい社会変動を生み出し、資本家と労働者という社会関係からなる資本主義社会を確立させた。

1 木綿工業の技術革新 〜手工業に変わる機械の発明〜

イギリスが行っていた三角貿易の輸出品として綿布の需要が高まるようになると多くの資本家が木綿工業へ参画し、競争が激しくなった。そんな中、生産コスト削減の気運が高まり1730年代ジョン・ケイの飛び杼の発明が木綿工業の技術革新の走りとして起こった。さらに1760年代にはハーグリーブズやアークライトの紡績機、ワットによる蒸気機関の改良の結果、技術革新・生産性向上は一気に加速。1780年代になると紡績だけでなく、蒸気力を機械の動力に応用したカートライトの力織機によって織布の部門でも技術革新は進められた。

- 1733年 ジョン・ケイ、**飛び杼**発明
- 1764年 ハーグリーブズ、**ジェニー紡績機**発明
- 1769年 アークライト、**水力紡績機**発明
- 1769年 ワット、**蒸気機関**改良
- 1779年 クロンプトン、**ミュール紡績機**発明
- 1785年 カートライト、**力織機**発明

ジェニー紡績機

力織機

- 三角貿易の需要拡大が発端
- 機械の動力としての蒸気機関

2 機械の原材料の技術革新 〜機械生産のための製鉄・石炭需要〜

様々な産業機械の発明と発展は、その産業機械を生み出す機械工業を誕生させ、さらに原材料となる製鉄の技術・石炭発掘の技術も発展を続けた。

1709年にエイブラハム・ダービー1世が石炭を蒸し焼きにしたコークスを製鉄に利用するコークス製鉄法を開発。息子のエイブラハム・ダービー2世によって更に改良が加えられ、1750年頃からイギリス全土に普及していった。1760年代にはジョン・スミートンによって高炉用の送風機が改良され、ついで1784年にはヘンリー・コートが攪拌精錬法（パドル法）を発明し、これによって良質の錬鉄が大量に生産できるようになった。それまで製鉄業で鉄鉱石の溶解には木炭が使用されていたが、資源の枯渇とコークス製鉄法の発明によって石炭利用へシフトしていき、合わせて急速に増産されることになった（エネルギー革命）。

炭坑（1800年頃）
鉄の産地
ロンドン

- 石炭による製鉄法の発明
- 木炭の枯渇→石炭へシフト

3 蒸気機関による交通革命
～原材料や燃料を運ぶために～

製鉄や石炭が多く生産出来るようになると、次にそれらの原料や製品を市場に運ぶための交通機関の改良が進められた。産業革命初期には運河が盛んに建設されたが、蒸気機関の交通手段への応用が開発されるようになる。1807年にアメリカ人フルトンが蒸気船を発明すると帆船から蒸気船への転換が、さらにスティーヴンソンが1814年に蒸気機関車を実用に成功すると1830年にマンチェスター～リヴァプール間に鉄道が開通し、営業が始まった。それ以降鉄道が普及し、交通革命が起こった。

蒸気機関が各都市を結びつける

4 資本主義の成立と労働問題
～産業革命による急激な社会変動～

18世紀中頃のイギリスにおいて、資本主義社会はすでに一定の成長を遂げていたが、産業革命によってそれは確固たるものとなった。産業革命は、基本的な生産基盤を農業社会から工業社会へと転換させた。それに伴って人口の都市集中が起こり、マンチェスター、バーミンガム、リヴァプールなどの新興都市を誕生させた。

一方で工場制機械工業によって熟練した技術は不要となったため、庶民は安い賃金でしか働くことができなくなった。次第に工場や鉱山で様々な労働問題が発生し、都市では貧困と不健康な状態が深刻な社会問題を発生させるようになった。そのような社会矛盾に対して労働者自らが団結して権利を守ろうとして労働組合が結成され、労働者の地位の向上、あるいは解放を目指す社会主義運動も起こるようになった。

また産業革命はイギリスをはじめとする西欧諸国で始まったが、そこで成立した企業は次第に資本の淘汰が進んで巨大化し、さらに大規模な原料供給地と市場を求めて、植民地獲得に向かうこととなった。西欧諸国による植民地獲得はすでに17世紀から進んでいたが、国家の進める重商主義を相まって、自国工業の原料を安価に獲得し、さらに自国工業製品を独占的に売りつける市場としての植民地の獲得が目指され、各国が競争する時代となっていく。

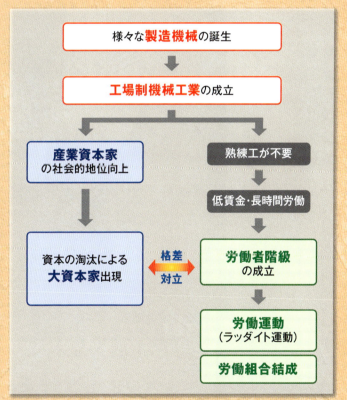

新興都市の誕生

労働組合・社会主義運動の起こり

さらなる植民地獲得

1781 ≫≫ 1790年

市民が蜂起、フランス革命
啓蒙思想広がるフランスで、民衆がアンシャン・レジーム（旧体制）に牙を剥く

ワシントンがアメリカ初代大統領に就任した1789年、ルイ16世の贅沢な暮らしと度重なる戦争による出費に堪え兼ねたフランス民衆が、ブルボン朝の絶対王政を打ち破る市民革命（フランス革命）を引き起こす。啓蒙思想が広く波及していたことと、アメリカ合衆国の独立成功という結果が、その原動力になったのである。

「第三身分」と呼ばれた平民は、国王によって召集された国民三部会をきっかけに、アンシャン・レジーム（旧体制）の打倒、さらには国民議会開催と憲法制定を政治的に目指していた。しかし国王が軍隊を集結して圧力を加えるとバスティーユ牢獄襲撃をきっかけに暴動化し、フランス革命が始まった。

この時代のダイジェスト

アイスランド火山の噴火 → アメリカ合衆国正式承認 → 啓蒙思想の浸透 → **フランス革命勃発**

フランス激変時代

ヨーロッパ各地を噴煙が襲う!!

5 イギリスで進む産業革命
1760年代に紡績機の目覚ましい進化によって大量の糸が生産されるようになると、織り機の進化も加速した。カートライトの力織機の発明を初めとして、蒸気機関の発達などによって産業革命は軌道に乗ったといえる。そして木綿工業から始まった産業革命は、重工業にも波及し、鉄道や蒸気船の実用化という交通革命ももたらすこととなった。

これで機織りもスピードup!

カートライト　力織機

フランス革命勃発!!

オーストリア

第三身分が立ち上がったフランス革命

アンシャン・レジームへの不満
奢侈な暮らしを続けるルイ16世は、アメリカ独立戦争に参加するなど度々戦争へ出費を繰り返していた。さらにアイスランドの火山噴火の影響による農作物不作で国民の生活は逼迫していた。アメリカがイギリスから独立を勝ち取ったこと、国内に啓蒙思想が広まっていたこともあり、ブルボン朝の旧体制（アンシャン・レジーム）体制への不満が高まっていった。

ルイ16世

| 宮廷の浪費 | 度重なる戦費 | 火山による不作 |

＋

| アメリカの独立 | 啓蒙思想の普及 |

9 ルイ16世、財政再建を目指すが失敗
ルイ16世は、1789年この財政危機を立て直すために、ネッケルらを登用して貴族に対して新たな課税を試みるが、当然、第一身分の聖職者、第二身分の貴族の反対を受け、その承認を得るため175年振りに国民三部会を召集した。しかし、採決方法を巡って身分間で対立し、会議は空転し続けた。

国民三部会を召集

三部会の承認なしには認めん！

第一身分（聖職者）　第二身分（貴族）　第三身分（平民）

175年振り！

その時日本は！

江戸時代

1782年
天明の大飢饉
→日本史P.143

1783年
浅間山の大噴火
→日本史P.143

1785年
田沼意次
蝦夷地開発を計画
→日本史P.143

アメリカ合衆国 正式に発足

1 2 6 14 正式にアメリカ合衆国誕生

1778年にフランスのアメリカ側での参戦を皮切りに1779年スペイン、1780年オランダといった国々の後押しを得たアメリカは1781年のヨークタウンの戦いで勝利、大勢は決した。1783年パリ講和会議でアメリカの独立が正式承認されて戦争は終結。1787年にアメリカ独立宣言の理念を継承し、世界初の共和政原理に基づいたアメリカ合衆国憲法が制定されて、ワシントンが初代大統領として就任した。

3 7 8 エカチェリーナ2世、再びオスマン朝と

1783年にエカチェリーナ2世が強制的にクリミア=ハン国をロシアに併合すると、クリミア=タタール人たちは次々にオスマン朝へ逃れ、奪還を求めた。これに応えてオスマン朝はロシアに撤退を求めたが、エカチェリーナ2世はこれを拒否。両国は再び戦火を交えることになる。オーストリアもオスマン朝に宣戦布告、ヨーロッパを巻き込む戦争となったが、1789年に勃発したフランス革命によって講和が進められることとなった。

1 1781年	ヨークタウンの戦い (○アメリカ・フランスvsイギリス●)
2 1783年	パリ講和会議（アメリカ独立正式承認）
3 1783年	ロシア、クリミア=ハン国を併合
4 1783年	アイスランド、ラキ火山噴火
5 1785年	カートライト、力織機発明
6 1787年	アメリカ合衆国憲法制定
7 1787年	ロシア、オスマン朝へ侵攻（露土戦争）
8 1788年	オーストリア、オスマン朝へ宣戦布告
9 1789年	フランス、国民三部会の開催
10 1789年	テニスコートの誓い
11 1789年	バスティーユ牢獄襲撃（フランス革命）
12 1789年	国民議会、人権宣言の採択
13 1789年	ヴェルサイユ行進
14 1789年	ワシントン、初代大統領に

10 第三身分、国民議会設立

1789年6月、業を煮やした第三身分は国民三部会を否定して独自に国民議会の成立を宣言した。国王によって会議場が閉鎖されたため、第三身分の代表はヴェルサイユ宮殿内のテニスコートに集結して「国民議会承認」と「憲法制定」を成し遂げるまで解散しないことを誓い合った（テニスコートの誓い）。

11 遂に血が流れる！フランス革命勃発

ルイ16世はパリに軍隊を集結させて国民議会へ圧力をかけて解散させようとしたが、財政改革を進めていたネッケルが罷免されるとついにパリの民衆が蜂起する。民衆はバスティーユ牢獄を襲撃し、守備隊を撃破、フランス革命が始まった。

12 13 ルイ16世、パリへ連行される

こうした状勢の中、国民議会はラ=ファイエットらが起草した「国民の自由と平等」「国民主権」「私有財産の不可侵」などを謳った人権宣言を採択した。また、不作による食糧の高騰に困窮していた民衆6000人がヴェルサイユ宮殿に向かって行進し、ルイ16世をパリまで連行した。

江戸時代

1786年 田沼意次失脚 ➡日本史P.143

1787年 寛政の改革 始まる ➡日本史P.146

1789年 棄捐令発布 ➡日本史P.146

1790年 寛政異学の禁 ➡日本史P.146

1791 ≫≫ 1800年

ナポレオン登場で革命に幕
フランス革命が進行する一方で、フランス周辺国は革命の波及に危機感を抱く

ジロンド派→ジャコバン派→テルミドール派と革命主導者が何度も変わりつつ、フランス革命は進行し、1791年の憲法制定に続き、王政は廃止され第一共和政が始まる。最終的には英雄ナポレオンが1799年にクーデターを起こし、フランス革命は終焉へと向かう。

一方、フランス革命勃発はヨーロッパの王政国家たちに危機感を与えた。絶対王政を布く彼らにとって市民革命の波及は自らの地盤を揺るがすものであり、さらにフランス革命によってフランスが強大化することも問題であった。また、フランスがオーストリアに対してフランス革命戦争を起こすと、イギリス首相ピットの声かけによりロシア・オーストリアなどが参加する対仏軍事同盟が結成され、ナポレオンのフランスと対峙していくのだった。

第5章 アメリカ誕生と揺らぐ絶対王政

この時代のダイジェスト

フランス憲法制定 → フランス革命戦争 → **王制廃止 第一共和政** → ナポレオンのクーデター

8/17 イギリス、フランス包囲網を作る
フランス革命が起こると、その**市民革命の波及**と**フランスの権力拡大**を恐れた**イギリスの首相ピット**が1793年にスペイン・オーストリア・プロイセンなどの強国に呼びかけて、**対仏軍事同盟**を結んだ。1798年にナポレオンがエジプト征服に成功するとこれを警戒して**第二次対仏大同盟**が結成された。この時の主な参加国はイギリス・オーストリア・ロシア・オスマン朝などである。

対仏大同盟
プロイセン　普　露
イギリス　墺
オーストリア
フランス革命進行中　ナポリ
サルディーニャ
スペイン
我々の王制も崩されてはたまらん

市民革命の波及恐れるヨーロッパ諸国

フランス革命を終らせたナポレオン

1/25 王位失墜と憲法制定
国民議会による革命が進行していく中、こともあろうにルイ16世は国外逃亡を図るが失敗。一気に信用を失った（ヴァレンヌ事件）。1791年、ついに憲法が制定されて国民議会は解散し、その憲法に基づき立法議会が成立する。その中で実権を握るようになったブルジョワジー（中産階級・ジロンド派）は、1792年、フランス革命に敵対的な態度を示したオーストリアに対し宣戦布告する（フランス革命戦争）。

6/9 王制廃止と共和政の誕生
オーストリアとプロイセンの連合軍によって国内が危機に陥ると、全国から集まった義勇軍が宮殿を襲い、王権を停止。翌月に誕生した国民公会において、「王制の廃止」と「共和政の樹立」が決定した。その国民公会では、ジロンド派に代わり急進派のジャコバン派が勢力を増し、ルイ16世を処刑に追いこんだ。

その時日本は！

江戸時代

1792年	1792年	1792年	1793年
海国兵談	ラックスマン	尊号事件	松平定信
発禁処分となる	根室に来航	→日本史P.147	老中を辞任
→日本史P.147	→日本史P.147		→日本史P.148

アメリカ 拡大開始

18 アメリカ、ルイジアナを買い取る
アメリカはパリ講和会議でミシシッピ川以東のルイジアナを手に入れたが、以西の土地はフランスのものだった。アメリカ大統領ジェファーソンはフランスのナポレオンに働きかけ、1803年買収によって手に入れた。

7 12 ポーランド、三たび分割され消滅
第一次ポーランド分割のあと、危機を感じたポーランド国王による改革が行われたが、フランス革命の勃発によって西欧諸国がその対処に躍起になっている最中（1793年）、第二次分割がロシアとプロイセンによって行われた。翌年、ポーランドのコシューシコがロシアに対して反乱をおこすが敗れたため、第三次分割が実行されポーランドは消滅する。

4 ロシア、黒海沿岸を確保
ロシアは1787年に始まった露土戦争の講和条約をモルダヴィアのヤッシーで調印。エカチェリーナ2世はこれによりクリミア＝ハン国併合を承認させ、黒海北部沿岸全体の領有を果たした。

フランスの人権宣言に触発されて

1 1791年	ヴァレンヌ事件
2 1791年	フランス、憲法制定
3 1791年	仏領サン＝ドマングで黒人大反乱（後のハイチ革命のきっかけ）
4 1792年	ヤッシー条約（ロシア・オスマン朝）
5 1792年	フランス、オーストリアに宣戦布告（**フランス革命戦争**）
6 1792年	**フランス、王制廃止と第一共和政宣言**
7 1793年	第二次ポーランド分割（ロシア・プロイセン）
8 1793年	**第一次対仏大同盟**（イギリス中心）
9 1793年	フランス、ルイ16世処刑
10 1793年	ロベスピエール（ジャコバン派）の独裁
11 1794年	フランス、テルミドール反動
12 1795年	第三次ポーランド分割（露・プロイセン・オーストリア）→ポーランド消滅
13 1795年	イギリス、ケープを植民地化
14 1795年	フランス、総裁政府成立
15 1798年	**ナポレオン、エジプトを占領**
16 1799年	ブリュメールのクーデター（統領政府樹立）
17 1799年	第二次対仏大同盟（英・墺・露・オスマン朝）
18 1800年	アメリカ、首都をワシントンに
19 1800年	アメリカ、フランスからルイジアナを買収

10 11 ジャコバン派の恐怖政治
権力を握ったジャコバン派のロベスピエールは独裁を強めていく。非常時大権を得たロベスピエールは、反革命派の取締りを強化し、王党派残党やジロンド派を次々とギロチンにかけ、恐怖政治と言われて恐れられるようになった。しかし1794にテルミドール反動によってロベスピエールは逮捕され、ジャコバン政権は崩壊した。

14 15 16 ナポレオン、クーデターに成功
ジャコバン政権崩壊後、穏健な共和派（テルミドール派）の主導する総裁政府が成立したが、いまだに王党派の反乱や、左派の過激行動などが相次ぎ、政情は不安定であった。そんな中、エジプト遠征などで名声を上げたナポレオンは農民や都市の市民の支持を受けて1799年にブリュメールのクーデターを起こし、新たに統領政府を立ち上げた。

総裁政府 → 統領政府

江戸時代

1796年 稲村三伯 **ハルマ和解**を発刊 ➡日本史P.148

1799年 東蝦夷地 幕府直轄となる ➡日本史P.148

1800年 昌平坂学問所 幕府直轄となる ➡日本史P.148

1801 ≫ 1810年

皇帝ナポレオン、欧州各国を撃破

新たに皇帝となったナポレオンはヨーロッパの王者となり、各国の王に身内を派遣。

クーデターを成功させたナポレオンは自ら編纂した憲法（ナポレオン法典）のもと、皇帝に就任。これに反発し第三次対仏大同盟を結成したヨーロッパ諸国を次々に攻めて打ち負かし、ヨーロッパの王として君臨。スペイン・スウェーデンなどに身内を派遣して王位につけていく。

ナポレオンが皇帝となったことでヨーロッパには神聖ローマ皇帝・ロシア皇帝と合わせ3人の皇帝が存在することになったが、神聖ローマ帝国はすでに実質的な権威を失っており、皇帝フランツ1世は帝国内の領邦がライン同盟を結成してナポレオンに従うと神聖ローマ皇帝の名を自ら放棄し、今後はオーストリア皇帝として存続していく。残るロシア皇帝アレクサンドル1世は大陸封鎖令を勝手に破棄し、各国に先駆けてナポレオンへの反旗を翻す。

第5章　アメリカ誕生と揺らぐ絶対王政

この時代のダイジェスト

ナポレオン皇帝誕生 → アウステルリッツの戦い → 大陸封鎖令 → ナポレオン各国の王を指名

ナポレオンの勢い止まらず

2 連合王国誕生
フランス革命の影響で、イギリスの事実上植民地となっていたアイルランドで独立運動が活発化。これを恐れたイギリス首相ピットは1801年アイルランドを併合。これによりイングランド・スコットランド・アイルランドの連合王国が誕生した。

束の間の和平

イギリス　ネーデルラント　スウェーデン　ベルリン　オーストリア

皇帝ナポレオン誕生

スペイン　半島戦争

16 新王への反発が戦争の引き金に
スペイン＝ブルボン朝では対仏方針を巡って対立が進んでいた。それに乗じてナポレオンはスペインの内政に干渉し、自身の兄ジョセフをスペイン国王とした。これに対しスペイン民衆が各地で蜂起し、フランス軍と戦闘に入り、ゲリラ戦を繰り広げた。

抵抗する諸国を制するナポレオン

3 4 ナポレオン法典制定と皇帝就任
クーデターを成功させフランス革命終結を宣言したナポレオンは、1801年にローマ教皇と和解を果たしたのに続き、1802年のアミアンの和約でイギリスと休戦。国外の不安を消した後、ナポレオン法典を自ら編纂し（1804年）、その法の下、フランス皇帝に就任した。

8 9 欧州諸国を制圧
ナポレオン皇帝誕生に対してイギリスはアミアンの和約を破棄して第三次対仏大同盟を結成する。ナポレオンはトラファルガーの戦いでイギリスに敗戦するものの、その後はアウステルリッツの戦いでロシア・オーストリアを破るなどヨーロッパ各地で勝利し、次々に諸国を従属させていった。

10 11 14 15 大陸封鎖令と傀儡政権
1806年にプロイセン首都ベルリンを征服したナポレオンはその地からヨーロッパの支配者として大陸封鎖令を発布してイギリスに対する経済封鎖を行った。さらに自らの身内や腹心を王としてスペインやネーデルラントなどの派遣し、自らの傀儡とした。

江戸時代

その時日本は！

1804年 レザノフ
長崎に来航
➡日本史P.148

1811 ≫ 1820年

ウィーン体制で絶対王政に逆戻り

ロシアに敗北、ナポレオン体制は崩壊。南米では欧州の支配力低下の隙に独立相次ぐ

第5章 アメリカ誕生と揺らぐ絶対王政

ナポレオンは、大陸封鎖令を破棄したロシアを征伐するため出兵するが惨敗。これを契機に一気にヨーロッパの覇者の地位から転げ落ち、ナポレオン政権は崩壊する。その後ウィーンで開かれた初の国際会議で新たな国際体制が構築された。と言ってもそれは革命前に絶対王政の復活であり、それを補完するため神聖同盟や四国同盟が結成された。

一方、ナポレオンのスペイン国政への干渉から発生した半島戦争は1814年まで続いたため、植民地におけるスペインの支配力が低下した。ハイチ独立をきっかけに独立運動が活発化していたラテンアメリカでシモン・ボリバルやサン・マルティンらの指導のもと1811年のベネズエラを皮切りに、アルゼンチン、チリ、大コロンビア共和国などが独立を宣言した。

この時代のダイジェスト

ナポレオンの没落 → ウィーン会議 → ウィーン体制の確立 → 南米諸国の独立相次ぐ

4 イギリスの妨害に反発するアメリカ
1812年、イギリスはナポレオンの大陸封鎖令に対抗してフランスに対して海上封鎖を行う。これによってフランスとの貿易を妨害されたアメリカがイギリスに宣戦布告。アメリカを舞台にアメリカ=イギリス戦争が勃発する。戦争はナポレオン没落後に講和する。

1 14 15 南アメリカ解放の父、シモン・ボリバル
スペイン領ベネズエラ出身のシモン・ボリバルは、1810年にベネズエラで独立運動が起こると、これに参加。1811年に独立宣言をするが、震災にあいスペイン軍に敗れる。ジャマイカの地で軍勢を立て直したボリバルは1819年ボヤカの戦いで勝利し、大コロンビア共和国の独立を宣言し、大統領となった。

用語 〔奴隷州と自由州〕

独立を果たし、徐々に領土を拡大していくアメリカでは、奴隷制を廃止するか否かは南北で大きく分かれていた。農業を基盤とする南の州は奴隷制を認める「奴隷州」、工業を中心とする北の州は奴隷制を廃止する「自由州」となっていた。

1819年時点で奴隷州は11州、自由州は11州であったが、ミズーリ準州が奴隷州として州昇格を要求すると、議会における奴隷州と自由州の力関係が変わるとして議論となった。そのためミズーリ協定が結ばれて、ミズーリ以外にメイン州を自由州として独立させてバランスを取り、以後は北緯36度30分以北には奴隷州をおかないこととした。

スペインのアメリカへの支配力低下

シモン・ボリバル
ベネズエラ
・カラカス 1
14
・ボゴダ 15
大コロンビア共和国

ラテンアメリカ
独立相次ぐ

12
アルゼンチン ・トゥクマン
13
チリ ・サンティアゴ
サン・マルティン

その時日本は！

江戸時代

1811年 ゴローウニン事件
→日本史P.149

1813年 日露の国境決定（択捉島まで）
→日本史P.149

1821 ≫≫ 1830年

新旧大陸を分つモンロー宣言

旧体制への反発は抑えることはできず、ヨーロッパ各地で反乱が多発する。

ウィーン体制発足によりヨーロッパ諸国は絶対王政維持に努めたが、民衆の自由を求める動きは止めることはできなかった。1817年ドイツでのブルシェンシャフトの蜂起を始めとする自由主義・ナショナリズム運動が活発化し、1825年にはロシアでデカブリストの反乱、そして1930年には王政復古を果たしたフランスで七月革命が勃発、絶対王政が倒され立憲王政が発足すると、反乱はさらにヨーロッパ全土へ広がっていく。

一方のアメリカは、再びラテンアメリカへの支配力を回復して介入を始めると、これに反発して「モンロー宣言」を発表し、アメリカ大陸とヨーロッパとの間での相互不干渉を主張。ラテンアメリカの独立を進め、アメリカを中心とする新たなるアメリカ圏の創設を目指した。

第5章 アメリカ誕生と揺らぐ絶対王政

この時代のダイジェスト

南米諸国独立 → ウィーン体制のもとスペイン復活 → **モンロー宣言** → アメリカ独自路線打ち出す

アメリカ ヨーロッパと決別宣言

アメリカ ⑥⑦ モンロー

新旧大陸間の相互不干渉 ×

⑦ アメリカとヨーロッパを分つモンロー宣言
ウィーン体制の誕生により復活したスペインや絶対王政諸国が、南米大陸の独立を阻止する動きを見せると、各地の独立を指示していたアメリカ大統領モンローは「モンロー宣言」を発表してアメリカ大陸とヨーロッパ大陸間の相互不干渉を提唱。今後のアメリカ外交の基本となる孤立主義を表明した。

メキシコ ③ 独立！

ラテンアメリカにおけるスペイン支配の崩壊
1820年代前半にスペイン国内で自由主義革命が成功すると、ラテンアメリカの独立運動はさらに拍車がかかる。1821年のペルー・メキシコに続いてボリビアが1825年に独立を果たす。一方、ポルトガル領であったブラジルも1822年に独立してブラジル帝国となったが、こちらは他国と異なり、無血で成し遂げられたものであった。

シモン・ボリバル
大コロンビア共和国

④ 二大英雄、南米の今後を話し合う
それぞれが独立のためスペインと戦っていたシモン・ボリバルとサン・マルティンが共闘を求めグアヤキルで会談を行った。しかし、意見が合わず、サン・マルティンはあとの戦いをボリバルに委ねて引退する。

④ グアヤキル

ペルー 独立！ ② サン・マルティン

ブラジル ⑤ 独立！
ボリビア ⑩ 独立！
チリ
アルゼンチン

その時日本は！

江戸時代

1821年
「大日本沿海輿地全図」完成
→日本史P.149

1824年
シーボルト「鳴滝塾を開設
→日本史P.150

1825年
異国船打払令を発布
→日本史P.152

1831 ⟫⟫ 1840年

イギリスの三角貿易とアヘン戦争

清との貿易赤字に苦しむイギリス。苦肉の策は議会も眉を顰めるアヘン密輸だった

イギリスは清との貿易を行っていたが、本国での紅茶需要の高まりから、深刻な貿易赤字に苦しんでいた。イギリスの主力商品であった綿織物は中国産のものにかなわず、徐々に輸入超過となっていたのだ。そこでイギリスが目をつけたのがインドで安価で生産出来るアヘンだった。イギリスはアヘン密輸によって銀を獲得。それを元手にお茶を購入して本国に運んでいった。国内にアヘンが蔓延し困窮した清政府がアヘンを強制的に没収すると、「人道に反する」tという反対意見を押さえ、軍隊を派遣。アヘン戦争が勃発するのだった。

一方ヨーロッパでは、ドイツ連邦内にドイツ関税同盟が誕生。徐々に加盟国が増え、のちのドイツ統一の礎となっていく。

この時代のダイジェスト

イギリス対清貿易赤字 → アヘンの密輸出を開始 → 林則徐アヘン没収 → **アヘン戦争**

⑥⑦奴隷制度廃止とグレート・トレック
イギリスで産業革命が進むにつれ、労働者の貧困や生活状態の悪化が問題となり、1839年に労働者階級への選挙権拡大を議会に要求する請願運動（チャーティスト運動）が盛んになった。それと同時に人道的に黒人奴隷を問題視する声も大きくなり、1833年に議会でイギリス領土内での奴隷制度廃止法が成立した。この法案はイギリス植民地のケープ植民地にも適応されたことから、ケープ植民地内のボーア人（オランダ系農民）たちは新しい地を求めて北上を始めた（グレート・トレック）。

奴隷制度は廃止だ！
奴隷無しではやってけん
ケープタウン ⑦

④ドイツ統一の第一歩、「ドイツ関税同盟」
これまでのドイツ連邦は35の主権国家（領邦）などからなる連合国家であり、それぞれが独立した主権を持っていたため、各国間の貿易に関税がかけられていた。これがイギリスに比べて立ち後れている主要な要因であり、1834年ドイツ連邦内の18ヵ国が加盟してドイツ関税同盟が発足。加盟国相互の関税を廃止し自由に通商を行えるようにした。同盟は、次第に加盟国を増加させていき、のちのドイツの政治的統一の基盤として、大いに機能していくのであった。

イギリス本国 ⑥⑧⑪
ドイツ連邦 ④
⑫
マルセイユ
③
⑤

イタリアに統一国家を作るぞ！
マッツィーニ

イギリス 奴隷制度廃止

③マッツィーニ、「青年イタリア」を結成
オーストリア・ローマ教皇・ブルボン家などによって分割統治されていたイタリア半島の統一を目指し、マッツィーニらが亡命先であるマルセイユにおいて、1831年「青年イタリア」を結成。のちのイタリア統一の原動力となる。

第5章 アメリカ誕生と揺らぐ絶対王政

その時日本は！

江戸時代

1833年 天保の大飢饉
→日本史P.154

1841 ≫ 1850年

諸国民の春で、ウィーン体制瓦解

旧体制を復活させたウィーン体制だったが、民衆の勢いは止められなかった。

第5章　アメリカ誕生と揺らぐ絶対王政

1848年、フランスで普通選挙を求めるパリ民衆が蜂起して七月王政を崩壊させる。これをきっかけにヨーロッパ各地で君主制を打倒しようという動きが活発となり、イタリアでローマ共和国が誕生するなど、ウィーン体制は崩壊した。そして、フランスの二月革命勃発直前にマルクスとエンゲルスらによって「共産党宣言」が発表されたのだが、これは産業革命の進歩によって資本家階級vs労働者階級という新たな対立構造が誕生したことを示している。

一方、アヘン戦争で大敗を喫した清はイギリスやフランス・アメリカと不平等条約を結ばされる羽目になったが、災難はこれだけでは終わらなかった。西洋列強の進出に反発した拝上帝会の洪秀全が、広西省で武装蜂起。新たな西洋諸国との火種が生まれるのだった。

この時代のダイジェスト

フランス二月革命 → 三月革命 → 諸国民の春 波及 → ウィーン体制崩壊

音を立てて崩れるウィーン体制

主権と旧体制の葛藤

1848年9月 フランクフルト、民衆蜂起
1848年11月 オランダ、初の自由主義内閣
1848年3月 ベルリン、三月革命
1848年2月 ハンガリー独立宣言
1848年3月 ウィーン、三月革命
1848年10月 ウィーン、十月革命
1848年6月 ブカレスト、民衆蜂起
1848年2月 ローマ共和国誕生（マッツィーニ）

二月革命から始まる「諸国民の春」

フランスの二月革命に続き、ウィーンやベルリンで三月革命が発生すると、ヨーロッパ各地に波及し、相次いで保守反動の君主制国家に対する自由主義・ナショナリズムの反乱が発生する。マッツィーニによるローマ共和国建国やハンガリーの独立宣言などが起こり、ウィーン体制は崩壊した。しかし、「ヨーロッパの憲兵」と呼ばれるロシアなどによってこれらの運動は押さえつけられてしまう。

2/14 七月王政→第二共和政

1830年の七月革命によって七月王政となったフランスでは、普通選挙を求める選挙法改正運動が強まっていた。これに対して政府は集会を禁止するなど、運動を取り締まろうとした。しかし反発したパリ民衆が1848年2月に蜂起。ルイ＝フィリップが退位してロンドンに亡命すると七月王政は崩壊し、共和政が樹立された（第二共和政）。11月に第二共和政憲法が制定され、その憲法のもと行われた大統領選挙でルイ＝ナポレオンが当選する。

ルイ＝ナポレオン

用語［共産党宣言］

ドイツのカール＝マルクスは当時の社会主義理論とは異なる化学的社会主義にもとづく「共産主義」を提唱。1847年、エンゲルスらとともにロンドンで初の労働者階級の国際的な秘密組織・共産主義者同盟を結成し、その理論的かつ実践的な綱領を、フランス二月革命勃発直前に『共産党宣言』として発表した。

その中でマルクスはこれまでの歴史は全て階級闘争の歴史であり、資本主義社会は自らが産み出した労働者階級（プロレタリアート）によって打倒されるとし、労働者階級に向け、国際的団結を呼びかけている。これまでの「国家君主vs庶民」ではなく「資本主義階級vs労働者階級」という新たな対立構図を示している。

その時日本は！

江戸時代

1841年	1842年	1843年	1844年
老中水野忠邦 幕政改革に乗り出す ➡日本史P.154	天保の薪水給与令 ➡日本史P.155	人返し令・上知令 ➡日本史P.155	オランダが国書で開国求める ➡日本史P.156

106

1851 ≫≫ 1855年

久々の欧州大戦・クリミア戦争

ロシアの地中海への野望が、40年振りの世界大戦を誘発させる

第5章　アメリカ誕生と揺らぐ絶対王政

ハンガリー民族運動の武力鎮圧など「ヨーロッパの憲兵」としてヨーロッパ諸国の春によって勢いづいた自由主義・ナショナリズムの流れを抑えたロシアのニコライ1世は、従来から抱いていた地中海への進出を目論み弱体化していたオスマン朝へ侵攻する。ロシアの進出を恐れるイギリスとフランスが足並みを揃えてオスマン朝を支援すべくロシアに宣戦布告し、クリミア戦争が勃発した。

当のオスマン朝はタンジマート（西欧化政策）を推し進める最中であったため、実質的にはフランスにすり寄るために参戦したサルディーニャを含め、イギリス・フランスとロシアによる戦争であった。

この時代のダイジェスト

フランス第二帝政 → ロシア地中海を狙う → **クリミア戦争** → サルディーニャクリミア戦争に参戦

2 6 10 2人目の皇帝ナポレオン　ルイ＝ナポレオン
初代ナポレオンの甥である**ルイ・ナポレオン**は、1848年に**大統領**に就任するが、1851年に**クーデター**を起こして**皇帝**となる（**ナポレオン3世**）。翌年には**オスマン朝**を支援するためにイギリスと共にロシアへ**宣戦布告**し、**クリミア戦争**を起こした。

9 17 19 戦争の最中に皇帝交代
黒海に続き地中海を目指した**ニコライ1世**は、クリミア戦争と平行して、**日本へプチャーチン**を派遣するなど東方進出をはかったが、クリミア戦争の終盤に**病死**した。息子の**アレクサンドル2世**が後を継いだが、ロシアの**セヴァストポリ要塞**が陥落するとクリミア戦争の帰趨は明らかとなった。

ニコライ1世 → アレクサンドル2世

ロシア × オスマン朝

17 ロシア帝国

1 12 ロンドン
イギリス

2 6 11 フランス

4 サルディーニャ
カヴール

19

10 クリミア戦争勃発！
黒海を手に入れたロシアはさらなる南下を目指して**オスマン朝**へ宣戦布告。しかし、今回はロシアの南下政策を警戒する**イギリス・フランス**がオスマン朝を支援して**参戦**したため、40年振りとなるヨーロッパを舞台とする国際戦争に発展した。当のオスマン朝は**タンジマート**を進行している最中であり、実質的には**ロシアvsイギリス・フランス**の戦いであった。

オスマン朝

4 18 イタリア統一を目論み、クリミア戦争に参戦
1852年にサルディーニャ王国の首相に就任した**カヴール**は、**フランス**に接近することが**イタリア統一**のためとみて、1855年からフランスが支援する**オスマン朝**に加勢する形で**クリミア戦争**に参加した。

15

15 レセップス、運河建設に着手
フランス人実業家のレセップスは**ムハンマド・アリー朝**から**スエズ運河建設**の許可を得て、1854年に**国際スエズ運河株式会社**を設立した。レセップスは西欧列強からの様々な**干渉**を受けながらも、スエズ運河の建設に着手した。　レセップス

スエズ運河建設スタート

その時日本は！

江戸時代

1853年
ペリーが浦賀に来航
→日本史P.156

1853年
阿部正弘
安政の改革実施
→日本史P.157

108

1856 ≫ 1860年

サルディーニャ、イタリア統一へ

イギリスがアジア圏での力をさらに強める一方、ロシアがアジアに港を手に入れる。

クリミア戦争参戦の功績を認められてフランスの後ろ盾を得たサルディーニャは本格的にオーストリアに対してイタリア統一の戦争を始める。その後もニース・サヴォイヤの地をフランスに譲るなどの外交努力を重ねたサルディーニャは、1860年ローマ教皇領を残し、イタリア半島の大半を手中にした。

1857年、インドでシパーヒーと呼ばれる傭兵による反乱が起きると、イギリスはそれまでの方針を変え、東インド会社による統治ではなく、インドを本国政府の直轄とすることを決め、インド帝国の建設を始めた。中国においても再び清朝を攻撃（アロー戦争）し、有利な条件での条約締結をもぎ取っている。

第5章　アメリカ誕生と揺らぐ絶対王政

この時代のダイジェスト

プロンビエールの密約 → イタリア統一戦争 → サルディーニャ各地を併合

1 ロシアの南下を阻止するパリ条約
1856年パリ講和会議の結果締結されたパリ条約により、ロシアは南下政策を断念せざるを得なかった。これを受けてアレクサンドル2世は抜本的な内政改革と軍隊の近代化を押し進めていく。

ロシア南下断念

イギリス
フランスも自由貿易に転換
ルイ・ナポレオン
パリ
フランス
オーストリア
サルディーニャ
エマヌエーレ2世
イタリア統一戦争勃発
ようやく着手！
レセップス

サルディーニャ、イタリア統一への道

6 12 オーストリアへ宣戦布告
19世紀初からオーストリアからの独立を目指していたイタリア。サルディーニャ王国はクリミア戦争参戦の見返りとしてフランスとプロンビエールの密約を結び、オーストリアに戦争を仕掛ける。

13 まずはロンバルディア
戦争はサルディーニャの勢力増強を恐れたフランスがオーストリアと講和したため、サルディーニャはロンバルディアを獲得するに留まった。

15 19 ニース等と交換で中部併合
サルディーニャ首相カヴールは、小国分立状態の中部イタリアの併合を承認してもらう代償として、フランスに密約通りニースとサヴォイヤを割譲。

20 ガルバルディ、シチリアを献上
初めはサルディーニャ王国によるイタリア統一に反対し、共和政の実現を目指して独自の運動を続けていたガルバルディは、1860年シチリア・ナポリを攻略。共和政を断念したガルバルディは獲得した両地をサルディーニャ王国に献上した。

サヴォイア
統 ロンバルディア
ヴェネツィア
ニース
統 パルマ
統 モデナ
統 トスカーナ
サルディーニャ王国
ローマ教皇領
ナポリ
統 両シチリア王国
残るはヴェネツィアと教皇領だ！

1859年7月 13 オーストリアより獲得
1860年7月 19 イタリアへの合併表明
1860年7月 20 ガルバルディ、シチリア・ナポリ占領
1860年 20 獲得領土を、サルディーニャへ献上

その時日本は！

江戸時代

1856年
ハリスが総領事として下田に着任
→日本史P.158

1858年
井伊直弼が大老に就任
→日本史P.158

1861 >>> 1865年

独立から80年程経ったアメリカでは、南北で経済基盤に大きな違いが生まれ、奴隷制の是非を巡り南北の争いが大きな問題となりつつあった。そんな中、1860年の奴隷制に反対するリンカーンが大統領に当選すると、奴隷制による農業を経済基盤としていた南部諸州が連邦を離脱し、アメリカ連合国を設立。こうしてアメリカは2つの国に分かれて対立し、1861年に南軍が北軍の要塞を攻撃したのをきっかけに南北戦争が勃発する。

南北戦争勃発の翌年、のちのドイツ統一の立役者となる「鉄血宰相」ビスマルクがプロイセンの宰相に就任する。ビスマルクは統一の序章としてオーストリアと共にデンマーク戦争でデンマークを破り、シュレスヴィヒ公国及びホルシュタイン公国の統治を勝ち取るのだった。

南北戦争勃発。黒人奴隷解放へ

リンカーンの奴隷解放宣言で戦局が一転。国際世論を味方に北部が勝利する。

第5章 アメリカ誕生と揺らぐ絶対王政

この時代のダイジェスト

アメリカ連合国設立 → 南北戦争勃発 → 北部の勝利 → 黒人奴隷制廃止

南北戦争勃発

7 8 リンカーンの宣言、西洋諸国を動かす
戦争の序盤は南軍が優勢に進めており、イギリス・フランスなどの諸外国も南軍を支持していた。しかし、1863年1月にリンカーンが奴隷解放宣言をし、この戦争の意義が奴隷制廃止であることを示すと、国際世論は北軍支持に変わった。こうして風向きの変わった南北戦争は、ゲティスバーグの戦いを制した北軍の勝利に終った。

奴隷を解放する！ 7

リンカーン

アメリカ合衆国

8 ゲティスバーグ

リッチモンド 2 15

17 テネシー 5

アメリカ連合国

17 奴隷解放の裏でKKK誕生
南北戦争が北軍の勝利に終わり、憲法で黒人奴隷制の廃止が決定した1865年、白人至上主義を掲げ、黒人弾圧を行う秘密結社KKK（クー＝クラックス＝クラン）がテネシー州に誕生している。

2 リンカーンに反発して南部が独立
1860年大統領に当選したリンカーンははっきりと奴隷制反対を表明していた。これは奴隷制を経済基盤の根幹としていた南部諸州にとって受け入れ難い事態であり、彼らは、1861年に連邦からの離脱を表明。リッチモンドを首都として新たにアメリカ連合国を設立して、アメリカ合衆国に対抗した。

奴隷制巡り2国に分裂

アメリカ工業化が加速

その時日本は！

江戸時代

1862年 和宮降嫁	1862年 坂下門外の変	1862年 文久の改革	1862年 生麦事件
→日本史P.161	→日本史P.161	→日本史P.161	→日本史P.161

1866 ≫≫ 1870年

ビスマルク、仏墺を巧みに挑発

オーストリア抜きでドイツ統一を目論むプロイセン。ビスマルクの手腕が発揮される。

第5章 アメリカ誕生と揺らぐ絶対王政

ドイツ統一の動きが盛んになる中、統一路線はオーストリア帝国内のドイツ人居住地域を含む統一を目指す「大ドイツ主義」とオーストリアを除いた統一を目指す「小ドイツ主義」という2つの考え方に分かれていた。小ドイツ主義を掲げるプロイセンは、巧みに仕掛けた普墺戦争に勝利して、オーストリアを除く22カ国で構成する北ドイツ連邦を結成。小ドイツ主義を一歩前に進めることに成功した。そして次に南ドイツを狙うフランスを普仏戦争で一蹴する。

そんなプロイセンの仕掛けた2つの戦争にうまく乗じたのはイタリア王国であった。フランスの力を借りて統一まであと一歩のところまで来ていたイタリア王国は、2つの戦争の結果残ったヴェネツィアとローマ教皇領の併合に成功し、念願のイタリア半島統一を成し遂げた。

この時代のダイジェスト

普墺戦争 → プラハ条約 → 北ドイツ連邦誕生 → 普仏戦争

プロイセン ドイツ統一へ

ビスマルク／プロイセン／普墺戦争勃発／普仏戦争勃発／プラハ／オーストリア／フランス／ヴェネツィア／ローマ／イタリア／レセップス／スエズ運河／キンバリー

1️⃣3️⃣16 イタリア、念願の統一達成
イタリア王国は、プロイセンを支援して普墺戦争に参戦して勝利。戦後のプラハ条約によってオーストリアからヴェネツィアを獲得した。残るはローマ教皇領だったが、フランス軍の保護下にあったローマ教皇は併合を頑に拒否していた。しかし、これも普仏戦争の勃発でフランス軍が撤退。その隙にローマ教皇領を占領したイタリア王国は併合を強行。ここにイタリア半島の統一が完成した。

13 10年の歳月をかけたスエズ運河
イギリスの政治的干渉や建設費増加など様々な困難に襲われたスエズ運河建設だったが、1869年にようやく完成。アメリカの大陸横断鉄道と合わせ地球を一周する時間が大幅に短縮された。イギリスは終始、スエズ運河建設に反対の立場をとっていたが、開通後のスエズ運河を利用する船舶の約8割がイギリスのものだった。

6 南アフリカでダイヤモンド発見
1854年にボーア人によって建国されたオレンジ自由国のグリンカ＝ウェスト地方のキンバリーで、1867年にダイヤモンド鉱が発見された。

その時日本は！

江戸時代

1866年	1867年	1867年
薩長同盟	徳川慶喜が第15代将軍に就任	大政奉還
➡日本史P.164	➡日本史P.164	➡日本史P.164

世界をつなげる運河と鉄道誕生

4 ロシア、財政難からアラスカを売却
アラスカはベーリングが到達した1741年よりロシアの領土であったが、クリミア戦争に敗北し経済的に疲弊したロシアには、アラスカ経営は困難であった。1867年、ロシア・アレクサンドル2世はクリミア戦争で敵対したイギリスではなく、アメリカに売却を申し入れた。アメリカの購入価格はわずか720万ドル（現在の約1億2000万ドル）であった。

8 カナダ、イギリス初の自治領となる
南北戦争後アメリカが急速な発展を見せるようになると、アメリカによるカナダ併合を恐れたイギリスは1867年に北アメリカ法を制定。カナダはイギリスの海外領土で初めて自治領として認められ「カナダ連邦」となった。

12 アメリカ東部と西部を結ぶ鉄道完成
1862年リンカーンによって制定された太平洋鉄道法により政府の財政支援を受けて、建設されていた大陸横断鉄道が1869年に完成した。これにより東海岸と西海岸の移動が1週間に短縮され、西部開拓が一層進むこととなった。

11 キューバの独立戦争始まる
ラテンアメリカ独立が進む中、キューバは未だにスペインの植民地であった。キューバで砂糖プランテーションを経営するクリオーリョ（スペイン人入植者）たちはカルロス・マヌエル・デ・セスペデスを中心に、1868年にスペイン本国からの独立を訴えて武装蜂起した。

オーストリア抜きで統一目指すビスマルク

鉄血政策と小ドイツ主義
プロイセン宰相に就任したビスマルクは、議会を無視して軍備の増強（鉄血政策）を行い、天才参謀モルトケの下、最強の軍隊を設立して、小ドイツ主義（オーストリアを除いたドイツ統一）を目指していた。

ビスマルク

「小ドイツ主義を実現!」

1 2 7 オーストリアを巧みに挑発
デンマーク戦争で獲得したシュレスヴィヒとホルシュタインの管理を巡ってオーストリアと対立すると、オーストリアのフランツ＝ヨーゼフ1世を挑発して戦争を起こし、オーストリアに圧勝した。戦後のプラハ条約でドイツ連邦は解体され、オーストリアを除外しプロイセンを中心とする22カ国で構成する北ドイツ連邦を結成した。

プラハ条約
【プロイセン－オーストリア】
- ドイツ連邦の解体
- シュレスヴィヒ・ホルシュタイン両公国がプロイセンへ帰属
- ハノーファー・ヘッセン・ナッサウ・フランクフルトがプロイセンへ帰属
- ヴェネツィアがイタリア王国へ帰属
- オーストラリアが賠償金を支払う

10 14 南ドイツを狙うフランスを撃破
プラハ条約によってドイツ連邦が解体されると、フランス・ナポレオン3世が南ドイツのルクセンブルクの併合を目論む。1868年のスペイン九月革命で、スペイン王位が空位になると王位継承を巡る争いがプロイセンとフランス間で発生。ビスマルクはエムス電報事件を起こすなどしてナポレオン3世を挑発し、フランスの宣戦布告を誘導した。

15 負けたフランス、帝政崩壊
スダンの戦いでナポレオン3世が降伏して捕虜になるとパリの民衆が蜂起し、共和政を宣言（第三共和政）。第二帝政は崩壊したが、かわって臨時国防政府が設立され、プロイセンとの戦争は続けられた。

5 負けたオーストリア、二重帝国に
普墺戦争の敗北により、以前より問題となっていたハンガリー（マジャール人）の分離独立運動を抑えきれなくなったフランツ＝ヨーゼフ1世は、1867年ハンガリーと王国として名目的独立を認めるアウスグライヒ（＝妥協）を結んだ。オーストリア皇帝がハンガリー王を兼ねる同君連合として、別々の政府が統治するオーストリア＝ハンガリー帝国となった。

		ヨーロッパ / アメリカ / アフリカ
1	1866年6月	普墺戦争勃発（○プロイセン・イタリアVSオーストリア●）
2	1866年8月	プラハ条約締結
3	1866年8月	イタリア、ヴェネツィア併合
4	1867年3月	アメリカ、ロシアからアラスカ購入
5	1867年3月	アウスグライヒ締結（オーストリア＝ハンガリー帝国誕生）
6	1867年4月	オレンジ川流域でダイヤモンド発見
7	1867年7月	ドイツ連邦解体➡北ドイツ連邦結成
8	1867年7月	イギリス、カナダ自治領を成立
9	1867年8月	イギリス、第2回選挙法改正
10	1868年9月	スペイン、九月革命
11	1868年10月	キューバ、10年戦争勃発（第一次キューバ独立戦争）
12	1869年5月	アメリカ大陸初の大陸横断鉄道開通
13	1869年11月	スエズ運河開通
14	1870年7月	エムス電報事件➡普仏戦争勃発（○プロイセンVSフランス●）
15	1870年9月	フランス、帝政崩壊➡臨時国防政府成立
16	1870年9月	イタリア、ローマ教皇領併合➡イタリア統一

明治時代

1868年	1868年	1868年	1869年	1869年	1870年
鳥羽・伏見の戦い（戊辰戦争）➡日本史P.165	五カ条の御誓文➡日本史P.166	政体書の制定➡日本史P.166	戊辰戦争の終結➡日本史P.168	版籍奉還➡日本史P.168	大教宣布➡日本史P.169

115

1871 ≫≫ 1875年

統一完成！ドイツ帝国の誕生

ビスマルクは帝政維持とフランスの報復対策のため、フランス包囲網を作り上げる

1871年、ヴィルヘルム1世がドイツ皇帝に即位し、北ドイツ連邦はドイツ帝国に生まれ変わった。ビスマルクがそのままドイツ帝国の宰相になるなど、厳密にはプロイセン中心の連邦国家であった。ドイツ帝国は普仏戦争でアルザス・ロレーヌ地方を得たことで産業革命を推し進め、急速な工業化を果たしてヨーロッパ有数の強国として成長していく。また、敗戦国であるフランスの根強い抵抗を見たビスマルクは、オーストリア＝ハンガリー帝国とロシア帝国と三帝同盟を結び、フランスを封じ込めるとともに君主政維持を目指した。

敗戦をきっかけに第三共和政がスタートしたフランスの他、1873年にはスペインにおいて第一共和政が始まるが、こちらはわずか1年で頓挫し、王政が復活している。

第5章　アメリカ誕生と揺らぐ絶対王政

この時代のダイジェスト

ドイツ帝国誕生 → フランスの報復恐れるビスマルク → 三帝同盟結成

ドイツのフランス包囲網

1 統一完成！ ドイツ帝国誕生
1871年1月、パリを占領したプロイセンのヴィルヘルム1世は、フランスとの講和に先立ちヴェルサイユ宮殿内でドイツ皇帝として即位し、オーストリアを除いたドイツ帝国が成立した。4月にはドイツ帝国憲法が制定され、プロイセン王がドイツ皇帝を世襲し、プロイセン首相がドイツ帝国宰相となる立憲君主政国家が誕生した。

もちろんプロイセンが中心だ

ヴィルヘルム1世　ドイツ帝国　ベルリン

ロシア帝国

三帝同盟 9

オーストリア＝ハンガリー帝国

2 3 普仏戦争が終わっても抵抗を止めないパリの民衆
1871年、フランス臨時国防政府はドイツ軍に降伏、普仏戦争は終結した。しかし、講和に反対するパリ民衆は再び蜂起し、パリを支配しパリ＝コミューンの成立を宣言した。しかし、ドイツ軍の支援を受けた臨時政府軍によって壊滅し、わずか2か月で消滅した。

パリ　フランス　ウィーン　ローマ

スペイン

6 10 わずか1年、スペインの共和政
1873年に初めて共和政が導入されたスペインだったが、政情は安定せず、1874年にカンポス将軍が主導するクーデターが発生し、共和政は崩壊し、再び王政国家に戻った。

我らが1番！

15 イギリス、運河の筆頭株主に
エジプト総督イスマーイール・パシャは多額の負債のため、やむをえずスエズ運河会社の株を手放した。ユダヤ人のロスチャイルド財閥から資金提供を受けたイギリス政府は、44%の株式を手に入れ、フランスを上回って筆頭株主となった。

その時日本は！

明治時代

1871年	1871年	1872年	1873年
廃藩置県・四民平等	日清修好条規	琉球を正式に日本の領土とする	徴兵令・地租改正
➡日本史P.169	➡日本史P.170	➡日本史P.170	➡日本史P.170

原田君にもわかる！ 日本史 時系列バー方式

1876 >>> 1880年

ビスマルク、世界の調停を主導

ロシアの勝利によって、西欧諸国に再び不穏な空気が流れる…。

第5章 アメリカ誕生と揺らぐ絶対王政

各地の反乱に苦しむオスマン朝に対し、ロシアが再び南下政策を実行する。オスマン朝支配下ブルガリアでの蜂起をきっかけにオスマン朝に戦争を仕掛け勝利したロシアは、サン＝ステファノ講和条約で、黒海沿岸地域を獲得する。しかし、これはイギリス・オーストリアの反発を生む。再び戦火の兆しありと見たビスマルクは、調停のためベルリン会議を開催し、改めて内容を修正したベルリン条約を締結させ、ロシアの地中海進出を阻止に成功する。これによりロシアはドイツ・オーストリアへの不信感を抱き、三帝同盟から脱退を表明するのだった。

一方、ダイヤモンド鉱が発見されたアフリカ南部では、その利権を狙うイギリスの強引な併合が現地の国家との軋轢を生み、西欧列強のアフリカ侵略が活発化していく。

この時代のダイジェスト

露土戦争 → サン＝ステファノ講和条約 → ベルリン会議開催 → ロシアの南下政策阻止

むむむ また、戦いの火種がくすぶっている

ビスマルク 11 ・ベルリン

ロシア帝国 12

ロシアのオスマン侵攻で欧州に緊張

ブルガリア 6 10
2

オスマン朝 3 4 9

2 オスマンからの独立運動続く
1875年のボスニア＝ヘルツェゴビナに続き、オスマン朝の支配下にあったブルガリアでも「四月蜂起」と呼ばれる民衆蜂起が起こる。この反乱は武力によって鎮圧されるが、南下を図るロシアの介入の大義名分となった。

アブデュル・ハミト2世

3 4 9 近代化が進むオスマン朝
各地で混乱が続くオスマン朝は近代化改革を迫られていた。そんな中、スルタンとなったアブデュル・ハミト2世は、宰相ミドハト＝パシャに憲法を起草させ、制定した。しかし、露土戦争勃発をきっかけに一転、憲法を停止し、専制体制を復活させた。

7 13 16 ボーア人の国々を狙うイギリス
イギリスは、ダイヤモンド鉱発見を機に、1877年トランスヴァール共和国とオレンジ自由国を強制的に併合した。しかし、1879年に勃発した隣国ズールー王国との戦争にイギリスが苦戦を強いられると、1880年トランスヴァール副大統領だったクリューガーが独立を求めて挙兵した。

トランスヴァール
オレンジ自由国
7 16 13
ズールー王国
ケープタウン

16

その時日本は！

原田君にもわかる！日本史 時系列バー方式

明治時代

1876年	1876年	1876年	1877年
廃刀令・秩禄処分	萩の乱	日韓修好条規	西南戦争
➡日本史P.174	➡日本史P.174	➡日本史P.175	➡日本史P.175

ヨーロッパ アメリカ アジア アフリカ		
	1 1876年2月	アメリカ、メジャーリーグ発足
	2 1876年5月	ブルガリアで四月蜂起
	3 1876年8月	オスマン朝、アブデュル・ハミト2世即位
	4 1876年12月	ミドハト憲法発布（立憲制開始）
	5 1877年1月	イギリス・ヴィクトリア女王、**インド皇帝**となる
	6 1877年4月	露土戦争勃発
	7 1877年4月	イギリス、トランスヴァール共和国とオレンジ自由国を併合
	8 1877年12月	アメリカ連邦軍が南部から撤退
	9 1878年2月	ハミト2世、議会閉鎖・憲法停止を宣言（専制政治）
	10 1878年3月	サン＝ステファノ講和条約
	11 1878年6月	ビスマルク、**ベルリン会議**を開催 ➡ ベルリン条約締結
	12 1879年	ロシア、三帝同盟より**脱退**
	13 1879年1月	イギリス、ズールー王国と開戦
	14 1879年8月	フランス人レセップス、**パナマ運河会社**を設立
	15 1880年1月	パナマ運河建設に着手
	16 1880年10月	トランスヴァール独立戦争

停滞を見せる 黒人解放

8 南部の黒人開放は有名無実化
南部ではアメリカ連邦軍の占領下で**黒人開放**が進められていたが、1877年にアメリカ連邦軍が**撤退**し、南部白人が主導権を取り戻すと、南部における**黒人投票権**は制限され、黒人開放の動きは**有名無実化**してしまった。

やっぱり奴隷解放は反対だ！

14 15 レセップス、今度はパナマに運河
スエズ運河を完成させたフランス人・**レセップス**は、今度はアメリカ大陸に渡り、**パナマ運河**の建設を画策。1879年**パナマ運河会社**を設立し、1880年に着手した。

レセップス

今度こそ地中海進出だ!!

ビスマルク、欧州内の緊張を調停

2 6 ロシア、再びオスマンに侵攻
四月蜂起がオスマン朝によって鎮圧されたブルガリアにおけるスラブ民族保護を名目に、ロシアはオスマン朝へ宣戦布告し、露土戦争が勃発した。

アレクサンドル2世

10 ロシア、地中海への足がかりを得るが…
露土戦争はロシアの勝利に終わり、サン＝ステファノ講和条約が結ばれた。この条約により、多くの国がオスマン朝からの独立が認められ、ロシアはさらなる黒海沿岸の地を得て、ブルガリアを保護国とするなど、地中海進出への足がかりを得た。しかし、このロシアの勢力拡大は東方問題としてヨーロッパ諸国の反発を招いた。

11 12 ビスマルク、ベルリン会議を開催
ロシアの領土拡大を良しとしないイギリス、オーストリアなどの動きを察知したビスマルクは「公正なる仲介人」として調停のための国際会議「ベルリン会議」を開催する。ロシア・オスマン朝以外にオーストリア・イギリス・フランス・ドイツを交えて行われた会議の結果、サン＝ステファノ条約を修正したベルリン条約が締結され、ロシアの獲得領土は大幅に減らされることとなった。ロシアはドイツ・オーストリアへの不信感を募らせ、三帝同盟からの脱退を決める。

5 イギリス女王、インド皇帝も兼務
東インド会社を解散し、イギリス本国が直接統治に乗り出していたインドの皇帝に**ヴィクトリア女王**が1877年に就任し、**インド帝国**が誕生した。

ヴィクトリア女王　インド帝国

サン＝ステファノ講和条約
【ロシアーオスマン朝】
- ロシアに**黒海沿岸地域**を割譲する
- ルーマニア、セルビア、モンテネグロの**オスマン朝**からの**独立**
- ブルガリアへ自治権付与（実質、**ロシアの保護国**となる）

条約内容修正します

ベルリン条約
【ロシアーオスマン朝】
- ルーマニア、セルビア、モンテネグロの**独立正式承認**
- ブルガリアの領土は3分の1に（オスマン朝を**宗主国**とする自治国に）
- **イギリス**、オスマン朝から**キプロス**を取得
- **オーストリア、ボスニア・ヘルツェゴヴィナ**を取得

ロシア、ブルガリア獲得失敗　またも南下政策断念！

明治時代

1877年	1879年	1880年	1880年
東京大学設立 ➡日本史P.175	琉球処分 ➡日本史P.176	国会期成同盟結成 ➡日本史P.176	集会条例 ➡日本史P.176

1881 >>>> 1885年

安全保障を図るビスマルク体制

ヨーロッパ・アフリカにおけるルール作りを進めるビスマルク。

第5章 アメリカ誕生と揺らぐ絶対王政

ロシア脱退で崩れたフランス包囲網をビスマルクは再構築する。ロシアとの三帝同盟を復活させるとともに、新たにイタリア・オーストリアとの三国同盟を結成し、「ビスマルク体制」と呼ばれるヨーロッパの新秩序を構築した。

一方、ダイヤモンド鉱発見以来、アフリカ大陸内陸部の豊富な資源を狙う列強は侵略競争を繰り広げていた。ベルギーのコンゴ支配を契機に、ビスマルクは列強14カ国をベルリンに集めてアフリカ分割に関する会議を開催。アフリカ大陸における列強の利害が調整された。この会議の結果、領土獲得は「早い者勝ち」というルールが誕生し、ヨーロッパ列強のアフリカ分割を一層加速させることとなった。

この時代のダイジェスト

新たな三帝同盟 → 三国同盟 → **ビスマルク体制**

ヨーロッパ | アメリカ | アジア | アフリカ

1 1881年2月 カンザス州でアルコール販売禁止

2 1881年3月 ロシア、アレクサンドル2世暗殺

3 1881年4月 フランス、チュニジア派兵

4 1881年6月 新たな三帝同盟（独・オーストリア・露）

5 1881年8月 プレトリア講和条約締結（トランスヴァール戦争終結）

6 1881年9月 エジプトでウラービー革命

7 1882年4月 ベトナムを巡り、フランスと清の紛争始まる

8 1882年5月 ビスマルク、三国同盟を結ぶ（独・オーストリア・伊）

9 1882年5月 アメリカ、中国人移民排斥法成立

16 朝鮮半島を巡り日本と清の緊張高まる
朝鮮王朝の独立党・金玉均らが、日本と組んで事大党の排除を図ってクーデターを起こすが、清軍によって3日で鎮圧された。1885年に日清間で天津条約が締結され、朝鮮出兵の際の相互事前通告などが取り決められたが、朝鮮半島における日清の緊張は一層増すこととなった。

18 英の3度目のビルマ侵攻
フランスがベトナムを保護国化すると、フランスがビルマが接近することを警戒したイギリスが先手を打って1885年にビルマへ侵攻。1886年、コンバウン朝を滅亡させ、ビルマをインド帝国に併合した。

16 日本

清

18 ビルマ　ベトナム **7 11 13 17**

フランス

天津条約
【日本―清朝】
● 日清ともに朝鮮から撤退
● 日清とも朝鮮に軍事教官を派遣しない
● 朝鮮に出兵する場合は、お互いに事前通告を行う

7 11 13 17 フランス、ベトナムを保護国化
ベトナムを狙うフランスは1883年のユエ条約により、ベトナムを保護国化する。これに対して清がベトナムの宗主国であると主張し、1884年清仏戦争が勃発する。当初、清優勢で戦争は進んでいたが、朝鮮半島で甲申事変が発生して政情が不安定になった清は不利な条件での講和条約を結ばざるを得なかった。

ベトナム巡り
清仏が激突

その時日本は！

原田君にもわかる！
日本史
時系列バー方式

明治時代

1881年	1881年	1882年	1882年
十四年の政変	板垣退助によって **自由党**結成	大隈重信によって **立憲改進党**結成	**壬午事変**勃発
➡日本史P.178	➡日本史P.178	➡日本史P.179	➡日本史P.179

1886 ≫≫ 1890年

皇帝の死＝ビスマルク時代の終焉

ビスマルクの残したアフリカ支配の新ルールにより、アフリカ支配は加速度を上げる

1848年のマルクス、エンゲルスらによる『共産党宣言』以来、力を増大させていた社会主義勢力が1875年に結党した「ドイツ社会主義労働党」がついにドイツで第一党となる。ビスマルクは社会主義勢力を警戒し1878年に社会主義者鎮圧法を制定していたが、ビスマルクに厚い信頼を寄せていたヴィルヘルム1世が死去し、あとを継いだヴィルヘルム2世に疎まれ解任されてしまう。ビスマルクが去るとすぐに社会主義社鎮圧法も廃止され、ドイツ社会主義労働党は「ドイツ社会民主党」と改称し、現在まで続く政党として活動を続ける。

さらにヴィルヘルム2世が、ビスマルクの対仏外交政策を捨て、帝国主義による世界分割競争に参戦する道を選択したため、フランスの包囲網からの脱出の道が開けた。

第5章　アメリカ誕生と揺らぐ絶対王政

この時代のダイジェスト

三帝同盟消滅　→　ヴィルヘルム1世死去　→　ビスマルク失脚

4 全国規模の労働組合誕生
アメリカ初の労働組合の全国組織であるアメリカ労働総同盟が、サミュエル＝ゴンパースが主導となってオハイオ州で結成された。熟練労働者が中心で、政治活動には否定的で穏健的な労働組合であった。

3 フランス寄贈の自由の女神
アメリカ独立100周年を記念して、フランスからアメリカに寄贈された自由の女神像が1886年に完成した。

2 35年続いたアパッチ戦争
1851年にアメリカ合衆国南西部において始まったアメリカ軍とインディアン部族との戦い・アパッチ戦争。1886年にアパッチ族のジェロニモが降伏したことによって終結した。

ジェロニモ

亡命

ペドロ2世

13 ブラジルの帝政崩壊
ブラジル皇帝ペドロ2世は1864年に起きた三国同盟戦争（ブラジル・アルゼンチン・ウルグアイ）をなんとか乗り切ったものの、国内では帝政・奴隷制に反対する声が広がった。ペドロ2世は1888年奴隷制廃止に踏み切るが、支持は得られず、軍部によるクーデターにより、退位しポルトガルへ亡命。ブラジルの帝政は崩壊し、共和制が確立した。

その時 日本は！

明治時代

1886年	1887年	1888年
学校令公布	保安条例公布	市制・町村制導入
→日本史P.180	→日本史P.181	→日本史P.181

帝国主義路線推し進める欧州各国

5 植民地の本国への協力体制
植民地維持のため1887年第1回イギリス植民地会議が実施された。**カナダ・オーストラリア**などの白人の多い植民地に対し**自治**を認めつつ、本国につなぎ止めて**協力体制**を強化するのが目的。

15 19 ドイツで社会主義政党第一党に
1875年に設立された**ドイツ社会主義労働者党**は1890年の選挙で勝利をおさめ、最大政党となった。社会主義を危険視するビスマルクは、**社会主義者鎮圧法**を制定してこれを押さえていたが、ビスマルクが失脚すると社会主義者鎮圧法も**廃止**された。

6 9 16 17 ビスマルク、新皇帝に疎まれ失脚
バルカン半島を巡る**オーストリア**と**ロシア**の対立は収まらず、1887年に**三帝同盟**は消滅した。ビスマルクは三国での同盟を諦め、ロシアと再保障条約を締結し、フランスの国際的孤立状態を維持しようとした。しかし、1888年に**ヴィルヘルム1世**が亡くなると、後を継いだ孫の**ヴィルヘルム2世**が、そりの合わなかったビスマルクを解任。ロシアとの再保障条約も打ち切り、帝国主義の世界分割競争に参画する独自路線（**新航路政策**）を押し進めた。

10 20 早い者勝ちのアフリカ支配
1884年のベルリン会議で、最初に**占領**した国がその地の**領有権**を持つというルールが決定したため、ヨーロッパ各国は競うように**アフリカ支配**を進めていった。東アフリカでは1888年に**イギリスが東アフリカ会社**を立ち上げ、遅れて進出した**ドイツ**も1886年に獲得した**東アフリカ植民地**に対して政府による**直接統治**を始めた。

加速するアフリカ支配

1 イギリス、ビルマを手にする
フランスがベトナムを保護化したことに対抗した**イギリス**がビルマを得た結果、次は**タイ**を巡って両国の対立が激化する。

8 仏領インドシナ誕生
天津講和条約により**ベトナム**の保護権を認められた**フランス**は、1887年コーチシナ、トンキン、アンナン、カンボジアをまとめ、**フランス領インドシナ連邦**を結成。ハノイにインドシナ総督をおいてこれを統括した。

タイを巡り英仏が抗争

7 18 イギリス帝国主義を進めるセシル・ローズ
ダイヤモンドの採掘に成功した**セシル・ローズ**は、1880年に**デ・ビアス鉱業会社**、1887年には**南アフリカ金鉱会社**を設立して成功し、南アフリカ経済を牛耳った。さらに1890年には**ケープ植民地首相**に就任し、イギリス帝国主義推進の立役者となった。

1	1886年1月	第3次ビルマ戦争終結 ➡**インド帝国**、ビルマを併合		
2	1886年9月	アパッチ戦争終結		
3	1886年10月	自由の女神像建立		
4	1886年12月	アメリカ労働総同盟（AFL）結成		
5	1887年4月	第1回イギリス植民地会議実施		
6	1887年6月	三帝同盟消滅➡**露独再保障条約**締結		
7	1887年7月	セシル・ローズ、南アフリカ金鉱会社設立		
8	1887年10月	フランス領インドシナ連邦成立		
9	1888年6月	ドイツ、ヴィルヘルム2世即位		
10	1888年9月	イギリス東アフリカ会社設立➡ケニア沿岸部の統治開始		
11	1888年10月	スエズ運河の**自由航行**に関する条約締結		
12	1889年5月	エッフェル塔完成		
13	1889年11月	ブラジル、軍部によるクーデター 共和制を宣言（帝政瓦解）		
14	1890年2月	全米女性参政権協会結成		
15	1890年2月	ドイツ、**社会主義労働者党**第1党に		
16	1890年3月	ヴィルヘルム2世、ビスマルク罷免➡**新航路政策**開始		
17	1890年6月	露独再保障条約失効		
18	1890年7月	ローズ、ケープ植民地首相に就任		
19	1890年10月	ドイツ、社会主義者鎮圧法廃止		
20	1890年11月	ドイツ、東アフリカ植民地での**直接統治**を開始		

死去 早世 罷免!!
ヴィルヘルム1世 → フリードリヒ3世 → ヴィルヘルム2世　ビスマルク
「ビスマルクはもう不要だ」

セシル・ローズ

明治時代

1888年	1889年	1889年	1890年	1890年
枢密院設置	大日本帝国憲法（明治憲法）発布	皇室典範制定	初の衆議院総選挙実施	教育勅語発布
➡日本史P.181	➡日本史P.181	➡日本史P.182	➡日本史P.184	➡日本史P.184

1891 ≫≫ 1895年

フランス、ビスマルク包囲網を脱出

帝国主義、社会主義、反ユダヤ主義…多様化が進むヨーロッパ社会

第5章　アメリカ誕生と揺らぐ絶対王政

ドイツと決別したロシアと手を結び、フランスはビスマルクの作り上げた包囲網からの脱出に成功した。しかし国内で「自由・博愛・平等」の精神を揺るがす事件が起こる。1894年に発生したドレフュス事件である。この事件の背景には、長年ヨーロッパ社会に根深く存在する反ユダヤ主義があり、ユダヤ人弾圧を巡って国内を二分する大論争に発展。この事件をきっかけに「ユダヤ人国家建設」を目指すシオニズム運動が巻き起こることとなった。

一方、極東では朝鮮支配の主導権を巡って日本と清との間で日清戦争が勃発する。勝利した日本は多くの利権を清から得るのだが、帝国主義列強が黙っていなかった。日本にロシア・フランス・ドイツからの勧告をはね返す力はなく、従わざるを得なかった。

この時代のダイジェスト

露仏同盟成立 → フランス包囲網からの脱出 → ドレフュス事件 → 反ユダヤ主義浮き彫りに

15 反ユダヤ主義が起こした冤罪事件
フランスで、ユダヤ系のドレフュス大尉がスパイ容疑で逮捕され有罪となった。後に冤罪は晴れるが、反ユダヤ主義による陰謀であるという批判が起き、国を二分する論争に発展する。自由と平等が踏みにじられる、まさに共和政を揺るがす事件となった。

根深く残る反ユダヤ主義

3 10 ロシアとフランス急接近
ドイツから再保障条約の継続を拒否されたロシアは反発して、フランスに接近。1891年の露仏政治協定、1892年の軍事協定に続き、1894年正式に露仏同盟が成立。これによってフランスはビスマルクが作り上げた包囲網からの脱却を果たすことができた。

"近代シオニズムの父" テオドール・ヘルツル
ハンガリー生まれのユダヤ人ジャーナリスト、テオドール・ヘルツルは、フランス特派員時代にドレフュス事件に遭遇。作家エミール・ゾラと共にユダヤ人の人権を守るべく論争を起こす。しかし、パリ民衆の根底にある「反ユダヤ主義」にショックを受けたヘルツルは、この問題を解決するには「ユダヤ人の国を建設するしかない」と"シオニズム"と呼ばれる主張を展開。1897年にスイス・バーゼルで第一回シオニスト会議を開催するなど、シオニズム運動の指導者となった。

グレン・グレイ法
【ケープ植民地】
● 黒人地域を一定地域に限定すること
● 黒人の共同利用を廃止し、私的土地所有を導入すること
● 年に3ヶ月以上雇用されていない黒人には10シリングを課税する

14 黒人労働者確保目指すグレン・グレイ法
セシル・ローズ
黒人労働力の確保を目的に1894年ケープ植民地首相のセシル・ローズは「グレン・グレイ法」を制定。後のアパルトヘイト政策の原点とも言える法律である。

その時日本は！

明治時代

1891年 大津事件　→日本史P.184

1891年 足尾銅山鉱毒事件　→日本史P.184

1892年 第二次伊藤内閣発足　→日本史P.184

世界史"まとめ"コラム

パレスチナ問題～ユダヤ人の歴史～

ユダヤ人は、もとは古代オリエントで「ヘブライ人」と呼ばれた民族で、バビロン捕囚以降「ユダヤ人」と名乗るようになった。彼らはローマ帝国によって離散（ディアスポラ）し、世界各地に広がり迫害を受けながら、周辺民族と同化していった。そのため人種として捉えるのは困難で、現在は「ユダヤ教信者」という人種や言語の枠を超えた文化的集団と見るのが妥当である。

BC1000頃 ヘブライ王国建国 ～モーセに導かれエジプト脱出 ➡P10

BC17世紀頃、飢饉のためエジプトへ移住していたヘブライ人たちは、エジプトのファラオによって奴隷とされてしまう。モーセはヘブライ人たちを引き連れてエジプトを脱し、パレスチナへの帰還を目指す。彼は途中で没するが、パレスチナの地に到着したヘブライ人たちは、王国を建設した。

彼らの建てたヘブライ王国は、ダヴィデ王・ソロモン王の時代に最盛期を迎え、ソロモン王はエルサレムにヤハウェ神殿を建設。しかし、ソロモン王の死後、イスラエル王国とユダ王国に分裂してしまう。

BC600頃 バビロン捕囚 ～逆境の中、ユダヤ教が確立 ➡P15

新バビロニアのネブカドネザル2世の侵略によって、ユダ王国は滅亡する。ヤハウェ神殿は破壊され、ヘブライ人たちは新バビロニアの首都バビロンへ強制移住させられてしまう（バビロン捕囚）。彼らはこの民族的苦難の中、ユダ族を中心に団結し、独自の一神教「ユダヤ教」を民族宗教として完成させた。これ以降、ヘブライ人たちは「ユダヤ人」と呼ばれるようになった。

BC538 エルサレムへの帰還 ～キュロス2世による解放 ➡P15

アケメネス朝ペルシアのキュロス2世は、BC538年に新バビロニアを滅ぼしてバビロン捕囚を解放した。ユダヤ人たちはエルサレムへの帰還が許され、ヤハウェ神殿（第二神殿）を再建した。そして、彼らはアケメネス朝の支配下での自治国として復興する。

その後彼らはマケドニア王国の支配下に入り、アレクサンドロスの死後はプトレマイオス朝エジプトそしてセレウコス朝シリアへと宗主国が引き継がれ、やがてローマ帝国のユダヤ属州となる。

135 世界各地への離散 ～ローマ帝国との戦いに敗れる ➡P20

現在、エルサレムに残る「嘆きの壁」は帰還時に再建された第二神殿の西の壁だ。

ローマ帝国の支配に不満を募らせていたユダヤ人たちは、66年にローマ帝国に対して反乱を起こす（第一次ユダヤ戦争）が、ローマ軍によってエルサレムは破壊され、ヤハウェ神殿も略奪されてしまう。

さらに2世紀に入って五賢帝の一人・ハドリアヌス帝がヤハウェ神殿を破壊してジュピター神殿の建設を目論むと、これに反対したユダヤ人たちが再び蜂起する（第二次ユダヤ戦争）。しかし、135年にローマ軍によってエルサレムは占領され、ユダヤ人たちはパレスチナを追われ、地中海各地への離散（ディアスポラ）を余儀なくされた。一方でパレスチナに残ったユダヤ人たちも、キリスト教やイスラム教へ改宗し、現在のパレスチナ人の祖先となったと考えられている。

現在ローマに残るティトゥス帝の凱旋門にはヤハウェ神殿略奪の様子が刻まれている。

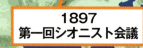

1930年代～ ナチスのホロコースト
■ナチス時代の絶滅収容所
ヘウムノ
アウシュヴィッツ

1894 ドレフュス事件

バーゼル

1897 第一回シオニスト会議

シオニズム運動の開始

第5章 アメリカ誕生と揺らぐ絶対王政

19世紀〜 迫害とシオニズム
〜反ユダヤ主義への抵抗　→P124

ヨーロッパ各地に離散したユダヤ人は、キリスト教圏において異教徒でありながら共存していたが、十字軍が登場した11世紀末頃から迫害を受け始める。宗教的理由以外に、経済的に成功しているユダヤ人への妬みがその原因となった。さらに帝国主義の時代に入ると、ナショナリズム強化のためユダヤ人が攻撃目標とされた（反ユダヤ主義）。ロシアでは19世紀後半から、国内の不満を反らせるためにユダヤ人への略奪・虐殺（ポグロム）が黙認されていた。1894年にドレフュス事件が発生すると、ユダヤ人ジャーナリストのヘルツルや文豪エミール・ゾラを中心に、反ユダヤ主義へ抗議する活動が始まった。その中からユダヤ人の故郷・シオンの地（パレスチナ）に安住の地を作ろうというシオニズム運動が開始される。1897年にバーゼルで第一回シオニスト会議が開催。ユダヤ系財閥ロスチャイルド家はシオニズムを財政的に援助した。

矛盾するイギリスの密約
- パレスチナにユダヤ人国家建設 → **ユダヤ社会** ロスチャイルド家
- オスマン朝からの独立／パレスチナ居住 → **アラブ社会** マッカ太守フサイン
- しかし、大戦終了後は サイクス・ピコ協定に基づきパレスチナは国連管理下に（実質イギリスが支配）

1917年 第一次大戦とバルフォア宣言
〜ユダヤ人国家建設の約束　→P137

シオニストの目指すパレスチナの地は、第一次世界大戦勃発時にはオスマン朝の領土であった。オスマン朝と戦っていたイギリスは、バルフォア宣言で大戦後にパレスチナの地にユダヤ人の国家を建設することをロスチャイルド家に約束し、その結果、多くのユダヤ人がヨーロッパからパレスチナの地に向かっていった。しかし、イギリスは一方でアラブ諸国とは「アラブ人のパレスチナ居住」を約束するフサイン・マクマホン協定を、フランスとはサイクス・ピコ協定という全く相反する密約を結んでいた。バルフォア宣言はロスチャイルド家から援助を引き出すための方便に過ぎず、戦後のパレスチナはイギリスが国際連盟から委任されるカタチで統治されるのだった。

- 19世紀〜 ポグロム
- ユダヤ教の確立
- BC1000頃 ヘブライ王国
- BC6世紀初 バビロン捕囚
- エルサレム／ラメセス／バビロン
- 1928 嘆きの壁事件
- BC1250頃 モーセの脱出ルート
- トレブリンカ／ソビブル／マイダネク／ベウジェッツ

1930年代 ナチスのホロコースト
〜組織的なユダヤ人排斥　→P156

ヒトラー

第一次大戦に敗北し、多大な賠償金を課せられたドイツに誕生したナチス党のヒトラーは、ヨーロッパに根強く存在する反ユダヤ主義を政治に利用し、民衆の不満を反らせるためにユダヤ人排斥に力を入れた。それによりヒトラーはナチスの独裁政権誕生を成し遂げる。

ヒトラーの政権掌握後、1935年のニュルンベルク法制定からユダヤ人排斥は本格化する。はじめは公民権剥奪、国外追放という手段であったが、第二次大戦が始まり戦争が激化するに従い、強制収容所をドイツ国内や占領地に次々に建設し、約600万人のユダヤ人を送り込んで強制労働を課した。労働に耐えられない者はアウシュヴィッツなどの絶滅収容所に移され、そこで大量殺害（ホロコースト）が実行されていった。

1947年〜 イスラエルの建国と中東戦争
〜大量のパレスチナ難民が生み出される　→P162〜

ナチスの強制収容所が解放され、ホロコーストの実態が世界に衝撃を与えたため、大戦後ユダヤ人への同情が集まるようになった。一方、パレスチナを実質支配していたイギリスは、ユダヤ人地下組織によるテロ行為に頭を悩ませており、さらに大戦での疲弊から、この地の委任統治権の放棄・返還を決めた。これを受けて国際連盟の後継組織・国際連合の総会で、アメリカ・ソ連などの大国の支持を得て「パレスチナを分割して、ユダヤ人とアラブ人の二つの国家を建設。聖地エルサレムは国際管理下におく」パレスチナ分割決議案が採択された。

シオニストたちは、この決議に基づきイギリスのパレスチナ撤退後に、イスラエルの建国を宣言。しかし、この分割決議案があまりにもユダヤ人に有利な内容であったため、反発したアラブ諸国は一斉にイスラエルに侵攻し、これ以降イスラエルとアラブ諸国が4度にわたってぶつかる中東戦争が始まった。

しかし、アメリカなどの支援を受けていたイスラエルはアラブ諸国を第一次・第三次中東戦争で破って、ガザ地区・ヨルダン川西岸地区などを獲得し、次々に入植を行っていった。その結果、居住地を追われた多数のパレスチナ人が難民となり、新たな問題を生み出した。

パレスチナ分割決議案
テル・アビブ／ガザ／エルサレム
エルサレムは国際管理地域
イスラエル

1896 ≫≫ 1900年

第6章 二つの大戦争を経験する世界

西洋列強、敗戦国・清を侵蝕

キューバを保護国化したアメリカ。西洋列強がしのぎを削るアジア戦線に参戦。

日清戦争の結果、一旦は日本の手に渡りかけた土地を西洋列強が狙う。三国干渉に参加したロシア・ドイツ・フランスにイギリスも加わって次々に租借地を獲得していった。このような西洋列強の侵略に反発した山東省の宗教団体・義和団が反乱を起こし北京を占領。この鎮圧に手こずった清朝の西太后は一転、義和団と共に西洋列強に戦争を仕掛けるが、8カ国による連合軍に一蹴され、西安へ逃亡する。

一方アフリカで、ぶつかる英仏。さらにその英仏に対抗したいドイツが独自路線を打ち出すなど、世界各地で西洋列強が牙を剥き出しにした領土獲得競争に明け暮れる中、キューバをスペインから奪ったアメリカもその競争に参戦を表明する。

この時代のダイジェスト

西洋列強の帝国主義政策さらに加速 → 清の領土を次々に租借 → 英仏がアフリカ大陸で衝突！ → ドイツ、3B政策でインドを狙う

アメリカ アジアの利権争いに参入

手も足も出ません…

3 「眠れる獅子」清朝の敗北
清仏戦争・日清戦争と相次ぐ戦争で敗れた清は**戊戌の変法**と呼ばれる体制改革を行っていたが、1897年に発生したドイツ人宣教師殺害事件を口実に、ドイツが**膠州湾を租借**する。これをきっかけに**イギリス・ロシア・フランス**がドイツに続けとばかりに清の領土を侵蝕して行く。

12 14 15 列強に反発した義和団の乱
西洋列強の侵略に対して民衆の中で反発の気運が高まる中、山東省の**反キリスト教団体・義和団**が1900年**蜂起して北京を占領**した。乱の発生当初、**鎮圧**を指示していた**西太后**だったが、鎮圧が不可能とみるや義和団と同調して**西洋列強に宣戦布告**した。これに対し、イギリス・アメリカ・ドイツ・フランス・オーストリア・イタリア・ロシア・日本の8カ国が**連合軍**を組み、北京へ攻め入って**義和団の乱**を鎮圧した。

- 3 ロシア、旅順・大連 租借（1898年3月）
- 3 イギリス、威海衛 租借（1898年7月）

そもそも日本がもらった土地なのに

- 3 ドイツ、膠州湾 租借（1897年11月）
- 3 フランス、広州湾 租借（1898年11月）
- 10 アメリカ、門戸開放 提唱（1898年9月）

用語［租借地］
二カ国間の合意によって、一定期間、租貸国から租借国に貸し出される土地のことである。

領土主権は原則的に租貸国にあるのだが、この時の西洋列強が清朝から得た租借地は、租借期間も長く軍事的要地でもあったため、事実上の領土割譲と見られていた。多くの地は租借期間終了より前に中国に返還され、1997年の香港返還をもって全ての租借地が返還されたことになる。

ボクは平和的にやろうとしてたのに…

ホセ・リサール

2 ホセ・リサール処刑されるが…
1896年に独立派の武装組織「**カティプーナン**」が蜂起しフィリピン革命が始まると、首謀者の一人として**ホセ・リサール**は再び**逮捕**され、**処刑**される。しかし、かえってこれが独立運動に火をつけることとなる。

7 13 アメリカに協力するが…
キューバで米西戦争が始まると、フィリピンもアメリカに協力してスペイン攻撃に参加。アメリカ勝利後にフィリピン共和国の独立を宣言するが、アメリカはこれを承認せず、武力行使に踏み切った（フィリピン・アメリカ戦争）。

その時日本は！

明治時代

1896年	1897年	1897年	1998年
第二次松方内閣	金本位制導入	労働組合期成会結成	第三次伊藤内閣
➡日本史P.186	➡日本史P.186	➡日本史P.186	➡日本史P.186

1901 》》》 1905年

第6章

二つの大戦争を経験する世界

日露戦争で揺らぐロシア帝国

孤立を捨てたイギリス。日露戦争の裏側で革命の兆しを見せるロシア

ドイツのアフリカ帝国主義戦線への参入やアメリカ・日本といった国の台頭を受けて、「栄光ある孤立」を墨守していたイギリスが他国との同盟を推し進める。長年いがみ合っていたフランスの他に、イギリスが手を結んだのは極東の日本だった。

こうしてイギリスの後ろ盾を得た日本は、日清戦争で得損なった領地の獲得を目指し、ロシアに宣戦布告（日露戦争）する。これに勝利していよいよ念願の朝鮮・中国への侵出を開始する。一方、敗れたロシア国内では血の日曜日事件を発端に、第一次ロシア革命が勃発してツァーリの権威が失墜する。さらに自治組織ソヴィエトが誕生し、ロシア帝政を揺るがす事態となった。

この時代のダイジェスト

イギリス各地で露・独と対立深める → **日英同盟** → **日露戦争** → **第一次ロシア革命**

同志を持たないとキツいか…。

5 12「栄光ある孤立」を放棄
19世紀前半から、いずれの国とも同盟関係を持たない外交方針を守って来たイギリスだったが、南アフリカ戦争での苦戦や、アメリカ・ドイツ・日本といった国々の台頭の中、地位回復のため孤立主義を放棄することを余儀なくされた。1902年の日英同盟に続き、1904年にはフランスと英仏協商を締結した。

イギリス
ドイツ
フランス

15 ヴィルヘルム2世

ドイツはアフリカにも参戦

タンジール
モロッコ

12 15 アフリカ権益を相互承認
ファショダ事件でぶつかった両国は、ドイツを警戒して、1904年に英仏協商を結び、エジプトでのイギリスの権益、モロッコでのフランスの権益を互いに保障し合った。しかし、フランスのモロッコ進出を不服とするドイツ・ヴィルヘルム2世は自らモロッコ・タンジールを訪問。両国の関係は一触即発の状態となった（第一次モロッコ事件）。

エジプト

14 サンクトペテルブルク

ロシア帝国

14 16 第一次ロシア革命とソヴィエト
日露戦争で劣勢に立たされたロシアで、1905年デモを起こした民衆へ軍隊が発砲するという「血の日曜日」事件が発生し、これをきっかけにツァーリ（ロシア皇帝）の権威は失墜。5月には労働者の自治組織ソヴィエトが誕生し、反政府運動の中心となっていった。これに対し、ニコライ2世は10月に「十月宣言」を発し、市民の政治的自由を認めると共に国会（ドゥーマ）の開設を約束した。

まずい…私の皇帝としての地位が危うい

ニコライ2世

敗戦と革命で揺らぐロシア

6 南アフリカ戦争終結
イギリス軍とボーア軍の戦いは長期におよび、両者とも疲弊。1902年フェリーニヒン和平条約を結んで終結した。ボーア軍側は将来の自治の約束を取り付けるものの、イギリスがトランスヴァールとオレンジ自由国を併合することとなった。

その時日本は！

明治時代

1901年	**1901年**	**1901年**	**1902年**
北京議定書締結	社会民主党結党	足尾鉱毒事件	日英同盟締結
➡日本史P.188	➡日本史P.188	➡日本史P.189	➡日本史P.189

1906 >>> 1910年

第6章
二つの大戦争を経験する世界

三国協商と三国同盟

青年トルコ人革命が発端で、バルカン半島が「ヨーロッパの火薬庫」と呼ばれる。

1882年にビスマルクが成立させたドイツ・オーストリア・イタリアの三国同盟。それに対しイギリスがフランス・ロシアと海外領土の権益相互確保の目的で提携したことで、ドイツを囲む形で三国協商が誕生する。こうしてヨーロッパ社会は2つの大同盟に分かれ、互いに牽制し合う対立構造が登場したことになる。

一方、弱体化が進むオスマン朝では「青年トルコ人」による革命が起こるが、これをきっかけにバルカン半島に不穏な空気が流れる。各民族の独立運動が巻き起こっただけでなく、オーストリア・ロシアなどの帝国主義諸国に狙われ、一触即発の状況となったバルカン半島は「ヨーロッパの火薬庫」と呼ばれ、来たる第一次世界大戦の火種となるのである。

この時代のダイジェスト

英・露・仏の三国協商成立 → 独・墺・伊の三国同盟との対立構図 → オスマン朝革命による政情不安 → 西洋列強のさらなる争いの火種に

8 三国協商でドイツ包囲網
イギリスとロシアがアジア圏の勢力範囲を定めるために1907年に英露協商を締結。これにより先に結ばれていた「英仏協商」「露仏同盟」と合わせてドイツを包囲する形の「三国協商」が成立した。この結果、1882年に成立していた秘密同盟・三国同盟で結ばれたドイツ・イタリア・オーストリアの同盟国とイギリス・フランス・ロシアの協商国の2大勢力が生まれ、対立構図を作っていくこととなる。

イギリス
ヴィルヘルム2世
ドイツ
ロシア帝国
フランス
オーストリア
イタリア

革命は成功したのにかえってマズいことに

欧州2分する 秘密同盟

9 10 青年トルコ人革命の成功と結末
弱体化するオスマン朝の立て直しを願う「青年トルコ人」が革命を起こし、ミドハト憲法を復活させて第二次立憲政治を実現させた。しかし、政情を安定させることはできず、かえってオーストリアにボスニア・ヘルツェゴビナを併合されるなど周辺国による侵略を助長する結果となった。

暗雲漂う バルカン半島

14 南アフリカが自治領として独立
南アフリカ戦争によってトランスヴァール共和国とオレンジ自由国を征服したイギリスは、1910年ケープ植民地・ナタール・トランスヴァール・オレンジの4州からなるイギリス自治領・南アフリカ連邦を独立させた。

その時 日本は！

明治時代

1906年	1906年	1906年	1907年
南満州鉄道株式会社設立	鉄道国有法制定	日本社会党誕生	第三次日韓協約
➡日本史P.191	➡日本史P.191	➡日本史P.191	➡日本史P.191

1911 》》》1915年

第6章
二つの大戦争を経験する世界

第一次世界大戦と辛亥革命

サラエヴォでの銃弾が、二陣営に分かれての世界戦争を引き起こす。

ついに「火薬庫」が火を吹いた。バルカン半島諸国は、ロシアの支援を受けてオスマン朝・オーストリアに対抗すべくバルカン同盟を結成（セルビア・モンテネグロ・ブルガリア・ギリシア）。バルカン同盟は第一次バルカン戦争でオスマン朝を破り、領土を奪うことに成功するが、その獲得領土を巡って同盟内で争いとなり、1913年の第二次バルカン戦争に発展する。

その翌年の6月、ボスニア・サラエヴォで放ったセルビア青年の銃弾が世界を巻き込む大戦争の引き金を引く。オーストリアが報復のためセルビアに宣戦布告すると、それを支援するロシア、そしてフランスへドイツが突如侵攻。三国協商に従いイギリスも参戦し、世界は協商国と同盟国に二分され、第一次世界大戦が勃発する。

この時代のダイジェスト

第一次・第二次バルカン戦争 → サラエヴォ事件 → 第一次世界大戦 → 日本、中国大陸へ進出開始

三国協商 VS 三国同盟

⑫戦火を広げるドイツの作戦
オーストリアがセルビアに宣戦布告すると、オーストリアと同盟国であるドイツもロシア・フランスと交戦状態に。事前の計画通りベルギー経由でフランス侵略を行ったことで、三国協商のイギリスの参戦も引き起こした。タンネンベルクの戦いでロシアに大勝するるものの、対仏戦線は膠着状態に入ってしまう。

ロシアに圧勝!!

ヴィルヘルム2世

フランスに苦戦!!

イギリス ⑯

ドイツ

⑫

第一次世界

⑯イギリス、アラブと秘密協定
1915年、イギリスはアラブ民族運動の指導者フサインと秘密裏に協定を結ぶ。オスマン朝からの独立を目論むフサインに対し、イギリスは同盟国側にダメージを与えるため、第一次大戦後のアラブ民族の独立を約束する代わりに、オスマン朝に対する反乱を起こすことを求めた。

フランス

オーストリア

⑪

サラエヴォ

⑩

セルビア

②

⑥⑧

第一次世界大戦の開戦当初の対立関係

協商国（連合国）側		同盟国側
セルビア	宣戦布告	オーストリア
ロシア	宣戦布告	ドイツ
フランス		
イギリス	宣戦布告	
日本（日英同盟）	宣戦布告	イタリア（敵対中）
	バルカン半島を巡り敵対中	オスマン朝
モンテネグロ		ブルガリア
ギリシア		

三国協商 / 三国同盟

私は中立!

⑥⑧バルカン諸国の領土争奪戦
オーストリアのバルカン半島への進出を警戒するセルビア・モンテネグロ・ブルガリア・ギリシアは、対オスマン朝・対オーストリアの防衛軍事同盟・バルカン同盟を結成。ロシアの支援を受けて、オスマン朝に宣戦布告（第一次バルカン戦争）。戦争はバルカン同盟の勝利したものの、獲得領土を巡る内紛から第二次バルカン戦争が勃発する。

その時日本は！

明治時代

1911年
日米通商航海条約締結
➡日本史P.198

大正時代

1912年
大正天皇即位
➡日本史P.198

1912年
美濃部達吉が天皇機関説唱える
➡日本史P.199

1912年
第一次護憲運動
➡日本史P.199

1916 ≫≫ 1918年

第6章 二つの大戦争を経験する世界

大戦終結とソヴィエト誕生

戦争が長期化する中、ロシア・ドイツの帝政崩壊とアメリカ参戦により大戦終結

協商国と同盟国という二陣営に分かれた大戦では、飛行機・潜水艦・毒ガスなどの大量殺戮兵器が登場し、戦争の形態を一変させ、戦争の長期化がヨーロッパを疲弊させた。

ロシアがソヴィエト政権誕生を機に大戦から撤退したことで東部戦線に不安のなくなったドイツであったが、膠着する戦局を打破すべく取った「通商破壊作戦」が中立を保っていたアメリカに火をつける。アメリカ参戦によって戦局が協商国側に傾く中、ドイツ国内でも水兵反乱を発端として帝政が崩壊。新たに誕生したドイツ共和国が休戦協定に調印し、大戦は終結した。

この大戦の最中に、イギリスがユダヤ人社会やアラブ人社会に対して取った三枚舌の外交政策が、現在まで続くパレスチアを巡る紛争の原因となっていく。

この時代のダイジェスト

ドイツ、通商破壊作戦実施 → アメリカが連合国側に参戦 → ロシア革命で帝政崩壊 → 第一次大戦終結／ソヴィエトの誕生

戦後処理を明確化するアメリカ
⑩ ウィルソン 米

14カ条の平和原則
【アメリカ ウィルソン大統領】
- 秘密外交の廃止
- 公海の自由
- 平等な通商関係樹立
- 軍備の縮小
- 民族自決
- 国際平和機構の設立
  etc.

	年月	ヨーロッパ/アメリカ/中東
1	1916年5月	イギリス、仏露と**サイクス・ピコ協定**締結
2	1916年6月	フサイン、**ヒジャース王国**建国
3	1916年12月	米ウィルソン大統領、講和に介入 ➡連合国側が拒否
4	1917年2月	ドイツ、**通商破壊作戦**実施
5	1917年3月	ロシア、**二月革命**➡ロマノフ朝崩壊
6	1917年4月	アメリカ、ドイツに宣戦布告
7	1917年10月	ロシア、**十月革命**➡**ソヴィエト政権**誕生
8	1917年11月	英、**バルフォア宣言**
9	1917年12月	レーニン、ドイツと休戦
10	1918年1月	ウィルソン大統領、**14カ条の平和原則**を発表
11	1918年5月	ヨーロッパで**スペイン風邪**流行
12	1918年8月	英仏米日などが**シベリアへの出兵**
13	1918年10月	**ムドロス休戦協定** ➡連合国・オスマン朝の休戦
14	1918年11月	ドイツ帝政崩壊➡**ドイツ共和国**誕生
15	1918年11月	ドイツ、オーストリア=ハンガリー、**休戦協定**に調印（第一次大戦の終結）

その時日本は！

大正時代

1916年 日露協約締結 ➡日本史P.201

1916年 第二次大隈内閣 総辞職 ➡日本史P.201

1917年 石井・ランシング協定締結 ➡日本史P.201

1919 >>> 1921年

第6章 二つの大戦争を経験する世界

1919年パリ講和会議が開催され、第一次世界大戦の戦後処理が決定されるのだが、戦勝国の権益確保の意向が強く反映されたものであったため、敗戦国への処遇は厳しく重く長い負担を強いるものとなった。その反発からドイツでは戦後間もなく、いわゆる「ナチス」が誕生するのだった。

一方、終戦前にソヴィエト・アメリカが提唱した「民族自決」の流れは世界各地に広がり、様々な団体が生まれている。新たなに誕生した国際連盟に加え、軍縮会議も開かれ、二度と同じような大戦を繰り返さないための努力が始まった。

国際連盟誕生と民族自決の気運

初の世界大戦は終結を迎え、世界は新しい秩序に包まれる

この時代のダイジェスト

パリ講和会議 → ヴェルサイユ講和条約 → **戦勝国権益確保** → 民族自決の気運高まる → ナチスの誕生

パリ講和会議 → 国際連盟誕生 → アメリカ連盟に不参加

新秩序 ヴェルサイユ体制

- 18 ロンドン
- 2 ワイマール共和国
- パリ 17 8 11
- 14 サン・レモ

1 19 戦勝国が作り上げた新秩序

戦勝国である英仏米が主導したパリ講和会議は、アメリカ大統領ウィルソンが唱えた国際協調・民族自決の精神で進められ、国際連盟設立・東欧諸国の独立という成果を得た。しかし、イギリス・フランスが自国権益確保を重視し、ドイツなどの敗戦国に対しては過酷な条件を押しつけたことが、次の第二次世界大戦の火種を作ってしまったといっても過言ではない。

賠償金1320億マルク!? 払えるわけないでしょうがっっ

過酷すぎる敗戦国への処遇

14 中東の処遇を決めるサン・レモ会議

1920年4月、サン・レモに勝利した連合国が集まり、大戦後の問題を協議した。この会議でオスマン朝との講和条件が決定され、8月にセーヴル条約として締結された。その結果、サイクス=ピコ協定やバルフォア宣言は事実上反故にされ、シリアはフランスに、パレスチナはイギリスの委任統治領となるなど、旧オスマン朝領のアラブ人居住地域のほとんどはフランス、イギリスに奪われる結果となった。

ヴェルサイユ講和条約
【連合国―ドイツ】
- 国際連盟・ILOの設立
- ドイツは全ての海外植民地を放棄
- アルザス・ロレーヌをフランスに返還
- ドイツ軍備に厳しい制限
- ドイツに賠償金の支払い義務

サン・ジェルマン講和条約
【連合国―オーストリア】
- オーストリアはハンガリー、チェコスロヴァキア、ポーランドなどの独立の承認
- トリエステ、南チロル（トレンティノ）などをイタリアに割譲
- ドイツとの合邦禁止

その時日本は！

大正時代

1919年	1919年	1919年	1920年
朝鮮で三・一運動	北一輝の「日本改造法案体綱」	日本労働総同盟友愛会発足	戦後恐慌発生
➡日本史P.202	➡日本史P.202	➡日本史P.203	➡日本史P.204

1922 >>> 1924年

第6章 二つの大戦争を経験する世界

欧州の混乱を収めるアメリカ

ドイツを巡る賠償問題を解決し、アメリカの影響力はますます増大する

第一次大戦でドイツに課せられた賠償金は到底払えるモノではなかった。1923年に早くも支払は停滞し、その報復としてフランスは、ベルギーと共にドイツのルール地方を軍事占拠。ドイツの経済はハイパーインフレに陥り、復興が困難となった。これに対して手をさしのべたのはアメリカだった。アメリカから提示されたドーズ案を受け入れたことで、フランスは撤退したが、ドイツ国民にフランスへの深い憎しみを刻み込む結果となった。

一方、革命で誕生したソヴィエト連邦の指導により、世界各地に共産主義思想が広まっていく。中国国民党の孫文はソ連の働き掛けを受けて、中国共産党との連携を決め（第一次国共合作）、北京の軍閥政権の打倒を目指した。

この時代のダイジェスト

フランス 独・ルール地方 軍事占拠 → アメリカが 賠償問題に 介入 → ドイツの 賠償金減額

ソ連邦の誕生 → 共産主義 世界へ広がる → 中国で 第一次国共合作

世界のリーダー「アメリカ」始動

手を差し伸べるアメリカ

1 ワシントン

10 オクラホマ

16 ドーズ案を提案

復活のKKK

南北戦争直後に「白人優越主義」を掲げ誕生したKKK（クー・クラックス・クラン）は1872年に一度は解散を命じられたが、第一次大戦中に復活を遂げる。戦後、ますます会員数と過激さを増し、1923年にはオクラホマ州で戒厳令が出されるほどであった。

ワシントン海軍軍備制限条約

1921年から始まったワシントン会議の結果、日英米仏伊の5ヶ国が調印し、主力艦の建造の10年間停止と保有率が定められた。

5   3

1.67

用語 [ドーズ案]

敗戦国ドイツの賠償方式を緩和するためアメリカの財政家ドーズを委員長とする専門家委員会が提案したもの。賠償の総額と支払期間には触れず、向う5年間の支払年額のみが定められた。これによりフランスのルールからの撤退が実行され、賠償金支払いの見通しが一応ついたので、ドイツ経済も復興するきっかけとなった。

この結果、ドイツは主としてアメリカ資本への依存体質が強まり、1929年の世界大恐慌の影響を、真っ先に受けることとなるのである。

その時 日本は！

大正時代

1922年
九カ国条約締結
山東省の返還
→日本史P.205

1922年
全国水平社・
日本共産党結成
→日本史P.205

1922年
治安警察法改定
→日本史P.205

1923年
関東大震災
→日本史P.206

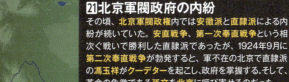

21 北京軍閥政府の内紛

その頃、北京軍閥政権内では安徽派と直隷派による内紛が続いていた。安直戦争、第一次奉直戦争という相次ぐ戦いで勝利した直隷派であったが、1924年9月に第二次奉直戦争が勃発すると、軍不在の北京で直隷派の馮玉祥がクーデターを起こし、政府を掌握する。そして、革命の象徴である孫文を北京に呼び寄せるのだった。

27 ソヴィエト連邦の誕生

1918年に誕生したロシア＝ソヴィエト社会主義連邦共和国は、反革命派との内戦、英仏米日との干渉戦争に勝利。1922年には初の対外条約であるラパロ条約をドイツと締結し、国際的認知を得ることができた。その年の12月にはウクライナ・ベロルシア・ザカフカースを加えた「ソヴィエト社会主義共和国連邦（通称：ソ連）」となった。

軍閥政府の崩壊

14 孫文、第一次国共合作

ソ連の働きかけを受けて孫文は1924年1月、広州で中国国民党の第一次全国代表大会を開催し、中国共産党との連携に踏み切った。大会の中で「連ソ・容共・扶助工農」を加えた新三民主義を掲げ、第一次国共合作を成立させた。それによって北京の軍閥政権を打倒し、日本などの列強の植民地支配からの独立を図った。

8 18 19 賠償金未払いを理由に軍事占領

1923年1月、フランスがドイツの賠償金支払不履行を理由に、ドイツ経済の要・ルール地方をベルギーとともに軍事占拠した。これによりドイツ経済はハイパーインフレに見舞われたが、1924年アメリカが提案したドーズ案を受諾し、アメリカから資本を導入してなんとか立て直すことができた。賠償問題が解決したことで、フランスはルール地方から撤退するが、ドイツ国民はフランスへの憎しみを深めていった。

賠償金が払えないドイツ

4 6 9 11 トルコ共和国の誕生

ムスタファ・ケマルが立ち上げたトルコ大国民議会で1922年スルタン制廃止が決定され、オスマン朝は消滅した。さらにイズミルを占領していたギリシャを撃退し、あらためて連合国とローザンヌ条約を結んだムスタファ・ケマルは1923年に大統領に選出され、トルコ共和国を建国した。

1	1922年2月	ワシントン軍縮条約・九カ国条約締結
2	1922年4月	スターリン、ロシア共産党書記長となる
3	1922年6月	日本、シベリアからの撤兵を宣言
4	1922年9月	アンカラ政府、ギリシャ軍を撃退し、イズミル奪還
5	1922年10月	ファシスト党員がローマ進軍決行 →ムッソリーニが首相就任
6	1922年11月	アンカラ政府、スルタン制度を廃止 →オスマン朝滅亡
7	1922年12月	ソヴィエト連邦（ソヴィエト社会主義共和国連邦）誕生
8	1923年1月	フランス・ベルギー、ドイツのルール地方を軍事占拠
9	1923年7月	ローザンヌ条約（アンカラ政府ー英仏）
10	1923年9月	オクラホマ州でKKKに対する戒厳令
11	1923年10月	ムスタファ・ケマル、初代大統領に就任 →トルコ共和国誕生
12	1923年11月	ヒトラー、ミュンヘン一揆起こすが失敗
13	1924年	ヨーロッパ各国、ソ連邦を承認
14	1924年1月	孫文、第一次全国代表大会開催（第一次国共合作）
15	1924年1月	レーニン死去
16	1924年4月	アメリカ、ドイツ賠償金問題に介入
17	1924年6月	孫文、黄埔軍官学校設立（蔣介石が校長）
18	1924年8月	特別委員会が提起したドーズ案成立→ドイツの賠償額削減
19	1924年10月	フランス軍がルール地方から撤退
20	1924年10月	イブン・サウード、ヒジャース王国掌握
21	1924年10月	馮玉祥がクーデター、北京政府を掌握（北京政変）

大正時代

1923年 虎ノ門事件 →日本史P.206

1924年 清浦奎吾内閣発足 →日本史P.206

1924年 第二次護憲運動 →日本史P.206

1924年〜 幣原喜重郎外相による幣原外交 →日本史P.206

1924年 築地小劇場設立 →日本史P.206

1925 ≫≫ 1927年

第6章 二つの大戦争を経験する世界

ドイツ、国際社会へ復帰

孫文を失った中国国民党は蒋介石がその遺志を受け継ぎ北伐を開始する。

イギリスのチェンバレン、フランスのブリアン、ドイツのシュトレーゼマンという外相たちの国際協調路線が推し進められる中、1925年スイス・ロカルノで行なわれた協議の結果、ロンドンで7ヶ国による地域的集団安全保障条約であるロカルノ条約が締結される。ドイツは国際連盟に加入して国際社会への復帰を果たした。しかし、賠償問題については触れられておらず、ドイツの国民的不満は解消されることにはならなかった。

一方、中国では中国国民党の孫文が病死すると、その後を継ぎ国民政府を立ち上げた蒋介石がクーデターを起こす。蒋介石はソ連や中国共産党の手を借りずに北京軍閥政権の打倒を目指し、北伐を開始する。

この時代のダイジェスト

ロカルノ条約 → 欧州は国際協調路線 → ドイツが国際連盟に加入する

蒋介石、孫文の後継者に → **北伐開始** ← 日本も介入

19 レーニンの後継者争い
1922年にロシア共産党の書記長となったスターリンは、レーニンの死後、主導権を巡りトロツキーと激しく対立。次第にトロツキーを追いつめたスターリンは、1927年11月トロツキーをロシア共産党から追放することに成功する。

8 13 英仏独による国際協調路線
英仏独外相による国際協調路線の結果、スイスのロカルノにおいてロカルノ条約が7カ国によって結ばれた。ドイツ・フランス・ベルギー国境の現状維持と不可侵が決定し、これによりドイツの国際連盟加入も認められた。

1 ムッソリーニの開き直り独裁政権
選挙法を改正により、ファシスト党は議会の66%を締めるに至ったが、反ムッソリーニの野党書記長が暗殺される事件が起きると、ムッソリーニの関与が取沙汰され、ムッソリーニは窮地に立たされる。これに対し、ムッソリーニは議会において「独裁制宣言」を行い、独裁を開始した。

国際協調路線とドイツの復帰

7 9 後のサウジアラビア誕生
1925年ハーシム家の最後の砦であったメディナが陥落したことにより、イブン・サウードはヒジャース王国を完全に掌握し、翌年ヒジャース・ナジュド王国の王であると宣言した。1927年にはイギリスをジッダ条約を結んで、独立を認めさせた。1932年には現在のサウジアラビア王国に改名する。

その時日本は！

大正時代

1925年	1925年	1925年	1925年
普通選挙法成立	治安維持法成立	日ソ基本条約締結	ラジオ放送開始
→日本史P.206	→日本史P.206	→日本史P.207	→日本史P.207

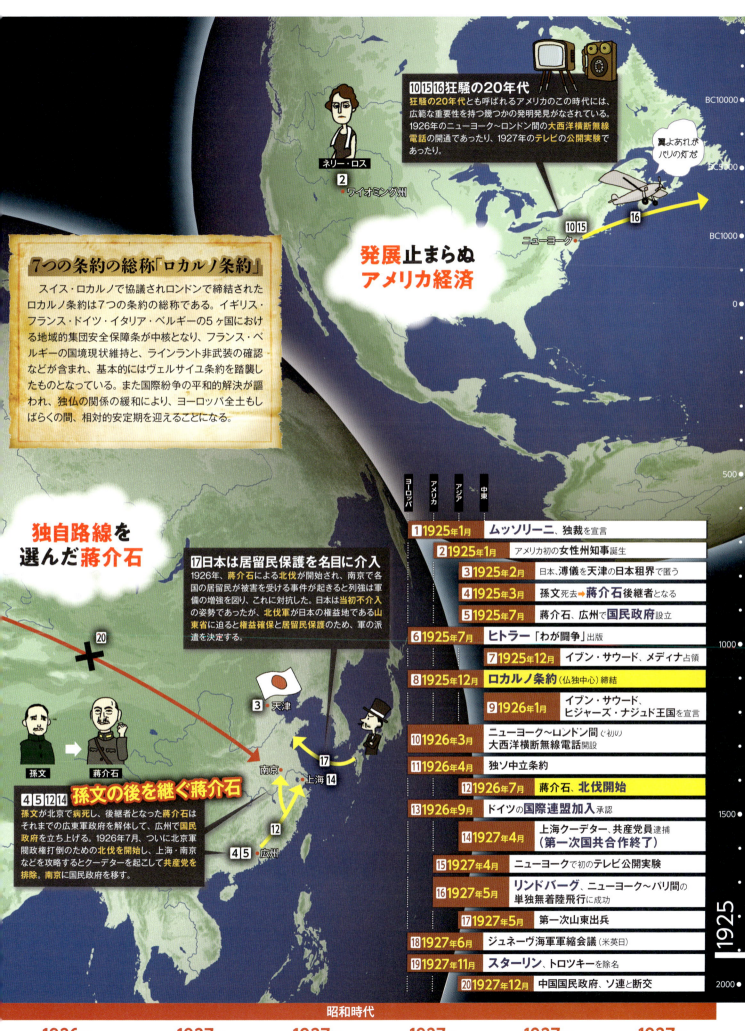

1928 ≫≫ 1930年

第6章 二つの大戦争を経験する世界

NYから始まった世界大恐慌
世界に広がる国際協調路線は、暗黒の木曜日によって一瞬で水泡に帰す

1928年のケロッグ・ブリアン条約（パリ不戦条約）の締結、1929年のヤング案の導入など、世界は国際協調路線を突き進んでいた。しかし、それはアメリカから発生した世界大恐慌により一変する。1929年10月にニューヨークで起こった株価大暴落による経済不況は、アメリカ資本に完全に依存していた世界各国に一気に波及。1936年まで続く大恐慌となって世界を混乱に陥れ、各国を徐々に自国保護路線へと向かわせることとなった。

一方、独自路線を進めていたソ連は、スターリンが推し進めていた第一次五カ年計画により世界大恐慌の影響を受けずに、急激な発展を遂げていく。

この時代のダイジェスト

欧州は国際協調路線 → ケロッグ・ブリアン条約（パリ不戦条約） → **世界大恐慌** → 各国は自国保護に傾く

蒋介石、北京攻略 → 張作霖爆破事件 → 国民政府中国統一

世界大恐慌の始まり

13 株価大暴落が引き金に
戦後好況により繁栄の真っ只中にあったアメリカだったが、1929年10月24日、NYウォール街での株価大暴落が引き金となって一気に不況のどん底へ。アメリカは第一次大戦の結果、世界最大の債権国であり、世界経済が米経済に完全に依存する体質であったため、一気に世界に蔓延し、およそ1936年まで続く世界大恐慌を引き起こした。

・ニューヨーク 13

アメリカ依存の世界経済に大打撃

1	1928年5月	済南事件（日本軍 vs 北伐軍）→第二次山東出兵
2	1928年6月	北伐軍、北京入城
3	1928年6月	張作霖爆破事件
4	1928年7月	米英仏系石油企業による赤線協定調印
5	1928年8月	ケロッグ・ブリアン条約（パリ不戦条約）
6	1928年8月	パレスチナで嘆きの壁事件
7	1928年10月	ソ連、第1次五カ年計画開始
8	1928年12月	張学良、国民政府に降伏 中華民国国民政府中国統一
9	1928年	英・フレミング、ペニシリン発明
10	1929年2月	ムッソリーニ、教皇とラテラノ条約 ヴァチカン市国成立
11	1929年4月	中国国民政府、各国に治外法権撤廃を要求
12	1929年6月	ヤング案成立（ドイツ賠償金軽減）
13	1929年10月	ウォール街で株価大暴落（世界大恐慌）
14	1930年1月	ロンドン海軍軍縮会議
15	1930年1月	ガンディー、サハティーヤグラハ再開
16	1930年5月	蒋介石と反蒋派連合との内戦勃発
17	1930年10月	アテネで第1回バルカン諸国会議

その時日本は！ 昭和時代

1928年 三・一五事件	1928年 第二次山東出兵	1928年 張作霖爆破事件	1929年 浜口雄幸内閣発足
→日本史P.211	→日本史P.211	→日本史P.211	→日本史P.211

世界史"まとめ"コラム

北米全通史〜大陸発見から大国アメリカ誕生まで〜

第6章 二つの大戦争を経験する世界

今も世界を引っ張る国の一つアメリカ合衆国が大半を占めている北アメリカは、ヨーロッパ世界が最も遅くたどり着いた大陸である。15世紀終わりにコロンブスが到達して以降は西洋列強が植民地獲得にしのぎを削り、しばしばヨーロッパ大陸での戦火が飛び火した。18世紀に本国イギリスから独立したアメリカは、瞬く間に領土を拡大。2つの世界大戦を経て、イギリスのみならずヨーロッパ全体を経済的にも政治的にもリードする存在となったのである。

約3万年前 アジアから来た原住民
〜コロンブス到達以前の大陸 ➡P7

約3万年〜1万年前の氷河期に、アジアからモンゴロイドが凍結したベーリング海を渡って北アメリカ大陸にやって来た。彼らインディアンは統一国家を作らず、部族毎に分かれて生活していた。10世紀末頃にはノルマン人（ヴァイキング）が北米に渡ったという記録もある。

1492年 新大陸発見
〜ヨーロッパ社会の流入 ➡P58

1492年、スペインのイザベル女王の命を受けたコロンブスが西インド諸島に到達し、新大陸の存在がヨーロッパに知れ渡った。アメリゴ＝ヴェスプッチによって「新大陸」であることが証明され、彼の名から1507年に「アメリカ大陸」と呼ばれるようになった。

スペインは金を求めて中南米に進出したが、北米には手が回らずテキサスやフロリダあたりを植民地化するにとどまった。

1500年〜 西洋列強のアメリカ進出
〜積極的なイギリス・フランス

スペインに遅れて海外に進出していったイギリスやフランス、オランダなどの新興諸国は次々にアメリカ大陸への開拓を行い、イングランドは1497年にニューイングランドの領有を宣言。フランスはカナダを領有した。

アメリカ進出に積極的だったイングランドとフランスはそれぞれニューイングランド、ルイジアナに植民地を築いた。また、オランダもニューヨーク（当時の名前はニューアムステルダム）やニュージャージーに、スウェーデンはデラウェアに、スペインはフロリダに植民地を築いた。

1600年〜 イングランド領土の拡大
〜13植民地誕生と本国の対応 ➡P72〜

1607年、北米にイングランド初の植民地ヴァージニアが誕生するとイングランドのピューリタン（清教徒）たちは、国教会を強制するジェームス2世の迫害から逃れるため、新天地を求めて北米に渡り、1620年植民地プリマスを建設。以降、東海岸の開拓は進み、やがて東海岸に13のイギリスの植民地ができた。

18世紀に入り、ヨーロッパ大陸での英仏の戦争が勃発すると、北米大陸でも英仏の軍事衝突に発展（フレンチ・インディアン戦争）。戦争の結果ルイジアナをフランスから手に入れたイングランドはさらに西へとインディアンを追いながら領土を拡大していった。

アメリカ独立時の13州

1775年～ アメリカ独立戦争
～本国イギリスからの離脱　→P90

イギリス本国が戦争での疲弊回復のため、植民地の工業化や海外貿易を禁じ、印紙法やタウンゼント諸法などを制定して植民地に重税を課すと、植民地側はこれに強く反発した。

1773年のボストン茶会事件を発端にアメリカ独立戦争が勃発。1776年に大陸会議がアメリカの独立宣言を採択すると、1778年にはフランスやスペイン、オランダがアメリカ側に付いて参戦。1781年、英軍拠点ヨークタウンが陥落して戦争は終結した。1783年、パリ条約が締結され、アメリカ合衆国が誕生した。

1823年 モンロー宣言
～欧州大陸との分離政策　→P102

ラテンアメリカの独立運動が盛んになった1823年、第5代大統領モンローはヨーロッパとアメリカの相互不干渉を唱えるモンロー宣言を発表した。これはモンロー主義と呼ばれ、その後100年近くアメリカ外交の基本方針となった。

ヨーロッパ（特にイギリス）からの干渉を遮ったアメリカは、各国の植民地を次々に併合し、ついにアメリカ領土は太平洋に達する。

南北戦争

1860年 南北戦争の勃発
～奴隷制度を巡って南北に二分　→P112

1860年、奴隷解放を目指すリンカーンが16代大統領に就任した。北部とは経済基盤の違う南部11州はこれに反発し、アメリカ連合国を結成して合衆国から離反、合衆国にとどまった北部23州との間で南北戦争が始まった。戦いは南軍有利で進んだが、1862年に奴隷解放宣言が行われると、南部の奴隷の反乱や逃亡が起こり、戦局は北軍に傾いた。ゲティスバーグの戦いで北軍が勝利し、1865年4月には南部連合の首都リッチモンドが陥落、南軍は降伏した。戦後、奴隷制は廃止され、黒人に市民権が与えられた。

1900年～ 工業国化と第一次世界大戦
～戦中支援と戦後の経済支援　→P134

南北戦争で北軍が勝利したことにより、経済基盤が北部中心の工業力に移り、戦争前から始まっていたアメリカの産業革命がさらに進展。1894年にはイギリスを上回る世界一の工業大国となった。

1914年に勃発した第一次大戦に対しては序盤はモンロー主義に則り参戦せず、イギリス・フランスへの経済援助に留まっていたが、最終的には参戦。戦後も疲弊したヨーロッパ各国への資本援助などを行うことで、世界経済の富を独占するという立場を得た。

1929年～ 世界の警察としてのアメリカ
～戦後の冷戦構造とその後のアメリカ主導の世界　→P144～

1929年にアメリカを発端とする世界大恐慌が世界的なファシズムの台頭を呼び、再び世界は大戦に突入する（第二次世界大戦）。アメリカは枢軸国に対抗する連合軍を主導し、勝利。戦後、アメリカは新たに創設した国際連合を主導すると共に、西側資本主義陣営の盟主として社会主義ソ連を封じ込める政策を採り、東西冷戦を展開した。50年代には圧倒的なアメリカの経済力を誇ったが、国内では人種問題などの社会問題が表面化した。

1991年にソ連が解体すると、世界では民族対立や宗教的対立など地域紛争は多様化多発化するようになり、そのような中でアメリカが唯一の軍事大国として単独行動主義（ユニラテラリズム）を取る場合も増え、19世紀末の帝国主義とは違った意味で、現在のアメリカ合衆国の「帝国」としての存在が際立っている。

1931 ≫ 1932年

第6章 二つの大戦争を経験する世界

世界経済のブロック化

世界大恐慌によりドイツが再び破綻。イギリスも脱却のためブロック経済体制導入

世界大恐慌に見舞われ各国は輸出不振に陥った。その中で特に「持てる国」と言われる国内資源や植民地を有している諸国は、それぞれ経済圏（ブロック）を作って生き残りを図るようになった。植民地に自治権を与えるなど支配体制を再編してイギリス連邦を発足させていたイギリスは、1932年にオタワ連邦会議を開いて自治領と経済関係地域を含んだスターリング＝ブロックを発足させた。

これに対して海外に植民地などを持たない国々は反発を強め、賠償金の支払いで苦しむドイツではナチスが第一党に。日本は半ば強引な手段を用いて満州における自国の利権の拡大を推し進めていく。しかし、これに対して警戒感を抱いた国際連盟はリットン調査団を派遣する。

この時代のダイジェスト

世界大恐慌 → ドイツ賠償金支払不可能に → ローザンヌ会議（賠償金減額）→ ナチスが第一党に

世界大恐慌 → イギリス連邦誕生 → オタワ会議＋スターリングブロック → ブロック経済圏

17 イギリスのブロック経済体制

イギリス・マクドナルド内閣は世界恐慌下のイギリス経済立て直しのため、イギリス連邦の6つの自治領（ドミニオン）などをオタワに召集。イギリス連邦内で相互に関税率を優遇し合う特恵制度を導入することが決定された。さらにイギリス連邦加盟国以外の国も加えた国々に「ポンドを基軸通貨とする国際金融体制」（スターリング＝ブロック）を導入して、イギリスのブロック経済体制を構築した。

カナダ連邦／ニューファンドランド／オーストラリア連邦／アイルランド自由国／南アフリカ連邦／ニュージーランド

「持てる国」によるブロック経済

世界大恐慌からの脱却を目指す国々のうち、「持てる国」と呼ばれた国は、自国の決済通貨を軸としてグループを作り、グループ内の関税を軽減して通商を確保する一方で、域外からの輸入には高関税をかけて自国産業を保護するという保護貿易政策を推進した。その結果、世界の貿易は激減した。

イギリスやアメリカ・フランスらが、それぞれブロックを形成したのに対し、「持たざる国」であったドイツ・イタリア・日本は、新たな支配地域確保という野望を抱き、軍事的侵略の道を突き進むことになるのである。

12 ジュネーヴ軍縮会議 （64ヶ国も参加！）

1932年から国際連盟主催で、新規加盟のドイツに加えて非加盟国であるアメリカとソ連も参加した全般的な軍縮会議

- 満州国問題
- ドイツの軍備平等権
- 安全保障重視
- 資本家による半軍縮活動

様々議論…一向にまとまらず

1932年 英米仏伊四国宣言…ドイツの軍備平等権を認める

1933年 国際連盟脱退で成果無し

その時 日本は！ 昭和時代

1931年 三月事件	1931年 柳条湖事件（満州事変）	1931年 金輸出再禁止を実施	1932年 第一次上海事変
➡日本史P.212	➡日本史P.212	➡日本史P.212	➡日本史P.213

1933 ≫≫≫ 1935年

第6章 二つの大戦争を経験する世界

吹き始めたファシズムの風

イギリスはドイツへの宥和政策を実行するが、国際連盟とは一線を画する日独伊。

失業問題、そしてフランスやイギリスへの不満を抱くドイツ国民の指示を得たヒトラーは徐々に独裁を強めると共に、国際連盟を脱退して第一次大戦後の決め事に反する行動を起こしていく。イギリスはそんなドイツに対して宥和政策を取り、ガス抜きを図るが逆効果で、ヒトラーは徴兵制の復活、そして国際連盟管理下におかれていたザール地方の編入などを行うのだった。そして足並みを揃えるかのように、イタリアのムッソリーニはエチオピアへ侵攻。日本もリットン調査団の結果を不服として国際連盟を脱退し、孤立路線を貫いていく。

こうしたファシズムへの危機感が高まる中、アメリカ大統領に就任したルーズベルトがニューディール政策を打ち出し、長引く世界大恐慌からの脱却を図る。

この時代のダイジェスト

ヒトラー首相となる → ドイツ、日本 国際連盟脱退 → **ファシズムへの危機感強まる** → イタリア エチオピア侵攻

16 ドイツへの宥和政策
再軍備を始めたドイツに対して、これ以上の軍備拡張を取らせないよう、イギリスはドイツに一定の譲歩を見せることで、ヒトラーを満足させようとした。しかし、かえってヒトラーを増長させるだけだった。

パート2！ スターリン

7 軽工業育成を目指すが…
第1次に続き、1933年から実施された第2次五カ年計画。今度は軽工業の育成を進めたが、ファシズム国家への対応のため、軍事中心の重工業へシフトしていった。

モスクワ 7 11 18

英 16 ↔ 独 ↔ 8 ↔ ポ
1 3 10 15

ジュネーヴ 4 6 11 20

ファシズムの台頭

ドイツ第三帝国である

ヒトラー

ヒトラー総統への道

1933年に首相となったヒトラーは、全権委任法を成立させて権力を掌握。さらにヒンデンブルク大統領が死去すると、首相と大統領を兼ねた「総統（フューラー）」となって独裁政権を誕生させた。

ナチ党誕生 → 第一議長に → ミュンヘン一揆→逮捕 → 『我が闘争』出版 → 釈放 → ドイツ、国際連盟に参加 → 世界大恐慌 ナチス党初の国政選挙（12議席） → ナチ党第一党に（230議席） → 首相に就任（1）→ ヒトラーへの全権委任法（3）→ ドイツ、国際連盟を脱退（10）→ 総統に就任（6）一党独裁

1920 1921 1922 1923 1924 1925 1926 1928 1929 1930 1932 1933 1934

ムッソリーニ

ドイツに気を取られてる今がチャンス

19 20 イタリア、世界のルールを無視
ヨーロッパ社会がナチスをめぐって動揺する際に、ムッソリーニはエチオピア侵略に踏み切る（第二次イタリア＝エチオピア戦争）。エチオピアに隣接するイタリア領土から侵攻したイタリアに対し、国際連盟は経済制裁を下すが、ムッソリーニを止めることはできなかった。

19 エチオピア

その時日本は！

昭和時代

1933年
リットン調査団
満州へ派遣
➡日本史P.214

1933年
国際連盟脱退
➡日本史P.214

1933年
塘沽停戦協定
➡日本史P.214

1933年
滝川事件
➡日本史P.214

1936 》》》1937年

第6章 二つの大戦争を経験する世界

スペイン内戦～第二次大戦前哨戦

人民戦線の勢力拡大に反発するファシズム陣営が手を結ぶベルリン・ローマ

世界で勢力を伸ばしていた人民戦線。1936年スペイン選挙において彼らが勝利し政権を奪取すると、フランコ将軍が率いる軍部がクーデターを起こしスペイン内戦が勃発する。アメリカ・イギリス・フランスは不干渉の姿勢を示したが、ドイツ・イタリアは反乱軍を、ソ連と国際義勇軍が政府を支援して国際的な戦争に発展。第二次世界大戦に先行する戦争となった。

そして、これまでともに軍事的侵略路線を進みながらも、互いを警戒していたドイツ・ヒトラーとイタリア・ムッソリーニが急接近。スペイン内戦が始まると「ベルリン・ローマ枢軸」を世界に宣言した。1937年には日中戦争に突入した日本もそこに加わり、日独伊防共協定が成立する。

この時代のダイジェスト

各国で人民戦線が勢力拡大 → スペイン内戦 → ベルリン・ローマ枢軸 → 日独伊防共協定

盧溝橋事件（日中戦争）

③どちらがロカルノ条約違反!?
ドイツ再軍備に対抗するために仏・ソは仏ソ相互援助条約を結ぶ。ヒトラーはこれをロカルノ条約違反であると非難し、ロカルノ条約を破棄。さらに非武装地帯と定められていたラインラントへ自衛のためとして軍を派遣する。

ベルリン ⑧ ヒトラー
③
ラインラント
⑨
⑥ パリ
「枢軸国」 ⑩
⑲
⑳ ローマ
ムッソリーニ
近衛文麿

ファシズム国の連携誕生

⑭ ゲルニカ
② マドリード

⑨⑩⑲自らを「枢軸」と称するファシズム政権
当初は互いを警戒していたヒトラーとムッソリーニだったが、エチオピア併合（伊）・ラインラント進駐（独）によって、世界的に反ファシズムの気運が高まると、連携を進めるようになる。スペイン内戦が勃発すると、揃ってフランコ軍を支持し、「ベルリン・ローマ枢軸」を宣言するに至る。ドイツは日本とも協力体制の構築を進め、1937年に日独伊防共協定を成立させる。

スペイン内戦勃発！

メリージャ
⑦

②⑦スペイン内戦の対立構図

1931 スペイン第二共和政スタート
左派 対立生まれる 右派
② 1936 人民戦線が政権を奪取
1936 右派の軍部がクーデター ⑦
スペイン内戦！

共産主義
ソ連 → 人民戦線政府 VS 反乱軍
ドイツ
イタリア
ファシズム

我々は不介入！
（アメリカ・イギリス・フランスの旗）

その時日本は！

昭和時代

1936年	1936年	1936年	1936年
ロンドン軍縮会議から脱退 →日本史P.216	二・二六事件 →日本史P.217	軍部大臣現役武官制復活 →日本史P.217	日独防共協定 →日本史P.218

原田君にもわかる！日本史

152

人民戦線とは？

世界大恐慌を経験した世界は、徐々に巨大化しつつあるファシズム国家への危機感を募らせていった。1930年代に入るとドイツ、イタリアなどが台頭してくると、それまで対立関係にあった社会主義政党や共産党などの左派とブルジョワ共和派や自由主義者が共に手を取り、ファシズムに対抗しようという動きが生まれた。1935年にコミンテルンの第7回大会で「反ファシズム人民戦線」が提起され、各国で民族統一戦線が推し進められていくようになる。中国における第二次国共合作もその流れの一つと言える。

日中戦争勃発！

1937年7月、北京付近の盧溝橋で演習中の日本軍が、中国軍から発砲を受けたとして攻撃を開始。日本政府は**不拡大方針**を取るが、**第二次上海事変**が発生すると戦火は拡大し、**全面戦争**へ突入していった。開戦当初、中国は**国民党と共産党**による**内戦**に明け暮れていたため、日本は**早期**に**決着**すると見込んでいたが、**第二次国共合作**が成立したため、戦争は**泥沼化**した。

日中戦争に発展する満州問題

西安事件をきっかけに再び手を組む国民党と共産党

1936年東北軍の**張学良**は、対日戦ではなく**内戦**に**注力**する**蔣介石**を監禁し、内戦の停止を訴えた。これに共産党の**周恩来**も加わって蔣介石を説得した。この動きは1937年の**盧溝橋事件**でさらに拍車がかかり、その年の9月に**第二次国共合作**が成立し、**抗日民族統一戦線**が結成された。

これからは協力体制！

文化　ピカソ、ドイツ空爆を描く

1936年から始まったスペイン内戦。共和国軍を支持しフランコ側を貶める内容の風刺画を発表していたパブロ・ピカソは、パリ万国博覧会のスペイン館を飾る壁画を依頼されていた。1937年にドイツ空軍がスペインの軍事的要地ゲルニカへ無差別爆撃を行うと、ピカソは急遽この壁画のテーマを変更して1ヶ月あまりで「ゲルニカ」を描き上げた。

ビルマ

エチオピア併合　ムッソリーニ

国際連盟は**経済制裁**を無視し、**ムッソリーニ**は1936年5月に**エチオピア**の**併合**を宣言。スペイン内戦でドイツと連携を強めたイタリアはドイツ・日本同様に**国際連盟**を**脱退**する。

エチオピア

1	1936年1月	日本、軍縮会議から脱退
2	1936年2月	スペイン、**人民戦線**が総選挙で勝利 → **人民戦線内閣**誕生
3	1936年3月	ドイツ、ロカルノ条約破棄 → **ラインラント**へ進駐
4	1936年4月	パレスチナ、アラブ最高委員会設立 → **パレスチナ人の蜂起**開始
5	1936年5月	イタリア、**エチオピアを併合**
6	1936年6月	フランス、**人民戦線内閣**誕生
7	1936年7月	**フランコ将軍**、モロッコで叛乱（**スペイン内戦**）
8	1936年8月	ベルリンで五輪開催
9	1936年10月	ベルリン・ローマ枢軸成立
10	1936年11月	日独防共協定成立
11	1936年12月	ソ連、**スターリン憲法**成立
12	1936年12月	蔣介石、軟禁される（**西安事件**）
13	1937年4月	イギリス、インドからビルマを分割し、直轄領とする
14	1937年4月	ドイツ空軍、ゲルニカを無差別爆撃
15	1937年7月	**盧溝橋事件（日中戦争勃発）**
16	1937年8月	第二次上海事変
17	1937年9月	第二次国共合作
18	1937年10月	ズデーテンでドイツ人蜂起
19	1937年11月	日独伊防共協定成立
20	1937年12月	イタリア、国際連盟脱退
21	1937年12月	日本軍、南京占領

昭和時代

1936年	1937年	1937年	1937年	1937年
国会議事堂完成	近衛文麿内閣誕生	盧溝橋事件	第二次上海事変	日独伊防共協定
→ 日本史P.218	→ 日本史P.218	→ 日本史P.218	→ 日本史P.219	→ 日本史P.219

1938 ≫≫ 1939年

第6章 二つの大戦争を経験する世界

ついに勃発‼ 第二次世界大戦

領土野心のやまないドイツに英仏が宣戦布告。しかし戦局は不可思議な展開に

オーストリア・チェコなどを次々に併合していくドイツのヒトラー。英仏を見限ったスターリンのソ連との間で独ソ不可侵条約を締結し、後陣の憂いを無くした上で、ポーランドへの電撃侵攻を展開した。ソ連も同時にポーランドへ侵攻、さらにフィンランド・バルト三国なども併合した。これに対し、イギリス・フランスはついにドイツに宣戦布告するのが、しばらくの間は軍が派遣されることはなく、「奇妙な戦争」または「いかさま戦争」といわれる不思議なにらみ合いの時間が続くのだった。

一方の日本は、抵抗する国民政府軍を追い、戦地を拡大していく。さらにはソ連と満州の国境線を巡る争いがもとで軍事衝突。国内で対ソ開戦論が高まっていく。

この時代のダイジェスト

ドイツ オーストリアを併合 → ミュンヘン会議 → 独ソ不可侵条約 → ドイツのポーランド侵攻 → **第二次大戦勃発**

ヒトラー　スターリン

5 18 英仏、ようやく宥和政策を破棄
これまで同様にミュンヘン会議でドイツへ宥和政策を取ってきたイギリス・フランスだったが、ドイツのポーランド侵攻をきっかけに、ドイツに宣戦布告し、ついに第二次大戦の火蓋が切られた。

16 世界が驚く独ソ不可侵条約
英仏との提携を模索していたソ連は、ミュンヘン会議でドイツへの妥協を見せた英仏に不信感を抱くとともに、極東での日本との確執により、戦力分散を余儀なくされる。一方のドイツもポーランド侵攻による英仏との戦争に備え、秘密裏にソ連との提携を進めていった。

英 11 18　9 仏 18　5 ミュンヘン
1 2 13 独 17 → ポ　16　19　20　21 ソ　フ

ヒトラーのポーランド侵攻

7 12 スペイン内戦終結!
7 12 マドリード

伊　ムッソリーニ 14

開戦するも独英仏の睨み合い続く

14 イタリア・アメリカ、ひとまず静観
ドイツの領土拡大の流れに便乗して、アルバニアを併合したイタリアだが、開戦早々「非交戦国」を宣言して、参戦しなかった。アメリカも同様に孤立主義を貫く構えをとった。

その時日本は!

昭和時代

1938年	1938年	1938年
大東亜秩序を発表	国家総動員法	産業報国会設立
→日本史P.219	→日本史P.219	→日本史P.219

1940 ⟫⟫ 1941年

第6章 二つの大戦争を経験する世界

ドイツ、電撃戦で欧州大半を手中に
沈黙を破って西進するドイツに対して、ついにアメリカが参戦する

ポーランドをソ連と共に併合したドイツは1940年4月突如転進して、デンマーク・ノルウェー・オランダ・ベルギーに侵攻し、一気にフランスに迫る。これに乗じて参戦に転じたイタリアと共にフランスを降伏させ、イギリスへの爆撃を開始。電撃作戦でヨーロッパの大半の制圧する。

これに対してアメリカが第一次大戦同様、重い腰を上げる。ルーズヴェルト大統領は1941年3月にイギリスへの軍事的支援を決め、1940年5月に首相となったイギリスのチャーチルと会談してファシズムへの対抗を謳った「大西洋憲章」を発表し、反撃の狼煙を上げた。

一方のドイツは再び転進して、バルカン半島そしてソ連へとその矛先を向け、極東の日本もアメリカとの戦争（太平洋戦争）に突入し、さらに戦地は拡大していくのだった。

この時代のダイジェスト

ドイツフランスを降伏させる → イタリア参戦 → ドイツ、欧州大半を支配 → **ドイツソ連へ奇襲（独ソ戦）**

↓

日本、フランス領へ侵攻 → ABCD包囲網 → **太平洋戦争**

民主主義をファシズムから守るのだ！
チャーチル　ルーズヴェルト

19 大西洋上で行われた米英会談
米大統領ルーズヴェルトと英首相チャーチルは、大西洋上でそれぞれの軍艦を訪問し、第二次大戦後の戦後処理や国際協調のあり方について会談し、8カ条からなる大西洋憲章として宣言した。

転進するドイツの快進撃

ドイツの矛先は突如ソ連へ

ヒトラー

5 民族浄化と労働力確保
ナチスは対戦前からユダヤ人や反政府活動者の強制収容所を国内に作っていた。しかし第二次大戦が始まり、占領地から多くのユダヤ人などが送られてくるようになると、ポーランドのアウシュヴィッツに代表されるような収容所を占領地に建設していくようになった。

7 8 フランス降伏
1940年5月、突如西部に戦線を広げたドイツによってパリは陥落し、フランス第三共和政は崩壊した。休戦協定を結んだフランスは大半がドイツ・イタリアに併合され、残った自由地区に親独のヴィシー政府が成立した。しかし、ロンドンに亡命したド・ゴールは自由フランス政府を樹立し、対独レジスタンスを呼びかけた。

ド・ゴール

ムッソリーニ

6 ようやくイタリア参戦
「非交戦国」宣言をしていたイタリアだが、ドイツが西部へ転進しフランスに迫ると、英仏へ対し宣戦布告し、フランス国境へ軍を進めた。

その時日本は！

昭和時代

1940年	1940年	1940年	1940年
汪兆銘に南京で新政府	大政翼賛会	北部仏印へ侵攻	日独伊三国同盟
➡日本史P.221	➡日本史P.221	➡日本史P.222	➡日本史P.222

1942 ≫≫ 1943年

第6章 二つの大戦争を経験する世界

米英主導の連合国結成で、形勢逆転

反ファシズム国家26ヶ国による連合国が誕生。イタリア降伏で枢軸国の一角崩れる

太平洋戦争に突入したアメリカは1942年1月にワシントンに26ヶ国を集めて、「連合国共同宣言」を発し、ファシズム国家に対しての徹底抗戦を表明する。連合国は枢軸陣営に対して反撃を開始し、アフリカからイタリアへ侵攻、枢軸国の一角イタリアを降伏させ、さらにミッドウェー海戦で日本を破り主導権を握る。

一方、連勝を続けていたドイツも対ソ連戦で敗北を喫し、第二次大戦の戦局は一気に連合国側へ傾く。いち早く連合国共同宣言へ参加し、アメリカの援助を受けてドイツを退けたソ連はそれまで資本主義国のソ連敵視の原因となっていたコミンテルンを解散。アメリカ・イギリス・中国と共同して戦後処理についての会談を重ねていくのだった。

この時代のダイジェスト

連合国宣言 → ドイツ、スターリングラードで敗戦 → 連合軍北アフリカから攻勢 → **イタリア降伏**

↓

日本軍、アジア各地を占領 → ミッドウェー海戦で形勢逆転 → 日本軍相次ぐ敗戦・撤退

■1 枢軸国に対する反撃の狼煙が上がる
太平洋戦争が勃発したことを受け、ワシントンにおいて、アメリカ・イギリス・ソ連・中国の4ヵ国が発議国となり、世界26ヵ国が「ファシズム諸国と徹底的に戦い、各国が単独で休戦または講和しないこと」を明らかにした連合国共同宣言が出された。

反ファシズムの連合国結成

1	1942年1月	連合国共同宣言に26ヶ国参加
2	1942年1月	日本軍、マニラ占領
3	1942年2月	日本軍、シンガポール占領
4	1942年2月	米国内の日系人総移動発令
5	1942年5月	英、リューベックを爆撃
6	1942年6月	日本軍、ミッドウェー海戦で敗北
7	1942年7月	ゲットーでユダヤ人大量虐殺開始
8	1942年8月	米、マンハッタン計画(原爆製造)着手
9	1942年9月	ドイツ軍、スターリングラードを包囲
10	1942年11月	連合軍、北アフリカ上陸作戦開始
11	1943年2月	日本軍、ガダルカナル島撤退
12	1943年2月	ドイツ軍、スターリングラードで降伏
13	1943年5月	ソ連、コミンテルンを解散
14	1943年7月	ムッソリーニ、解任・逮捕される
15	1943年9月	連合軍、イタリア上陸→イタリア新政府、無条件降伏
16	1943年9月	独軍、ローマを占領
17	1943年10月	イタリア、ドイツに宣戦布告
18	1943年11月	東京で大東亜会議開催
19	1943年11月	カイロ会談→カイロ宣言(米英中)
20	1943年11月	テヘラン会談(米英ソ)

その時日本は！

昭和時代

1942年 翼賛選挙実施	1942年 翼賛政治会結成	1942年 大日本言論報国会結成	1942年 ミッドウェー海戦
➡日本史P.223	➡日本史P.223	➡日本史P.223	➡日本史P.223

連勝の日・独に暗雲漂う

6 11 ミッドウェー海戦で形勢逆転
太平洋戦争開戦から半年、日本は次々にアジア各地の占領に成功するが、ミッドウェー海戦での惨敗から形勢は一気に連合国軍側に。1943年2月のガダルカナル島からの撤退に始まり、徐々に連合国軍に各地を奪い返される。

日本の最大占領地域

5 ドイツの気力を削ぐ、無差別爆撃
1942年3月、イギリス空軍は軍事的施設のない歴史的文化都市リューベックを爆撃した。これは「ドイツ人の戦意を失わせる」という名目で行われたものであり、また焼夷弾を中心とする都市破壊爆撃の実験でもあった。

9 12 冬将軍に破れるドイツ
レニングラード、モスクワへ侵攻したドイツ軍だったが、戦線は延びきり、ナポレオン同様「冬将軍」に阻まれ攻略することはできなかった。さらに1942年8月からソ連のスターリングラードを包囲したドイツ軍は、逆にソ連軍の包囲を受け、ついに降伏。これ以降、ドイツはソ連の反撃を受けて、次々に占領地を失っていく。

連勝ドイツの決定的敗戦

10 14 15 17 枢軸の一角「イタリア」降伏
ドイツに加担したイタリアだったが、北アフリカ戦線で連合国軍に連敗。1943年7月に連合軍がシチリアに上陸すると、ムッソリーニは逮捕され、ファシズム政権は崩壊した。変わった新政権はすぐに連合国に無条件降伏し、逆にローマを占領したドイツに対して、宣戦布告した。

19 20 米英、戦後処理を既に開始
ついに参戦したアメリカの大統領・ルーズヴェルトと英首相チャーチルは、開戦当初から、戦後処理について、連合国の主要国と話し合いを進めていた。カイロ会談においては中国・蒋介石と「降伏後の日本の処理方針」、テヘラン会談ではソ連・スターリンとともに、第二次大戦後の戦後処理方針について話し合っている。

文化 原子爆弾の開発始まる
1938年にドイツで核分裂が発見されると、ナチスで原子爆弾の開発が計画される。ドイツが最初の核保有国となるのを恐れた亡命ユダヤ人物理学者レオ・シラードらはアメリカ・ルーズヴェルト大統領にナチスより先に開発すべきと進言する。

これを受けてルーズヴェルトは1942年から核兵器開発プロジェクト「マンハッタン計画」に着手する。それからわずか3年で原子爆弾の開発に成功するのだった。

昭和時代

1943年 学徒動員始まる ➡日本史P.223

1943年 大東亜会議 ➡日本史P.224

1942

1944 ≫≫≫ 1945年

第6章 二つの大戦争を経験する世界

原爆投下とともに、第二次大戦終結
ドイツ降伏で体勢は決するが、終戦後の主導権を巡ってアメリカとソ連が争う

1944年のノルマンディー上陸作戦に勝利した連合国軍はパリを解放、ドイツを無条件降伏させヨーロッパ戦線は連合国勝利で終結した。最後に残った日本も2つ原子爆弾の投下を受け、1945年に降伏。第二次大戦は完全に終結した。

終戦によって日本から解放されたアジア諸国は次々に独立を果たすが、再度占領を目論む西欧諸国との戦いが始まるのだった。

そして、終戦直前から新たな対立構造が生まれる。国際連合の設立に当たって衝突したアメリカとソ連は、終戦後の主導権を巡って争うようになり、ソ連は降伏寸前の日本へ出兵するのだった。

この時代のダイジェスト

ノルマンディー上陸作戦 → ドイツ無条件降伏 → ソ連の対日参戦 → **日本降伏 戦争終結**

ヤルタ会談 → 国際連合発足 → **米ソの対立**

戦後の新秩序「国際連合」
11 21
1945年4月に始まったサンフランシスコ会議で合意を得た国際連合は、大戦が終結したのちの10月、ニューヨークで正式発足した。

・ブレトン・ウッズ **2**
・ニューヨーク **21**

国際連合発足までの紆余曲折
第二次大戦開戦当初から、ルーズヴェルトとチャーチルによって進められていた「国際連合」は1945年10月、正式に51ヶ国の原加盟国で発足した。

- 1941年 「大西洋憲章」で初めて提唱される
- 1942年 「連合国共同宣言」 ≒国際連合の前身
- 1944年 「ダンバートン=オークス会議」 国際連合憲章草案作成
  - ★拒否権問題で米ソが対立
- 1945年2月 「ヤルタ会談」で米ソが同意 **6**
- 1945年6月 「サンフランシスコ会議」 **11** 国際連合憲章が採択

その時日本は！
昭和時代
1944年 サイパン島陥落
→日本史P.224

	ヨーロッパ / アメリカ / アジア / 中東・アフリカ	
1	1944年6月	ノルマンディー上陸作戦
2	1944年7月	ブレトン・ウッズ協定 →IMFとIBRDの設立決定
3	1944年7月	連合国軍、サイパン島奪還
4	1944年8月	連合国軍、パリ解放
5	1944年11月	B29による日本空爆開始
6	1945年2月	戦後処理を話し合うヤルタ会談（米英ソ）
7	1945年2月	ドレスデン大空襲
8	1945年3月	アラブ諸国連盟結成
9	1945年4月	沖縄戦開始
10	1945年4月	ソ連、日ソ中立条約破棄を通告
11	1945年4月～	サンフランシスコ会議（国際連合憲章調印）
12	1945年4月	ヒトラーの自殺とムッソリーニの処刑
13	1945年5月	ドイツ無条件降伏
14	1945年7月	ポツダム宣言（米英中）
15	1945年8月	広島・長崎に原爆投下
16	1945年8月	ソ連、満州に侵攻
17	1945年8月	日本無条件降伏（太平洋戦争終結）
18	1945年8月	インドネシア・スカルノが独立宣言
19	1945年8月	ホー・チ・ミン、ベトナム民主共和国樹立
20	1945年9月	朝鮮人民共和国樹立宣言
21	1945年10月	国際連合発足
22	1945年11月	ニュルンベルク裁判開始

1946 ≫≫ 1947年

新体制を打ち出す各国と米ソ冷戦

東欧に社会主義政権を次々に誕生させるソ連に対し、反共を訴える米英

第7章 世界を二分する東西冷戦時代

フランス・イタリアで共和政が始まるなど、第二次大戦終結とともに新体制をスタートさせる世界各国。アジア圏でも各国が独立を宣言するが、ベトナムとフランスが武力衝突するなど、西欧諸国との争いが現実化していく。

一方、ソ連は東欧諸国に圧力をかけて次々に社会主義政権を誕生させ、共産主義陣営へと取り込んでいく。さらにコミンテルンに変わる組織・コミンフォルムを結成し、「鉄のカーテン」を構築していく。これに対抗するために資本主義陣営のアメリカは、マーシャル・プランを発表。アメリカ資本を投入することで、ヨーロッパの経済を復興し、共産主義の拡散を防ごうと目論んだ。ソ連の圧力を受ける東欧諸国はこれを拒否。東西冷戦体制が本格化していく。

この時代のダイジェスト

ヨーロッパ各国の戦後復旧 → ソ連による東欧諸国の取り込み → ソ連 コミンフォルムを結成

→ チャーチル「鉄のカーテン」 → トルーマン=ドクトリン → **マーシャル=プラン**

4 ソ連東欧圏を非難するチャーチル
ソ連が東欧諸国の共産主義政権を統制し、西側の資本主義陣営と敵対している状況を演説の中で非難し、「ヨーロッパ大陸に鉄のカーテンが降ろされた」と表現。その後、ソ連=共産圏の排他的な姿勢を非難する言葉として多用されるようになった。

2 18 東欧諸国を社会主義陣営に
第二次大戦後、ソ連はポーランド、ハンガリー、ルーマニア、チェコスロヴァキア、ブルガリア、アルバニアなどの東欧諸国に対して圧力を加え、社会主義政権を樹立させていく。さらに、アメリカのマーシャル・プランに対抗し、ワルシャワで行われた共産党代表者会議で共産党情報局（コミンフォルム）を結成し、各国共産党の連携強化を図った。

スターリン

共産主義陣営 = 東欧

資本主義陣営 = 西欧

チャーチル 1 4 ロンドン
10 パリ
第四共和政 11
7
12
18 ワルシャワ
鉄のカーテン
2 ハンガリー
9 ブルガリア
国際復帰

19 イスラエル建国を認める国連決議
大戦後、イギリスがパレスチナの統治を放棄したため、国連はパレスチナを二分してユダヤ人国家とアラブ人国家の建設を決めた。しかし、あまりにもユダヤ人に有利な条件での取り決めであったため、アラブ人の反発を産み、後の中東戦争の火種となってしまう。

その時日本は！

昭和時代

1946年	1946年	1946年	1946年
天皇の人間宣言	極東軍事裁判開始	公職追放令発布	日本国憲法制定
➡日本史P.229	➡日本史P.229	➡日本史P.229	➡日本史P.229

1948 ≫≫ 1949年

米ソ対立がドイツ・朝鮮分裂を生む

米ソの経済・軍事面での静かな戦いは、ソ連の核兵器保有でさらに緊張感を増す

第7章　世界を二分する東西冷戦時代

東西両陣営は、それぞれ競うように軍事同盟・経済協定を打ち出し、それぞれの陣営の協力強化を推し進めていく。そんな中で、東西陣営によって分割統治されていたドイツ・朝鮮がそれぞれ2つの対立する国家に分裂する。さらに中国の内戦は中国共産党の勝利に終わり、アジア圏に2つの共産主義国が誕生することとなった。ソ連の核開発の成功により、アメリカの共産主義陣営への警戒感は募っていく。

一方、中東では現在まで続くパレスチナ問題の発端となるイスラエルが建国される。これは国連のパレスチナ分割決議に基づいたものであったが、アラブ諸国の反発から第一次中東戦争が勃発する。

この時代のダイジェスト

西ヨーロッパ連合条約 → OEEC調印 → NATO結成

ソ連によるベルリン封鎖 → COMECON創設 → **東西ドイツ誕生**

18 ソ連、アメリカに続く核保有国に
ポツダム会談でアメリカの核保有を知り、遅れをとったソ連だったが、1949年に実験に成功し、第2の核保有国となった。これ以降、米ソによる核開発競争は激化の一途を辿り、さらに核開発の輪はイギリス・フランスなどに広がっていくことになる。

ドイツの東西分裂

スターリン　モスクワ

西ドイツ　東ドイツ　ベルリン　ボン

東西陣営の結束

	西側	東側	
軍事協定	1948年3月 西ヨーロッパ連合条約 英・仏・ベネルクス三国（西欧同盟） ↓ 1949年4月 北大西洋条約機構（NATO） 西欧同盟＋米・加・伊など計12ヶ国	1955年5月 ワルシャワ条約機構 ソ連・東独・アルバニア・ブルガリア・チェコスロヴァキア・ハンガリー・ポーランド・ルーマニア計8ヶ国	
経済協定	1947年7月 マーシャル＝プラン ↓ 1948年4月 欧州経済協力機構（OEEC） 西欧諸国16ヶ国	1949年1月 経済相互援助会議（COMECON） ソ連・アルバニア・ブルガリア・チェコスロヴァキア・ハンガリー・ポーランド・ルーマニア計7ヶ国	

5 6 17 中東戦争の開始と大量の難民
国連によるパレスチナ分割案に従い、1948年ユダヤ人によってイスラエルの独立が宣言されるが、これにアラブ連盟が反対し、戦争となった（第一次中東戦争／パレスチナ戦争）。1949年に休戦協定が結ばれ、イスラエルは独立を確保したが、この戦争によって生み出されたパレスチナ難民が今後の問題となっていく。

第一次中東戦争

その時日本は！

昭和時代

1948年 昭電疑獄
芦田均退陣
→日本史P.231

1948年 第二次吉田内閣発足
→日本史P.231

1948年 GHQ 経済安定九原則
→日本史P.232

164

世界史"まとめ"コラム

中国全通史〜その❷〜

第7章 世界を二分する東西冷戦時代

618年 長期政権・唐
～強固な中央集権国家　➡P29

唐朝を起こした李淵は隋の官僚であったが、隋末の混乱に乗じて初代皇帝高祖となった。李淵の子の李世民は兄を殺し、父を退位させて第2代皇帝太宗として即位、628年に全国を統一し、7世紀前半の唐の全盛期を実現した。唐は、隋の律令制度を受け継ぎ、均田制、租庸調制、府兵制を基礎とする中央集権体制を整備し、科挙による官吏登用制を実施し、官僚政治を発達させ、907年に滅亡するまでの約300年にわたって存続した。

13〜14世紀 モンゴル、世界を席巻
～広大な領土を親族支配　➡P49

モンゴル高原東部の遊牧部族であったモンゴル部にあらわれたチンギス＝ハンが、1206年にモンゴル帝国を建設。その領土を中国全土、西アジア、ロシアにも広げ、大ハンの元を中心とするハン国（大元ウルス）に分かれて広大な帝国領を支配した。4代目ハンであるフビライ＝ハンは1264年に大都（現在の北京）を都とし、1271年に国号を元に改めた。1279年に南宋を滅ぼして中国を統一、朝鮮半島の高麗を属国とし、日本遠征（元寇）など周辺諸国にも遠征軍を派遣した。

1644年〜 強国・清の敗北
～西洋列強による侵蝕　➡P77〜

女真族の建国した後金はヌルハチの子・ホンタイジの時に明を滅ぼし、中国最後の王朝・清となって中国のほぼ全土を支配し、周辺国の朝鮮・ベトナムに対し宗主国として強い影響力を持っていた。しかし、18世紀末から西洋諸国の圧力を受けるようになり、アヘン戦争・アロー戦争と相次ぐ西洋列強との戦争に破れ、領土は植民地として割譲されていった。その中で孫文らの漢民族の自立を求める革命運動が始まった。さらに日清戦争が起こると1911年の辛亥革命によって滅亡した。

1912年〜 大戦と共産国家誕生
～国共合作と内戦　➡P134〜

辛亥革命によって1912年に孫文を臨時大総統とする中国初の共和政国家・中華民国が誕生するが、袁世凱が後を継ぐと政治情勢は安定しなかった。
孫文は中国国民党を結成、1921年に結成された中国共産党との間で第一次国共合作を成立させ、北京軍閥政府を倒して民族統一を目指した。孫文はその途中で死去するが、後を継いだ蒋介石により1928年に国民政府による中国統一が完成した。
第二次大戦中は手を組んだ国民政府と中国共産党だったが、戦後内戦が再発。1949年に国民政府を台湾に追いやった共産党による中華人民共和国が成立した。

中国王朝年表

年代	王朝	始祖・首都・説明	出来事	日本
618 / 690	周（武周）／唐	**始祖** 李淵 **首都** 長安 わずか二代で衰退した隋の官僚・李淵が、その混乱を制し、隋から禅譲を受ける形で618年に唐を建国。隋の都・大興を長安と改名して首都とした。	●629 玄奘三蔵インドへ ●751 タラスの戦い ●755～763 安史の乱 ●875～884 黄巣の乱	飛鳥・奈良・平安
907	五代十国 後梁	**始祖** 朱全忠 **首都** 汴州（開封）		
923	五代十国 後唐	**始祖** 李存勗 **首都** 洛陽		
936	五代十国 後晋	**始祖** 石敬瑭 **首都** 開封		
947	五代十国 後漢	**始祖** 劉知遠 **首都** 開封		
951 / 960	五代十国 後周	**始祖** 郭威 **首都** 開封		
960	北宋／遼	**始祖** 趙匡胤 **首都** 開封 後周の将軍として活躍していた趙匡胤が、後周の皇帝より禅譲を受けて宋（北宋）を建国した。	●979 趙匡義、中国を統一 ●1009 ベトナムで李朝成立 ●1038 李元昊、西夏を興す	平安
1115 / 1125 / 1127	金	**始祖** 阿骨打 **首都** 会寧→燕京 遼に従属していた女真族の阿骨打が反乱を起こして独立し、金を建国した。	●1125 遼、金と北宋により滅亡 ●1127 金、北宋を滅ぼす →南宋成立	
1206 / 1234	南宋／金／モンゴル帝国	**始祖** チンギス＝ハン **首都** カラコルム→大都 モンゴル高原の遊牧民族のチンギス＝ハンが1206年に建国。中国のみならず、中央アジアや中東に及ぶ大帝国を打ち立てた。その形態はチンギスの一族が支配する遊牧民や都市民、農民を含む国家としてのウルスが複合した、連合体であった。フビライ＝ハンは1264年に大都（現在の北京）を都とし、1271年に国号を元に改めた。	●1206 モンゴル帝国誕生 ●1234 モンゴル、金を滅ぼす ●1271 国号を元に改める ●1279 元、南宋を滅ぼす ●1284 弘安の役 ●1330頃 ペストの流行 ●1351 紅巾の乱	鎌倉
1271 / 1279	元			
1368	明	**始祖** 朱元璋 **首都** 南京→北京 元末期の1351年に発生した紅巾の乱の混乱の中から台頭した朱元璋が1368年に南京（金陵）で即位（太祖洪武帝）して建国した、漢民族の王朝。征服王朝である元のモンゴル色を一掃し、漢民族による中国大陸の統一支配を回復した。	●1406 明、北ベトナムを支配 ●1417 鄭和、東アフリカ遠征 ●1557 明、ポルトガルと通商	室町
1616	明／後金	**始祖** ヌルハチ **首都** 興京	●1616 後金建国、明から独立 ●1636 後金、国名を清に ●1644 清、明を滅ぼす ●1661～ 三世の春 ●1689 ネルチンスク条約	
1644	清	**始祖** ホンタイジ **首都** 盛京→北京 1616年に満州で女真のヌルハチが建国した後金は、明に侵攻して華北を支配した。ヌルハチの子・ホンタイジの時に明を滅ぼして中国全土を支配した。	●1840 アヘン戦争 ●1850 太平天国の乱 ●1894 日清戦争 ●1897～ 西洋列強による領土租借 ●1900 義和団の乱	明治
1912	中華民国	**始祖** 孫文 **首都** 南京→北京→南京 中国初の共和政国家。1911年に始まった辛亥革命によって清を滅ぼし、孫文が臨時大総統に就任し誕生。	●1912 中華民国建国 ●1915 対華21カ条要求 ●1924 第一次国共合作 ●1925 蒋介石、国民政府樹立 ●1928 国民政府、中国統一	明治・大正
1928 / 1932	満州	**始祖** 溥儀 **首都** 新京 日本の関東軍が1932年に清の最後の皇帝であった溥儀を執政として建国した傀儡国家。	●1932 満州国建国 ●1937 日中戦争 ●1937 第二次国共合作	昭和
1945 / 1949	中華人民共和国	**始祖** 毛沢東 **首都** 北京 1949年第2次国共内戦に勝利した毛沢東率いる中国共産党が中華人民共和国を建国した。	●1949 中華人民共和国成立 ●1964 中国、核実験成功 ●1966 文化大革命 ●1971 中国、国連に加盟 ●1989 第2次天安門事件 ●1997 香港返還 ●2011 中国のGDP世界2位	昭和・平成

1950 ≫≫≫ 1951年

第7章 世界を二分する東西冷戦時代

朝鮮戦争勃発。第三次大戦の危機
アジア圏で誕生した共産主義国対策のため、アメリカは日本に白羽の矢を立てる

1948年に南北に分裂した朝鮮半島で、半島統一を目論む北朝鮮が韓国へ侵攻して朝鮮戦争が勃発。ソ連欠席の国連安保理で国連軍派遣を決めたアメリカが韓国側として参戦し、北朝鮮側に中国の義勇兵が加勢するなど、東西陣営の対立と絡み合って国際戦争へと発展。第三次世界大戦、さらには核戦争勃発の危機が訪れた。

アメリカはこの事態に際し、アジアにおける共産主義の防波堤役を日本に課そうとする。1951年にサンフランシスコ講和条約と日米安全保障条約を結んで、日本の主権と経済の回復を進め、さらに警察予備隊の設立を支持し、軍備再建に着手する。さらに日本はこの戦争による「朝鮮特需」という追い風も受け、経済復興を成し遂げることができたのである。

この時代のダイジェスト

11 ヨーロッパ統一の第一歩となったECSC
仏・西独・伊・ベネルクス3国(ベルギー・オランダ・ルクセンブルク)の6ヵ国は、石炭・鉄鋼の生産を共同管理する機関ECSC(欧州石炭鉄鋼共同体)を設立。西独のルール地方とザール地方の石炭・鉄鉱石などの資源・工業施設を合同で管理運営することで、独仏間の軍事的な対立を回避し、ヨーロッパ独自の経済基盤を確保することを目的としている。イギリスは参加を拒否したが、このECSCが成功を収めたことが、現在のEUにつながっている。

1	1950年	アメリカ国内で反共運動激化 赤狩りが始まる(マッカーシズム)
2	1950年1月	イギリス、毛沢東政権を承認
3	1950年2月	中ソ友好同盟相互援助条約締結
4	1950年6月	日本でもレッドパージ始まる
5	1950年6月	北朝鮮、韓国へ侵攻(朝鮮戦争勃発)
6	1950年7月	国連、北朝鮮へ国連軍を派遣
7	1950年7月	マッカーサー、日本へ警察予備隊設立を指示
8	1950年9月	東ドイツ、COMECONに加盟
9	1950年10月	国連軍が38度線を越え、北朝鮮侵攻
10	1950年10月	中国人民義勇軍、朝鮮戦争に介入
11	1951年4月	ECSC(欧州石炭鉄鋼共同体)成立
12	1950年12月	アメリカで初のカラーテレビ放送
13	1951年7月	ソ連の呼び掛けで、南北朝鮮の休戦会談スタート
14	1951年9月	太平洋安全保障条約締結(アメリカ・オーストラリア・ニュージーランド)
15	1951年9月	サンフランシスコ講和会議開催
16	1951年9月	日米安全保障条約締結
17	1951年12月	マーシャル・プラン終了

その時日本は!
昭和時代
1950年 レッドパージ始まる
→日本史P.233

1952 ≫≫ 1953年

第7章 世界を二分する東西冷戦時代

核兵器開発競争、米ソ以外に拡散

核戦略競争は拍車がかかる一方、米ソのトップの交代により、歩み寄りの兆しも。

米ソ両国でトップが交代。アメリカはアイゼンハワー、ソ連はフルシチョフが国家の舵を取ることになった。スターリン体制を否定し平和共存路線を進めるフルシチョフに対し、アイゼンハワーはトルーマン以上の強硬路線を貫くことを宣言するが、のちに両者は歩み寄りを見せることになる。しかし、その反面、核兵器開発競争はさらに加熱し両国が水素爆弾の開発競争を繰り広げる中、イギリスのチャーチルが核保有を発表。第三の保有国となった。

朝鮮半島で勃発していた朝鮮戦争は、1951年にソ連国連大使の提案で始まった休戦協定交渉は難航したが、1953年7月にようやく朝鮮戦争休戦協定が締結され、戦闘は停止した。しかし、あくまでも休戦であり、国際法上では未だに両国は戦争状態にある。

この時代のダイジェスト

イギリス原爆保有を発表 → アメリカ水爆実験実施 → ソ連水爆実験実施

スターリン死去 → アイゼンハワー米大統領に → 朝鮮戦争休戦協定

イギリス 第三の核保有国

[5] チャーチル

[14][19] **スターリンからフルシチョフへ**
1953年、スターリンが脳溢血で死去。以降、ソ連は後任のマレンコフ首相・フルシチョフ共産党第一書記らの集団指導体制に移行し、スターリン体制は維持された。しかし、1956年フルシチョフはスターリン批判を行い、平和共存への転換を目指した。

[14] スターリン → [19] フルシチョフ
[18] モスクワ

フルシチョフの平和共存路線

[8] **西ドイツ再軍備の動き**
西側諸国は、西ドイツを再武装し、西側の軍事力に組み込むことを目指し、フランスの提案から「欧州防衛共同体〈EDC〉条約」を締結した。しかし、これは当のフランス議会の反対で実現せず、西ドイツの主権回復と再軍備は1954年のパリ協定まで持ち越しとなった。

NATO [4] イスタンブール

[7] ネルー ニューデリー

[3]
エジプト共和国 [11][15]

ナーセル

[2] ボンベイ

[11][15] **エジプト、中東の王政諸国に衝撃**
エジプトでは第二次大戦後も王政が続いていたが、第一次中東戦争でイスラエルに敗北したことで、王政批判が広まった。そんな中、アブドゥル・ナーセル率いる自由将校団がファルーク国王を追放、1953年にエジプト共和国を誕生させた。中東における王政打破の先駆けであり、アラブ世界に大きな衝撃を与えることとなった。

その時 日本は！

日本史

昭和時代

1952年	1952年	1952年
日米行政条約締結	警察予備隊を保安隊に改名	皇居前広場事件（メーデー事件）
→日本史P.236	→日本史P.236	→日本史P.236

170

1954 >>> 1955年

第7章 世界を二分する東西冷戦時代

第三世界、世界に平和共存の訴え

様々な軍事同盟が誕生する一方で、アジア・アフリカの新興国による結束が広がる

中国、そして親ソ政権が誕生したエジプトを警戒し、アメリカはアジア版NATO・中東版NATOとも言える対共産圏軍事同盟を誕生させる。さらに休戦が成立し、フランスの撤退したベトナムに介入し、親米政権を成立させた。

これに対し、第三世界と称された国々が国際社会へ強いメッセージを発信していく。インドのネルー首相と中国の周恩来首相の発した「平和五原則」は、元従属国であったという立場から大国による東西冷戦構造を批判し、平和共存を訴えるものであった。

ヨーロッパではパリ協定によって西ドイツが国際社会に復帰するが、これに反発したソ連が東欧軍事同盟・ワルシャワ条約機構を立ち上げた。

この時代のダイジェスト

平和五原則共同宣言 → アジア・アフリカ会議 → 第三世界の存在アピール

第一次インドシナ戦争終結 → ベトナム南北分裂 → 東西軍事同盟誕生

12 中東における対共産圏軍事同盟
アメリカはアジアに続き、今度はエジプト革命によって誕生したナーセルの親ソ政権を警戒し、中東における反共軍事条約（中東条約機構）を、トルコ・イラク王国・イギリス・パキスタン・イランの5ヶ国に結ばせ、自らはオブザーバーとしてバックアップした。

中東版NATO

ナーセル

バグダード

5 冷戦に一石を投じる元従属国
周恩来首相とネルー首相は、チベット問題を話し合う中で「平和五原則」を定めた。この原則は、中国・インド間だけでなく、東西冷戦中の世界にも広く適用されるべきだとして、共同声明として発表された。

ネルー　周恩来

領土・主権の相互尊重
相互不可侵　平等互恵
相互内政不干渉　平和共存

デリー

用語［第三世界］

1950年代に生まれた言葉で、資本主義社会（第一世界）にも共産主義社会（第二世界）にも属さず、かつては従属国・植民地であった国々のことを第三世界と呼ぶ。フランス革命における「第三身分」になぞらえた言葉である。

西欧諸国から独立を勝ち取った国々は1954年のコロンボ会議や1955年のアジア・アフリカ会議などを開催し、大国による支配的な国際秩序の変革や東西冷戦の終結を訴え、新たな国際的な流れとして注目された。「平和五原則」を定めたインドのネルー首相と中国の周恩来首相以外に、エジプトのナーセル大統領、インドネシアのスカルノ大統領などが第三世界を牽引する指導者として知られている。

8 アジアにおける対共産圏軍事同盟
第1次インドシナ戦争後、アメリカは中国の封じ込めと南ベトナム保護のため、英仏に加え、オーストラリア・ニュージーランド・タイ・フィリピン・パキスタン合わせて8ヶ国と反共軍事条約（東南アジア条約機構）を結んだ。

アジア版NATO

その時日本は！

昭和時代

1954年	1954年	1954年
日米相互防衛援助協定（MSA協定）	自衛隊発足	鳩山一郎内閣発足（日本民主党政権）
→日本史P.237	→日本史P.237	→日本史P.237

1956 ≫≫ 1957年

第7章　世界を二分する東西冷戦時代

米ソの争いはいよいよ宇宙へ

東西冷戦・エジプトの台頭の裏側で、アフリカの新興国の独立が始まる。

1956年に開催されたソ連共産党第20回大会でスターリン批判を行い、平和共存路線を表明したフルシチョフ。これはソ連に西側諸国への「雪どけ」と呼ばれる変化が始まった事を意味する。しかし、軍隊でハンガリーの自由化を求める市民運動を鎮圧するなど、東側諸国への対応は厳格なもののままだった。また、アメリカとの技術開発競争も引き続いており、舞台は宇宙開発に移ったが、こちらは国力の劣るソ連がICBM・人工衛星打ち上げで一歩リードする。

中東においては、親ソ政権が誕生したエジプトが火種となって第二次中東戦争が勃発。アフリカ大陸では、1956年フランスの植民地政策の行き詰まりからモロッコとチュニジアが自治を獲得。1960年の「アフリカの年」の先駆けとなった。

この時代のダイジェスト

アメリカ　エジプトへの支援打ち切り　→　エジプト、スエズ運河国有化宣言　→　第二次中東戦争

宇宙技術競争へ

19 20

モスクワ **1 2**

11

ウイーン **15**　ブダペスト **10**

自由化！

18 ゲッティンゲンの18人
ラッセル・アインシュタイン宣言など、世界で反核の気運が高まる中、国家主権を回復したばかりの西ドイツのゲッティンゲンにおいて、1957年物理学者18名が核兵器保有に関する研究には関わらない声明を発表した。

ゲッティンゲン **18**

モロッコ王国

独立しても構わんよ

チュニジア王国

3 アフリカ独立の先駆け
第一次インドシナ戦争の敗北とアルジェリアの独立運動の激化の影響で、植民地政策に行き詰まったフランス首相・マンデスは、1956年比較的入植者の少ないチュニジア・モロッコに対して自治を承認した。この2ヶ国の独立は「アフリカの年」と呼ばれた1960年におけるアフリカ諸国独立の先駆けとなった。

ナーセル

カイロ **8**

第二次中東戦争

5 6 8 12 第二次中東戦争とスエズ運河
アメリカから援助を打ち切られたナーセルは、その対抗策として「スエズ運河の国有化」を宣言。これは、今度は英仏を刺激する。英仏はイスラエルと組んでエジプトに侵攻し、第二次中東戦争へと発展する。米ソはこの英仏の動きに反発し、英仏は撤退を余儀なくされ、スエズ運河はエジプトのものとなった。

その時日本は！

原田　君にもわかる！日本史

昭和時代

1956年
日ソ共同宣言
（国交回復）
➡日本史P.238

1956年
南極観測開始
➡日本史P.238

1958 ≫≫≫ 1959年

第7章　世界を二分する東西冷戦時代

ピークを迎える米ソの「雪どけ」

スターリン死去によるソ連の路線変更により、米ソの平和共存が図られる

平和共存路線を進めていたフルシチョフは1959年にソ連首相として初めて訪米し、国連総会で世界各国の軍備全廃を提案すると共に、アイゼンハワーとキャンプ・デービッド会談を行い「重要な国際問題は、武力ではなく交渉による平和的手段によって解決されるべきである」とする「キャンプデービッド精神」で一致し、米ソの協調路線が世界にアピールされた。しかし、これは一方で中ソの関係悪化を意味しており、さらにキューバ革命で誕生したキューバ政権がアメリカの圧力に反発して社会主義へ傾倒していったため、早くも黄色信号が灯る事になった。

アルジェリア問題から第四共和政が崩壊したフランスでは、ド・ゴールが自ら起草した第五共和政憲法を制定して大統領に就任、第五共和政をスタートさせた。

着陸とは行かなかったものの…

この時代のダイジェスト

米ソの「雪どけ」 → 核実験停止会議 → キャンプ・デービッド会談

米ソの「雪どけ」 → 中ソの関係悪化 → 中印の関係悪化

ソ連、軍縮を世界にアピール

権力集中！
ド・ゴール 5 7 9

フランス第五共和政スタート！

2 ソ連が始めた核実験停止
世論が「核実験反対」に傾く中、1958年にソ連が一方的に核実験の停止を決定し、米英にもその停止を要請した。米英も一旦は拒否したものの、その年の10月から米英ソによる核兵器実験停止会議がジュネーヴで開催され、その後も綿密な会議が繰り返された。

モスクワ 2
16

3 5 7 9 第二次大戦の英雄 ド・ゴール
第四共和政政府に反発してアルジェリアでクーデターを起こした「フランスのアルジェリア」は、ド・ゴールをトップとする政府樹立を要求。これに答えてド・ゴールが首相に就任、大統領権限を強化した第五共和政憲法を制定して、自ら初代大統領に就任した。

イラク共和国 6 12

アルジェリア 3 17

3 17 泥沼化するアルジェリア問題
独立を目指すアルジェリアでは民族解放戦線（FLN）と現地フランス軍の戦いが続いており、激しいテロ活動の応酬で泥沼化していた。フランス本国がアルジェリア独立に傾くと、それに反発する現地フランス軍によるクーデターが勃発し、第四共和政政府は崩壊。現地フランス軍の要求を受けて、実権を握ったド・ゴールだったが、第五共和政をスタートさせると態度を一変し、アルジェリアの独立を承認した。

その時日本は！

日本史
時系列パノラマ方式

昭和時代

1960 ≫≫ 1961年

キューバへの圧力強めるアメリカ

キューバの親ソ政権誕生やベルリンの壁建設など、平和共存路線は早くも頓挫

第7章 世界を二分する東西冷戦時代

米ソの平和協調路線は長くは続かなかった。1960年5月に米軍機がソ連上空で撃墜されると一気に悪化。キューバでの社会主義国家誕生やベルリンの壁建設など、新たに大統領に就任したケネディとフルシチョフ間の対立は深まり、米ソの緊張は高まっていく。

一方、アフリカでは、フランスのド・ゴール大統領によるアルジェリア独立承認をきっかけに、1960年の一年間にフランス植民地を中心とする17ヶ国が一気に独立を果す。同年、米英を中心とする国際石油資本「メジャーズ」の石油価格値上げに反発したイラン・イラクなどの中東諸国を始めとする産油国が、のちの世界に大きな影響を与える石油輸出国機構（OPEC）を結成する。

この時代のダイジェスト

キューバとソ連接近 → アメリカキューバと国交断絶 → ピッグス湾事件 → キューバ社会主義国となる

11 13 ケネディ大統領に
初のテレビ公開討論を巧みに利用し、大統領となったケネディは、選挙中から「手ぬるい」と批判していたキューバへの圧力を強化する。ラテンアメリカ諸国への援助を表明してキューバの孤立化を図るとともに、軍隊派遣によるカストロ政権打倒を実行する。

アメリカとキューバ 緊張高まる

13 14 ソ連に近づくキューバ
アイゼンハワー政権がキューバへ経済制裁を実施したことに対し、キューバは国内の外国企業を国有化することで対応。これによりアメリカとの対立関係が進む一方で、キューバとソ連との関係が密接となった。また、1961年に発生しキューバ軍の勝利に終わったピッグス湾事件をきっかけに、キューバ国内の団結が進み、ついには社会主義国宣言が発せられた。

社会主義国宣言

1	1960年1月	ワシントンで日米新安保条約調印
2	1960年2月	仏、サハラ砂漠で核実験成功
3	1960年2月	南米でラテンアメリカ自由貿易連合（LAFTA）条約締結
4	1960年5月	英、欧州自由貿易連合（EFTA）結成
5	1960年5月	アメリカ偵察機がソ連上空で撃墜される
6	1960年5月	ソ連・キューバ国交樹立宣言
7	1960年6月	キューバ、米英系石油精製所接収
8	1960年9月	OPEC結成（イラン・イラク・クウェート・サウジアラビア・ベネズエラ）
9	1961年	「アフリカの年」アフリカで17ヶ国が独立
10	1961年1月	アメリカ、キューバとの国交断絶
11	1961年1月	ケネディ、アメリカ大統領に就任
12	1961年4月	ソ連、初の有人宇宙飛行（ガガーリン）

その時日本は！

昭和時代

1960年 日米相互協力及び安全保障条約締結 →日本史P.240

1960年 安保闘争開始 →日本史P.240

1960年 沖縄の日本への返還運動 →日本史P.240

1962 ≫≫ 1963年

第7章　世界を二分する東西冷戦時代

核兵器のボタンに手をかける

ついにアメリカとソ連の全面戦争か!?　世界を震撼させた13日間。

世界に「核戦争」の危機が迫る！　核の射程範囲にアメリカ本土を入れたいソ連はキューバにミサイル基地建設を計画。これを知ったアメリカがキューバへのミサイル輸送を阻止すべく軍隊を派遣してキューバを封鎖し、キューバ海上で米ソが一触即発の危機となった。世界中が固唾を呑んで見守る中、ケネディとフルシチョフの書簡でのやりとりによって何とか衝突は避けられ、これをきっかけに米ソ英の間で部分的核実験禁止条約（PTBT）が締結される。

こういった米ソの思惑に左右される世界状況の中、長年いがみ合いを続けていたフランスと西ドイツが歴史的和解を果たし、「パリ・ボン枢軸」と呼ばれる協力体制が構築される。今後この2ヶ国が中心となってヨーロッパ統合が推し進められていくこととなるのである。

この時代のダイジェスト

キューバとソ連軍事協力協定 → キューバにソ連のミサイル基地建設 → **キューバ危機** → 米ソの緊張緩和路線

ホットライン

ケネディ
1 16 ワシントン
18 ダラス ✕
海上封鎖！
7
ミサイル運搬中
4

全世界が見守ったキューバ危機

一触即発のキューバ近海

4 7 ミサイル基地建設が引き金で一触即発
アメリカ本土への核攻撃の手段を持っていなかったソ連は、アメリカの侵攻に備えたいキューバと軍事協力協定を結び、キューバでのソ連ミサイル基地建設を進めた。この情報をキャッチしたケネディはソ連のミサイルが持ち込まれるのを防ぐためキューバの海上を封鎖。一方のソ連も潜水艦に護衛された艦船を封鎖ラインに接近させ、両国の緊張は頂点に達した。

12 対話で核戦争は回避される
米ソ直接対決＝「核戦争勃発」の危機を世界が固唾を飲んで見守る中、米ソ首脳は水面下での交渉を重ねた。1962年10月27日、フルシチョフが、「ソ連がミサイル撤去する」見返りとしてケネディに「アメリカのキューバ不干渉」を約束させ、危機は回避された。以降、両国は緊張緩和に転じ、ワシントン―モスクワ間に両首脳が直接対話できるホットラインが設置された。

その時日本は！

昭和時代

1962年
準政府間貿易(LT貿易)
→日本史P.242

⑭核保有国による部分的核実験禁止条約

世界的に核実験反対の気運が広がる中、キューバ危機で核戦争の脅威を感じた米ソは、モスクワで核保有国イギリスと「部分的核実験禁止条約（PTBT）」を締結した。しかし、フランス・中国は核保有国による核の独占が狙いであるとして、条約に参加しなかった。

非保有国の閉め出し反対!!

⑧ヒマラヤ山中の国境を巡る対立

1957年頃から国境問題で対立していた中国とインドの関係は、チベット問題でさらに悪化。1962年10月中国が国境付近で軍事行動を開始したため、戦争状態に入った。劣勢に立たされたインドのネルー首相は、掲げていた非同盟主義に反して、アメリカに支援を要請。アメリカがこれに応えると中国は一方的に休戦を宣言して軍を引いた。

HELP!

②ネルー

フルシチョフ
●モスクワ ⑬⑭

⑥

パリ
⑨ ⑤⑩
●ボン

⑤⑩米ソどちらにも与しない欧州を目指して

アメリカにもソ連にも頼らないヨーロッパ社会を目指すことで、フランスと西ドイツが一致し、長年の対立関係に終止符を打つエリゼ条約（仏独相互協力条約）に調印した。経済・防衛・文化などの面での協力と年2回の定期協議の実施を規定した。この友好関係は「パリ・ボン枢軸」とも呼ばれ、この2国がヨーロッパ統合の原動力となる。

独立!!
アルジェリア

③

⑰ゴ＝ディン＝ディエム政権倒れる

アメリカの手厚い支援を受けて成立した南ベトナムのゴ＝ディン＝ディエム政権だったが、反対派や仏教徒への激しい弾圧や腐敗政治が続いた。これに反発する軍部によるクーデターが勃発し、アメリカにも見放されたゴ大統領は殺害された。

⑰

OAU 結成!
●アジスアベバ ⑪

⑮アパルトヘイトへの抵抗運動

南アフリカ共和国のアパルトヘイトは1948年に正式に採用され、50年代に様々なアパルトヘイト関連法案が制定されて行く中、アフリカ民族会議（ANC）の指導者ネルソン＝マンデラらが抵抗運動を行っていた。1960年「アフリカの年」に多くの国々が独立を果たすと、南アフリカ政府への国際的批判が高まり、1963年国連安保理は南アフリカへの武器輸出禁止の決議を下す。

⑮

昭和時代
1963年
東海村で日本初の原子力発電
→日本史P.242

	ヨーロッパ	アメリカ	アジア	中東・アフリカ	
① 1962年1月		ケネディ、対キューバ全面禁輸指令			
② 1962年3月		**インド**、EECと外交関係を樹立			
③ 1962年7月				**アルジェリア**独立宣言	
④ 1962年8月		ソ連・キューバ、軍事協力協定締結			
⑤ 1962年9月	仏・ドゴールと西独・アデナウアー首相会議 **（パリ・ボン枢軸）**				
⑥ 1962年10月	ビートルズデビュー				
⑦ 1962年10月		ケネディ、海上封鎖→**キューバ危機**			
⑧ 1962年10月			中国・インド国境で軍事衝突 **（中印国境紛争）**		
⑨ 1963年1月	フランス、イギリスのEEC加入申請拒否				
⑩ 1963年1月	エリゼ条約（フランス・西独協力条約）				
⑪ 1963年5月				アフリカ独立国首脳会議 →**OAU**（アフリカ統一機構）結成	
⑫ 1963年6月		ワシントン・モスクワ間**ホットライン**協定			
⑬ 1963年7月	モスクワで中ソ会談決裂				
⑭ 1963年8月		米英ソ部分的核実験禁止条約 （フランス・中国拒否）			
⑮ 1963年8月				国連安保理、**南アフリカ**への武器輸出禁止決議	
⑯ 1963年8月		人種差別反対ワシントン大行進 「フリーダム・マーチ」			
⑰ 1963年11月			**南ベトナム**でクーデター ゴ＝ディン＝ディエム政権倒れる		
⑱ 1963年11月		ケネディ暗殺（日米間初の衛星放送）			

1962

1964 ≫≫ 1965年

第7章 世界を二分する東西冷戦時代

ベトナム戦争、米が直接介入!!
アジアの共産主義化を阻止したいアメリカ。事件をきっかけに北ベトナムを空爆

北ベトナム（ベトナム民主共和国）のホー・チ・ミンは、1960年に南ベトナムで反米・反ゴ＝ディン＝ディエム政権を目指し結成された南ベトナム解放戦線（ベトコン）を支援し、南ベトナムの武力解放を目論んだ。アメリカはドミノ理論によるアジアの共産主義化を恐れて、武力介入の機会を伺っていたが、1964年にトンキン湾で北ベトナムからアメリカ駆逐艦が攻撃を受けたとするアメリカ・ジョンソン大統領はこれを口実に、北ベトナムを空爆するなど本格的に軍隊を派遣。宣戦布告もないままベトナム戦争が始まった。

ネルーやスカルノなど第三世界の指導者が次々と姿を消す中、エジプトのナーセル大統領の声掛けにより、第一回アラブ首脳会議が開催され、パレスチナ解放機構（PLO）が設立された。

この時代のダイジェスト

キューバとソ連軍事協力協定 → キューバにソ連のミサイル基地建設 → **キューバ危機** → 米ソの緊張緩和路線

⑨核兵器を手に入れた中国
核実験に成功し、5番目の核保有国となった中国だが、ソ連との対立状態は続いていた。1964年にフルシチョフが失脚し、新たに権力を握ったブレジネフの元に周恩来らが訪れるが、関係の改善はなされなかった。

5番目の核保有国！
⑨ 周恩来

①	1964年1月	第一回アラブ首脳会議
②	1964年1月	フランス、中国を承認
③	1964年3月	国連貿易開発会議(UNCTAD)結成
④	1964年5月	パレスチナ解放機構(PLO)設立
⑤	1964年5月	インド・ネルー首相死去
⑥	1964年7月	アメリカ、公民権法制定 →法律上の人種差別がなくなる
⑦	1964年8月	ベトナム、トンキン湾事件 →アメリカ、海軍基地などを爆撃
⑧	1964年10月	フルシチョフ失脚→ブレジネフ実権握る
⑨	1964年10月	中国、核実験成功
⑩	1965年1月	インドネシア、国連脱退
⑪	1965年2月	米空軍が北ベトナム空爆開始 →米、ベトナム戦争本格介入
⑫	1965年3月	米海兵隊3500名、ダナンに上陸
⑬	1965年4月	ワシントンで1万人の反戦デモ
⑭	1965年6月	南ベトナムで再びクーデター
⑮	1965年6月	日韓基本条約締結
⑯	1965年8月	シンガポール、マレーシアから独立
⑰	1965年9月	チベット自治区正式成立
⑱	1965年9月	ブリティッシュ・ペトロリアム社、北海で油田発見
⑲	1965年9月	インドネシア、九・三〇事件
⑳	1965年10月	OAU、南アフリカとの貿易停止を決議
㉑	1965年11月	コンゴ動乱終結
㉒	1965年12月	ローマ法皇パウロ6世「カトリック教会と 正教会による共同宣言」

アメリカが本格参戦 ベトナム戦争

独立!! シンガポール

⑲スカルノ大統領失脚
1965年、スカルノ大統領の親衛隊長が反スカルノ派の陸軍を襲撃するが、陸軍右派のスハルト少将によって鎮圧される（九・三〇事件）。これによって権力を掌握した陸軍右派はインドネシア共産党を非合法化し、30～50万人とも言われる共産党員らを殺害した。スカルノ大統領は失脚し、かわってスハルトが大統領となる。

その時日本は！

昭和時代

1964年 東京オリンピック開催 →日本史P.242

1964年 経済協力開発機構(OECD)加盟 →日本史P.242

1964年 佐藤栄作内閣発足 →日本史P.242

1966 》》》1967年

中国・文化大革命の開始

国家主席の座を奪われた毛沢東は、実権回復のため政治闘争を開始する

第7章 世界を二分する東西冷戦時代

大躍進運動の失敗以来、孤立した毛沢東は権力の回復を狙って「資本主義の復権阻止」を名目としたプロレタリア文化大革命を開始する。紅衛兵を扇動するして大キャンペーンを展開し、劉少奇・鄧小平ら党幹部や守旧派を資本主義に傾く反乱分子として批判、失脚させた。権力を握った毛沢東夫人江青や四人組などの極端な政策によって中国は大きく混乱し、経済は停滞し多くの文化的遺産が失われた。

一方、アメリカ中心の経済体質からの脱出を測るフランス・西ドイツらはこれまで設立していた経済協力体制を統合してヨーロッパ共同体（EC）を成立させた。イギリスの加盟申請は再びフランスによって拒絶されるが、加盟国を徐々に増やし、ヨーロッパ統合は加速していく。

この時代のダイジェスト

文化大革命 → 中国の核武装進む → 第三次中東戦争 → ASEAN結成

巻き返し狙う
毛沢東

１政敵を糾弾する文化大革命
劉少奇らが行った経済政策を「資本主義」への転換と見なした毛沢東は、1966年プロレタリア文化大革命を発動する。名目上は資本主義の復活を阻止する社会運動だったが、実質的には毛沢東自身の復権を目論む権力闘争であり、紅衛兵として組織された学生たちを煽動して、資本主義に傾いた党幹部や守旧派を厳しく糾弾した。これによる死者は1000万人とも言われ、また文化浄化の対象として多くの貴重な文化財が失われた。

造反有理

文化大革命
という名の大粛清

11反共防衛同盟として生まれたASEAN
東南アジア諸国の共産化を恐れたアメリカの支援のもと、タイ、インドネシア、マレーシア、フィリピン、シンガポールの5ヵ国によってタイのバンコクで結成された地域協力機構。結成当初はベトナム戦争が深刻化しており、現在のような経済協力体制というより、共産主義の東南アジアへの浸透を防ぐ軍事同盟という性格が強かった。

・バンコク

その時日本は！

昭和時代

1966年～
いざなぎ景気
➡日本史P.243

1968 ≫≫≫ 1969年

第7章 世界を二分する東西冷戦時代

広がる反戦気運で米軍撤退決定

北ベトナムの反撃により形勢は逆転。惨状の映像を見た米国民は撤兵を求め始める

1965年から本格化したベトナム戦争は南ベトナム解放戦線のゲリラ戦略によって長期化していた。ベトナム戦争での米軍の死傷者数は朝鮮戦争時の死傷者数を上回ったこととベトナム戦争の悲惨な状況をテレビ報道によって目の当たりにしたアメリカ国民の間で反戦ムードが高まっていく。さらに北ベトナムに形勢を逆転されたアメリカは、ついに戦争継続を断念して平交渉を開始し、ニクソン大統領は米軍の撤退を世界に発表する。

相変わらず続く米ソの宇宙開発競争では、人類初の月面着陸はアメリカがソ連を制して達成したが、アポロ11号が月面着陸に成功したのは、ソ連のルナ15号による月面着陸失敗の数時間後であった。

ソ連失敗のわずか数時間後

着陸成功！

16

この時代のダイジェスト

- 北ベトナム テト攻勢開始
- ソンミ村 虐殺事件
- 米軍撤退を決定
- 米兵の戦死傷者が朝鮮戦争上回る
- アメリカ国内の反戦気運高まる

アメリカで高まる反戦気運

ベトナムからの撤退を考えよう

ニクソン

17 ペセル

ワシントン
4 8 14 21

5
メンフィス

②③⑭ベトナム戦争の意義に疑問広がる

ベトナム戦争が長期化し、米軍の戦死傷者は朝鮮戦争のそれを上回わる中、テレビ報道によって現地の悲惨な状況を目の当たりにしたアメリカ国民の間に、反戦気運が高まっていた。1968年1月、北ベトナムのテト攻勢によって、ベトナム戦争の形勢は逆転。さらに3月の米軍によるソンミ村虐殺が明るみに出ると世論の大半は米軍撤退に傾いた。1969年に大統領となったニクソンはこれを受けてベトナムからの米軍撤退を決定するのだが…。

その時日本は！

昭和時代

1968年	1968年	1968年
小笠原諸島	日本のGDPが世界第二位に	川端康成
日本へ返還		ノーベル文学賞受賞
➡日本史P.243	➡日本史P.243	➡日本史P.244

1970 》》》 1971年

第7章 世界を二分する東西冷戦時代

台湾に替わり中国が国連加盟

ベトナム戦争に苦しむアメリカ経済。ニクソンの決定がさらに世界を動揺させる

「2つの中国」を巡る論争は中華人民共和国が成立して以来、米ソ冷戦と絡み合って続けられてきたが、ピンポン外交をきっかけにアメリカと中国が接近。1971年、ついに中国が国連加盟を認められ、かわって中華民国（台湾）が国連から除名された。

長く続くベトナム戦争に対し、軍の撤退を決定したアメリカだったが、北ベトナムの補給ルートであるホーチミン・ルートを遮断すべくカンボジアに侵攻し、さらに南ベトナムがラオスへ侵攻し、戦火は広がった。このベトナム戦争の出費に苦しみ、貿易収支が赤字に転落してしまったアメリカのニクソン大統領は、突如ドルと金の交換停止を発表。アメリカのドルを基軸においていた世界経済にとって「ニクソン・ショック」と呼ばれる衝撃を与えた。

この時代のダイジェスト

中国、各国と国交樹立 → ピンポン外交 → **中国 国連加盟**

アメリカ経済疲弊 → ドルと金の交換停止 → **ニクソン・ショック**

国交樹立 ⑧

SAVE $ ニクソン

ワシントン ⑩⑫⑮

⑮突然のドルと金の交換停止

第二次大戦後の世界経済は、1944年の**ブレトン=ウッズ協定**によって、**ドル**を基軸通貨とすることによって安定し、成長を続けてきた。しかし、**各国の経済成長**に加え、**ベトナム戦争**などによる**経済疲弊**によってアメリカの貿易収支は**赤字**となり、ドルの価値は**下落**した。これに対し、**ニクソン**は1971年、ドルの防衛策として、**ドルと金の交換停止**などの方策を打ち出した。これは世界に衝撃を与え、「**ニクソン・ショック（ドル・ショック）**」などと呼ばれた。

世界に衝撃 ニクソン・ショック

その時日本は！

昭和時代	
1970年 アジア初の**万国博覧会** ➡日本史P.244	**1970年** **よど号ハイジャック事件** ➡日本史P.244

1972 ≫≫≫ 1973年

先進国を揺るがすオイルショック

エジプトが仕掛けた第四次中東戦争。石油産油国の石油戦略が世界を震撼させる

第8章 世界を動かす中東諸国

アメリカ・ニクソン大統領が次々と東側との緊張状態を解いていく。国連に復帰した中国を電撃訪問して国交を樹立。さらにソ連との軍縮を進展させると共に、ベトナム和平協定を結んでベトナムからの米軍撤退を実現した。東西緊張緩和はそれだけに止まらず、西ドイツ・ブラント首相の推進していた東方外交が実を結び、互いを認め合う東西ドイツ基本条約が締結され、東西ドイツの統一の第一歩が踏み出された。

しかし、その先進国の和平路線を揺るがす第一次オイルショックが、第四次中東戦争勃発が原因となって引き起こされる。そしてこれ以降、原油という武器を持ったアラブ諸国の発言力が高まっていくことになるのである。

この時代のダイジェスト

アメリカ、中国と国交樹立 → アメリカ北ベトナムへ強硬姿勢 → ベトナム和平協定 → 米軍ベトナムより撤退

第四次中東戦争勃発 → オイルショック

4 初の環境問題対策会議
環境問題への国際的な関心の高まりを受け、国連主催で環境問題に関する会議が開催された。しかし、途上国にとって環境対策は経済発展の足かせになるため、先進国との間で意見の対立が生じた。

9 16 東西ドイツが互いの存在を認める
西独・ブラント首相の進める東方外交の結果、東西ドイツ両国は1972年、東西ドイツ基本条約を結び、互いを国家として認めるようになった。さらに1973年同時に国際連盟への加入を果たし、「一民族二国家」が国際的に認知されることとなった。

ドイツ統一への第一歩

イスラエルに味方する国に石油は売らん!

17 18 石油が戦争の新たな武器となる
エジプトとシリアはシナイ半島などの奪還を目指し、イスラエル軍に奇襲をかける(第四次中東戦争)。緒戦は圧勝するものの、イスラエルの抵抗にあったアラブ諸国は、優位に停戦に持ち込むため石油戦略に打って出る。アラブ石油輸出国機構(OAPEC)は、イスラエル支援国に対し原油の販売停止又は制限を実施。OPECも原油価格の値上げで、イスラエル支援国を揺さぶった。この効果は絶大で欧米や日本を震撼させ(第一次オイルショック)、1ヶ月後にアメリカの提案から停戦に至ったが、アラブ諸国の石油戦略は今後の政治・経済に対して大きな武器となるのだった。

第一次オイルショック

その時日本は!

昭和時代

1972年 札幌冬季オリンピック ➡日本史P.245

1972年 浅間山荘事件 ➡日本史P.245

1972年 田中角栄「日本列島改造論」唱える ➡日本史P.245

世界史"まとめ"コラム

中東戦争 〜イスラエルvsアラブ諸国〜

迫害に苦しむユダヤ人はシオニズム運動によって、パレスチナでの国家建設を臨んでパレスチナへ流入することになったが、その結果パレスチナの地を巡ってユダヤ人国家とイスラム教徒が中心のアラブ諸国の間で新たな争いを産むことになる。4度にわたる中東での戦争は、欧米諸国の思惑と絡まり世界を巻き込む騒動となった。

第8章 世界を動かす中東諸国

1. イスラエル建国が火種 〜第一次中東戦争〜 (1948年) ➡P164

2. スエズ運河の国有化 〜第二次中東戦争〜 (1956年) ➡P170〜

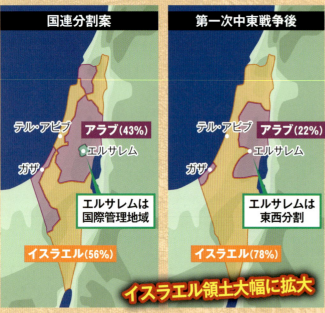

国連分割案: アラブ(43%)、イスラエル(56%)、エルサレムは国際管理地域
第一次中東戦争後: アラブ(22%)、イスラエル(78%)、エルサレムは東西分割
イスラエル領土大幅に拡大

戦争には敗れるがスエズ運河を奪還

第二次世界大戦終了後、国連安保理によってアラブ人とユダヤ人がパレスチナを分割統治するパレスチナ分割決議案が採決される。この決議案に基づき、1948年にイギリス軍がパレスチナから撤退するとイスラエル建国が宣言されたが、イスラエルの所有する領土はパレスチナの56%を占めており、これに納得できないアラブ連盟諸国は反発。エジプト、シリア、イラク、レバノン、ヨルダンの軍が一斉にイスラエルに侵攻し、パレスチナ戦争とも呼ばれる第一次中東戦争が始まった。

アラブ連盟兵力は15万人、対してイスラエルは民兵3万人という圧倒的な差であったため、当初はアラブ連盟優勢で進んだが、二度の国連の停戦後は、態勢を整えたイスラエルが指揮系統が統一されていなかったアラブ連盟を圧倒。1949年7月に停戦協定が結ばれるが、イスラエルはパレスチナ分割決議案以上の領土を手に入れて、戦争を終結させることとなった。この時定められた境界線は「グリーンライン」と呼ばれ、現在まで国際的にイスラエルの領土だと認められている。

第一次中東戦争のイスラエルに惨敗したエジプトでは、国内で王政批判が広がっていた。1952年、自由将校団を結成していたアブドゥル・ナセルがクーデターを起こし、ファルーク国王を追放してエジプト革命を成功させ、エジプト共和国を成立させた。

エジプトの大統領となったナセルは、1956年にイギリスが支配を続けていたスエズ運河の国有化を宣言。これに対して、イギリスとフランスがイスラエルと組み、エジプトを攻撃。第二次中東戦争(スエズ戦争)が勃発した。

イスラエル軍はわずか1週間でシナイ半島を制圧し、英仏両軍はスエズ地区に侵攻した。しかし、アメリカやソ連といった大国はこの3国の行為を批判。国連の緊急特別総会で停戦・撤兵決議が採択され、世界的に孤立したイギリス・フランスは撤退を余儀なくされた。一方、戦争には敗れたもののスエズ運河を手に入れたナセルは世論を味方につけ「アラブの英雄」としてアラブ諸国の指導的立場を手に入れた。

戦争の結果
- 新国家イスラエルが誕生
- 多くのパレスチナ人が故郷を失う
- アラブ諸国の王政批判

戦争の結果
- イギリスの撤退
- 世論がアラブ諸国を擁護
- エジプトがアラブの盟主となる

3 わずか6日間の戦争
1967年
～第三次中東戦争～ ➡P185

第二次中東戦争によって世界的に窮地に立たされたイスラエルは、現状を打破すべくエジプトやアラブ諸国への反撃の隙をうかがっていた。一方、ヨルダンのアンマンでは、イスラエルの占領下にあるパレスチナのアラブ人解放を目指す武装組織「パレスチナ解放機構（PLO）」がナセルなどの支援で結成された。

1967年エジプト軍によるアカバ湾の封鎖に対する反撃を口実に、一気にエジプトへ侵攻。わずか3時間でエジプト空軍基地を壊滅させたイスラエル軍は、6日間の戦闘でシナイ半島、ガザ地区・ヨルダン川西岸地区、さらにはシリアのゴラン高原を手に入れた。

戦争の結果 ⬇

- **イスラエルの領土は大幅拡大**
- **さらなるパレスチナ難民**

イスラエルは何故強いのか？
● **予備役含めて人口の約8％が兵員**
　ナチスによる大虐殺を経験し、周りを敵対国に囲まれたイスラエルの安全保障の意識はどの国よりも高い。イスラエル軍は約18万。予備役46万を合わせると全人口800万人のうち約8％を占める（2015年時点）。
　また、精神的象徴としてマサダ遺跡がある。ここは73年にローマ帝国軍に対し最後まで少数のユダヤ人が抵抗を続けた砦があり、イスラエルの新兵たちは、訓練の仕上げにこの地を訪れ、誓いを立てるのである。
● **世界に溶け込む諜報機関「モサド」**
　イスラエルの強さの要因は諜報機関「モサド」の持つ情報収集能力である。世界各地からのユダヤ人の移民で成り立つイスラエルは、世界各国の母国語を話し、生活に溶け込む高い素養を持つ人材が豊富なのである。

4 アラブの石油戦略
1973年
～第四次中東戦争～ ➡P190

第三次中東戦争によって領土を奪われたエジプトやシリアはその奪還を目指して軍備を整えていた。

ナーセルの死後、エジプト大統領となったサダトは1973年にイスラエルへ奇襲。それに呼応してシリアもゴラン高原へ侵攻した（第四次中東戦争）。緒戦で敗北を喫したイスラエルは間もなく反撃を開始するが、アラブ諸国は結束して石油戦略を展開し、アメリカの提案に基づく有利な休戦に持ち込んだ。

この結果、シナイ半島のエジプトへの返還の道筋ができた（実際の返還は1982年）が、ガザ地区やヨルダン川西岸地区にはイスラエル人の入植が進み、そこからの撤退は認めなかった。

エジプトは戦後、イスラエルとの和平路線に切り替えていったため、パレスチナを巡る争いは、イスラエルvsアラファトが議長となったPLOという構図に変化していった。

アラブ諸国の石油戦略
1. イスラエル支援国への原油販売停止＆制限
　アラブ石油輸出国機構（OAPEC）
2. 原油価格の値上げ
　石油輸出国機構（OPEC）

欧米や日本へ大打撃！
→ **第一次オイルショック**

戦争の結果 ⬇

- **アラブ諸国の世界的地位向上**
- **シナイ半島はエジプト返還へ**
- **エジプトはイスラエルと協調路線**

1974 ≫≫ 1976年

ベトナム戦争・文化大革命終結

機能しない国連に業を煮やした西側先進国による経済会議（サミット）スタート

第8章 世界を動かす中東諸国

アメリカ撤退後も戦闘が続いていたベトナム戦争。1975年に南ベトナムの首都サイゴンが陥落し南北統一が達成され、新たにベトナム社会主義共和国が誕生した。混乱が続いていた中国でも、周恩来・毛沢東が相次いで亡くなると、権力を握っていた四人組は逮捕され、長く続いた文化大革命が終焉を迎えた。

一方、第一次オイルショックなどの影響で経済的に不安を抱える先進国たちは、世界経済対策を定期的に話し合う先進国首脳会議（サミット）を開催。第1回はアメリカ・イギリス・フランス・イタリア・日本・西ドイツの6ヶ国で行われたが、第2回からカナダが参加し、「G7サミット」と呼ばれるようになった。

この時代のダイジェスト

- ベトナム戦争完全終結
- サミット開始
- レバノン内戦勃発
- 文化大革命終結

15 19 20 周恩来・毛沢東が相次いで死去
1975年に鄧小平が政権に復帰し、経済再建政策が開始されるが、調整役だった周恩来が死去。再び鄧小平が失脚すると、市民の不満は爆発し、天安門広場に民衆が集まり、四人組批判を叫んだ（第一次天安門事件）。1976年6月に毛沢東が死去すると、ついに後ろ盾を失った四人組は逮捕され、11年にもおよぶ文化大革命は終結した。

鄧小平
周恩来　毛沢東

核保有国
3 インド

ダイジェスト版「ベトナムの歴史」

長年、世界の列強に翻弄され続けていた中、ようやく統一・独立を取り戻したベトナム。その歴史をダイジェストで見てみよう

| 1802年 | 長い内乱の末、阮福暎が統一 越南国（阮朝）を建国 |
| 統一のために力を借りた フランスがベトナムを保護国化 |
1887年	フランス領インドシナ連邦成立 ベトナムも編入される
1940年	第二次世界大戦：日本、北部仏印に進駐
1945年	第二次世界大戦後：フランスが再度進駐（インドシナ戦争）
1955年	ベトナム、南北に分割される
1964年	ベトナム戦争勃発
1973年	アメリカ撤退
1975年	ベトナム戦争終結！

社会主義国化するベトナム

ベトナム社会主義共和国 16

7 14 プノンペン
サイゴン 8

7 8 14 サイゴンが陥落し、ベトナム真の独立
アメリカが撤退した後も南ベトナム・サイゴン政権の抵抗が続いていたが、1975年ホーチミン作戦によって、首都サイゴンが陥落し、ここにベトナム戦争は終結し、ベトナムの独立と南北統一が実現した。この民族運動の高まりに伴う対立はカンボジアにも波及し、親中国派のポル・ポト率いるクメール＝ルージュが、首都プノンペンを制圧し、実権を握り、「民主カンボジア」を名乗った。

ポル・ポト

ベトナム戦争完全終結

その時 日本は！

昭和時代

| 1974年 三木武夫内閣発足 → 日本史P.248 | 1974年 GNP成長率 戦後初めてマイナスに → 日本史P.248 | 1974年 佐藤栄作 ノーベル平和賞受賞 → 日本史P.248 |

1977 ≫ 1979年

第8章 世界を動かす中東諸国

イスラム原理主義と米ソの軋轢

先進国に対抗するイスラム勢力によるジハード（聖戦）が始まる。

1977年にエジプト・サダト大統領がイスラエルを電撃訪問し、イスラエルとの和解が成立し、4度に渡って勃発した中東戦争は終わりを告げる。結果としてエジプトのアラブ連盟脱退を引き起こし、さらにイラン革命によってホメイニ率いるイラン＝イスラーム共和国が誕生すると、周辺国へのイスラム原理主義の浸透が新たな懸念材料となる。

アメリカはイランのアメリカ大使館人質事件をきっかけにイランと対立。原油国のイランの産油量減少によって、第二次オイルショックが引き起こされる。さらにソ連が隣国アフガニスタンでのイスラム原理主義ゲリラの鎮圧のために、軍隊を派遣。反発するアメリカはアフガニスタンへの援助を行い、米ソの対立が深まった。

この時代のダイジェスト

エジプトとイスラエルの和解 → イラン革命 → アフガニスタンでクーデター → **ソ連がアフガンへ侵攻**

イスラム原理主義への警戒強まる

1	1977年7月	鄧小平復活
2	1977年9月	新パナマ運河条約（パナマ運河返還条約）
3	1977年9月	ベトナムが国連に加盟
4	1977年11月	エジプト・サダト大統領、イスラエル訪問
5	1978年1月	ポル・ポト政権、ベトナムへ侵攻
6	1978年3月	イスラエル軍、レバノン内戦に介入
7	1978年4月	アフガニスタンで軍事クーデター→アフガニスタン民主共和国成立
8	1978年9月	キャンプ・デービッド合意（エジプト−イスラエル）
9	1978年10月	ヨハネ・パウロ2世が教皇に
10	1978年11月	ベトナム、カンボジアへ侵攻
11	1978年12月	ソ連・アフガニスタンが友好善隣協力条約締結
12	1979年1月	カンボジア人民共和国成立
13	1979年2月	イラン革命 →イラン＝イスラーム共和国成立
14	1979年2月	中国、侵攻の報復としてベトナムへ（中越国境戦争）
15	1979年3月	エジプト・イスラエル平和条約（シナイ半島、エジプトへ返還）
16	1979年3月	スリーマイル島事件
17	1979年7月	中国、4つの経済特区を制定（深圳・珠海・汕頭・廈門）
18	1979年7月	フセイン、イラク大統領に就任
19	1979年11月	アメリカ大使館人質事件 →第二次オイルショック
20	1979年12月	国連総会で、女性差別撤廃条約が採択
21	1979年12月	ソ連、アフガニスタン侵攻

4 8 15 エジプト・イスラエルが米の仲介で歴史的和解

エジプトのサダト大統領が突如イスラエルを訪問。1978年にアメリカ・カーター大統領の取り持ちで国交を樹立した両国は（キャンプ・デービット合意）、翌年エジプト・イスラエル平和条約を締結し、中東戦争は終わりを告げた。しかし、このエジプトの動きにPLOやアラブ諸国が反発し、エジプトはアラブ連盟からの脱退を余儀なくされてしまう。

中東が世界の脅威に

その時日本は！

昭和時代

1978年 日中平和友好条約締結
→日本史P.249

1980 ≫≫ 1982年

イラン・イラク戦争勃発
シーア派原理主義の勢力拡大を抑えたいフセインは巧みに米ソの援助を受ける

第8章 世界を動かす中東諸国

イランとソ連との対立を深めるアメリカ・カーター大統領は、両国に対して経済制裁を実施して圧力をかける。さらにイランと石油資源を巡って対立していたイラクのフセインがイランへ侵攻するとこれをバックアップした（イラン・イラク戦争）。

しかし、カーターは対イラン対策に失敗し、大統領選挙でレーガンに敗北。変わって大統領となったレーガンは「新自由主義」を掲げ、規制を緩和して民間の自由競争による経済成長を目指すという新たな流れを産んだ。これはイギリス・西ドイツなどの先進国内だけでなく、メキシコ債務危機を経験した中南米諸国にも広まり、のちの民政移管さらには左派政権誕生の礎となった。

この時代のダイジェスト

アメリカ イランと国交断絶 → イラク、イランへ侵攻 → アメリカ レーガン政権誕生 → 新自由主義の広がり

5 揺らぐユーゴスラビア連邦の屋台骨
第二次大戦からこれまで、6つの共和国からなるユーゴスラビア連邦共和国の指導者として長年君臨し続けていたチトー大統領が死去。独立と統一の象徴であったチトーを失ったユーゴスラビア国内で、一気に民族独立の気運が高まり、分裂への道へと突き進むのである。

イラン・イラク戦争勃発

17 PLO、ベイルートを失う
レバノン内戦が続く中、イスラエル軍の攻撃によってPLOはレバノンを失い、チュニジアへと移った。

7 アメリカの支援を受けるフセイン
ペルシア湾岸の石油資源をめぐり、以前より対立していたイランとイラク。1979年にイラン革命が起こると、その影響でイラク国内のシーア派イスラム原理主義が力を伸ばすのを恐れたフセインが、アメリカの軍事支援を受けて、イランへ侵攻する。

中東の核保有国・イスラエル

イスラエルは国際社会から核兵器保有はほぼ確実視されているが、公式には保有については肯定も否定もしておらず、1968年発足の核拡散防止条約（NPT）にも加盟していない。

そんなイスラエルは、イラクが核兵器を持つ危険性があるとして、「先制的自衛」目的を理由にイラク・タムーズの原子力施設に先制攻撃を行ったのである。

その時日本は！

昭和時代

1980年	1981年	1981年
鈴木善幸内閣発足	日本人残留孤児 はじめて来日	福井謙一 ノーベル化学賞受賞
⇒日本史P.250	⇒日本史P.250	⇒日本史P.250

1983 >>>> 1985年

第8章　世界を動かす中東諸国

南アメリカ諸国の民政復帰

ソ連の新たなリーダーとなったゴルバチョフ。いち早く大幅な体制改革に取り組む

1982年のメキシコ債務危機をきっかけに、メキシコ同様に財政危機を抱えた南米軍事政権たちは、アメリカ・レーガン政権の推進する「新自由主義」の導入でこれを乗り切ろうと目論んだ。しかし導入の結果、貧富の差が拡大し、国民の不満は増加してしまう。これは次第に軍事独裁政権への批判となってデモや暴動へと発展。これを受けてチリ・アルゼンチン・ブラジルで相次いで民政移管が決定した。

1985年、書記長の急死によりソ連の新たな指導者となったのはゴルバチョフであった。もはや国力の違いから旧体制のままでは西側に叶わないと見た彼は、就任するとすぐに体制の改革に着手する。

この時代のダイジェスト

メキシコ危機 → フォークランド紛争 → 南アメリカ民政復帰　ゴルバチョフ書記長登場

■17 ニューヨーク

ロサンゼルス ■9

SDI構想だ！

■2 レーガン

⑨ソ連・東欧諸国がボイコット
前回のモスクワ五輪で、ソ連のアフガニスタン侵攻に反発した西欧諸国がボイコットしたのを受け、1984年のロス五輪では、ソ連を始めとする東欧諸国がアメリカのグレナダ侵攻への抗議を名目に参加をボイコットした。

今度はソ連がアメリカに抗議

⑤グレナダでの親ソ政権誕生を阻止
1979年に独裁政権を倒して誕生したグレナダのビショップ政権は、キューバとの関係性を深めていた。さらに1983年にソ連派オースチン軍司令官がクーデターを起こすと、レーガンは親ソ政権誕生を阻止するため、「アメリカ市民の安全確保」を名目にカリブ海諸国を巻き込んだ多国籍軍を組織して、グレナダを武力制圧した。

■5 グレナダ

①④⑪軍事政権が政権を放棄
1982年のメキシコ債務危機をきっかけに、南アメリカ諸国の軍事政権は、新自由経済の導入を余儀なくされた。アルゼンチンは国民の経済への不満を海外に向けさせるため、フォークランド紛争を起こすが敗戦。ビニョーネ大統領は民政移管を国民に約束することとなった。チリではピノチェト軍事政権への大規模な反政府デモ、ブラジルでも失業者が暴徒化するなど、軍事政権は立ち行かなくなり、ブラジルも1985年に民政移管を果たすのだった。

■11 ブラジル

■4 チリ

■16 アルゼンチン

南米諸国で民政復活

用語［プラザ合意］
1985年ニューヨークのプラザホテルで先進5ヵ国（米・仏・英・西独・日）の蔵相・中央銀行総裁が集まり会議が行われた。過度なドル高によってアメリカ経済が悪化し世界全体に悪影響を及ぼすことを避けるため、ドル相場を協力して下げることを合意したのだ、各国が外国為替市場に協調介入した結果、1ドルは240円台から一気に200円まで下が理、アメリカの貿易赤字は抑えられることになった。

アメリカ経済救済のために始まったプラザ合意だが、これは主要国が政策協調を行い、各国が為替相場に介入して調整するという経済調整が始まるきっかけにもなったものである。

その時日本は！

昭和時代

1983年
中曽根首相韓国訪問
「日韓新時代」表明
➡日本史P.251

1983年
比例代表制導入
➡日本史P.251

1983年
ロッキード事件
田中角栄に実刑判決
➡日本史P.251

世界史"まとめ"コラム
中南米全通史 〜ラテンアメリカの歩み〜

ラテンアメリカ（中南米）の歴史は、「先コロンブス時代、植民地時代、独立国家の時代」に大きく分けられる。1492年のコロンブスの到達以後が「植民地時代」であり、独立戦争を経て一斉にスペイン・ポルトガルからの独立を果たす1820年代以降が「独立国家の時代」と呼ばれている。独立以降はアメリカ経済の強い影響化にあり、一時は軍事政権が支配するものの1980年代に民政復帰した。

4000年前〜 メソアメリカの古代文明
〜先コロンブス時代の文明 ➡P11〜

「先コロンブス時代」にはBC1200年頃に誕生したオルメカ文明、BC1000年頃のマヤ文明などのメソアメリカ文明にはじまり、アステカ文明、インカ文明に代表されるインディオの文明が存在していた。

1521年〜 スペインによる侵略
〜文明の滅亡と植民地化 ➡P63〜

1521年、スペインのコルテスがアステカ王国を滅亡させ、続く1533年にはピサロがインカ帝国を滅ぼし、1821年の一斉独立までの約300年間のスペインによる植民地支配が始まった。

ポルトガルは、カブラルが漂着したブラジルを植民地化し、砂糖プランテーションを設けて支配した。いずれの地域でも労働力不足を補うものとしてアフリカから多数の黒人奴隷がもたらされ、その結果、植民地時代に本国生まれの白人、新大陸生まれの白人、白人と現地人との混血、白人と黒人の混血、黒人、現地人（インディオ）、という人種的な身分制が形成され、ラテンアメリカの歴史に深い影を落としている。

1804年〜 南米諸国の一斉独立
〜マルティンとボリバル ➡P99〜

　1776年に北米大陸で起こったアメリカ独立戦争。さらに、フランス革命によって自由・平等の理念が実現したこと、ナポレオンのスペイン征服によって、ラテンアメリカに独立の気運が高まった。

　最初に独立を達成したのは1804年、トゥーサン=ルヴェルチュールの指導した黒人国家のハイチ共和国であったが、それ以後は現地生まれの白人であるクリオーリョが主体となって、1808年のメキシコのイダルゴの蜂起などが続き、1810年代から20年代にかけて中南米諸国が一斉に独立を達成していった。

　1811年には南米大陸で最も早くパラグアイが独立宣言、1814年にはアルゼンチンが続いた。その独立戦争を戦ったクリオーリョのサン・マルティンは、大遠征を敢行、アンデスを越えて1818年にチリ独立を達成した。

　そのような中で、同じくクリオーリョ出身のシモン・ボリバルの「大コロンビア」構想のようなラテンアメリカの統合の動きがあったことは注目されるが、結果的に地域対立を克服することができず、群小国家の分立という形になった。また独立後も複雑な人種的身分制社会を抱え、産業の未発達もあって貧富の差が大きく、独裁権力が出現したりクーデターが相次ぐなどが政治的不安定が続いた。

19世紀後半 アメリカ帝国主義の進出
〜モンロー宣言による欧州との分離 ➡P102〜

　アメリカ合衆国は1823年のモンロー宣言以来、南北アメリカ大陸全体に対するヨーロッパ諸国の干渉を排除し、アメリカの勢力圏とする姿勢を持ってきたが、19世紀後半になると、アメリカ帝国主義の急速な展開がラテンアメリカでも見られるようになった。

　1889年の第1回パン=アメリカ会議、1998年の米西戦争を通じてその姿勢は強められ、キューバの独立を支援しながらキューバに対してプラット条項を認めさせて事実上保護国とした。この時キューバに設けられたアメリカのグアンタナモ基地は今もその支配下にある。

20世紀後半 第二次大戦後のラテンアメリカ
〜戦後の冷戦構造とキューバ危機 ➡P175〜

　第二次世界大戦の前後、ラテンアメリカの各国にアメリカと結んだ軍事政権が誕生。キューバのバティスタ、ニカラグアのソモサなどである。また市民層が成長した地域では民族主義と経済発展を掲げて国民の人気を集め、独裁的な政治を執るポピュリズムと言われる形態が出現した。メキシコのカルデナス政権、ブラジルのヴァルガス政権、アルゼンチンのペロン政権がそれにあたる。

　東西冷戦期にはアメリカは共産主義勢力がラテンアメリカ地域に浸透することを警戒し、経済協力と集団安全保障体制を強めるとともに反米、反政府運動には軍隊を派遣して鎮圧に当たった。しかし、1959年のキューバ革命で、カストロ政権が急速に社会主義に傾くと、アメリカは大きな危機感を抱いて、キューバ包囲網を強めた。そんな中勃発したのが1962年のキューバ危機であった。

　カストロの指導したキューバ革命が成功し、社会主義を標榜した国づくりを開始すると、その影響がラテンアメリカ各地におよんだ。カストロの協力者チェ・ゲバラも、世界同時革命を目指して南米各地を転戦した。しかし、アメリカ合衆国の軍事支援と、アメリカ多国籍企業の経済支援を受けた軍事独裁政権は各国の革命運動弾圧し、社会主義のキューバ以外への拡張を押さえ込んだ。

1986 ≫ 1988年

第8章 世界を動かす中東諸国

東欧崩壊を呼ぶペレストロイカ

相次いで軍縮・和平を世界に発信するゴルバチョフ。徐々に冷戦を溶かしていく

ソ連のゴルバチョフは1985年からペレストロイカ（＝立て直し）を実行。軍備重視政策から経済面への予算投入を重視する政策に転換して経済の立て直しを測り、さらにグラスノスチ（＝情報公開）や歴史の見直しなど全面的改革を実施して、スターリン体制から続く旧体制からの脱却を目指した。さらに世界を巻き込む軍縮を提唱し、長らく続いた東西冷戦の真の雪解けを実現するのだった。

しかし、これらのゴルバチョフの政策は社会主義体制自体の否定を意図するものではなかったが、東欧諸国への統制緩和、そしてのちのソ連の解体が東欧における社会主義国家体制の崩壊をもたらす結果となる。

この時代のダイジェスト

ゴルバチョフ軍縮を表明 → ソ連、アフガンから撤退 → 中距離核戦力全廃条約 → 制限主権論の無効を宣言

2 軍事より経済立直し目指す
西欧諸国に対する遅れを取り戻すべく、ゴルバチョフは「再建」を意味する「ペレストロイカ」を提唱し、ソヴィエト体制の大改革に着手。軍事より経済への予算投入のために、次々に世界を巻き込む軍縮を打ち出していくのであった。

13 ホメイニの逆鱗に触れた本
イギリスの作家サルマン・ラシュディが1988年ムハンマドの生涯を題材に書いた小説『悪魔の詩』を出版した。しかし、アラーに対して冒涜的であるとして、刊行直後からムスリムたちの反感を買った。イランのホメイニは、ラシュディに対して死刑を宣告するほどであった。

3 アメリカ、テロへの報復攻撃
1985年にヨーロッパで発生したテロの背後にリビアがあるとしたアメリカは、リビアに対する経済制裁を行う。しかし、それでもテロは止まず、アメリカ人犠牲者が出ると、アメリカはカダフィ殺害を決意し、トリポリなどの都市への爆撃を行った。

12 パレスチナ人の一斉蜂起
1987年、イスラエル人とパレスチナ人の交通事故をきっかけにパレスチナ人が一斉蜂起した。このようなパレスチナ人の投石などを主体とした民衆の抵抗動きはインティファーダと呼ばれ、PLOがレバノンから退去した1982年頃からガザ地区のパレスチナ民衆の間で自然発生的に始まっていた。

用語［グラスノスチ］

グラスノスチとはロシア語で「情報公開」の意味で、言論・思想・集会・出版・報道などの自由化をはかり、またそれまで機密事項とされていた国家情報（軍事関係を含め）を公開するという原則をうちだしたものであった。共産党以外の政党が選挙に出馬することも可能となり、国民の間で様々な政治的議論が活発となった。自由な思想・言論が可能となった結果、共産党への批判は拡大し、ソ連解体という結果が生まれたともいえる。

チェルノブイリ原発事故の情報が規制されたことで被害が拡大してしまったこともグラスノスチが実施された要因の一つである。

その時日本は！

昭和時代

1986年 土井たか子
初の女性党首
→日本史P.252

1987年 竹下登内閣発足
→日本史P.252

1989 >>> 1990年

東西の鉄のカーテンが崩れたのはハンガリーからだった。ゴルバチョフの東欧諸国への統制廃止によって、東欧諸国での民主化運動は高まりを見せていた。その中でもいち早く民主化に向かっていたハンガリーのネーメト首相は1989年に西側諸国であるオーストリアとの国境の解放を実行。8月19日に1000人の東ドイツの国民がこの国境地域に集結し、西側への亡命を果たした（汎ヨーロッパ・ピクニック）。これをきっかけに東ドイツ国内の民主化デモも激化し、抑えきれなくなった政府は「ベルリンの壁」を取り壊し、西側諸国への道を開いた。そして1990年には東西ドイツの統一が達成された。そしてこれ以降、東欧革命は加速度を増していくのだった。

第8章 世界を動かす中東諸国

ハンガリー（東欧）、西欧との国境を解放

鉄条網が解体されると、そこに東独国民が殺到。東欧革命はここから拍車がかかる

この時代のダイジェスト

ハンガリー 鉄のカーテンを解放する → 東ドイツ市民が西側へ亡命 → ベルリンの壁 崩壊 → 東西ドイツ 統一

7 10 20 東ドイツが西ドイツに吸収される

東欧諸国の民主化運動が広がりを見せる中、ハンガリーがオーストリアとの国境を開放すると、多くの東ドイツ国民がそこから西側へと亡命するようになった。国内の民主化デモを抑えきれなくなった東ドイツ政府はついにベルリンの壁を解放。すると、市民の関心はドイツ統一へ変わり、1990年、西ドイツに吸収される形で、東西ドイツの統一が果たされた。

西 ← 東

東西統一のヨーロッパを作ろう！

しかも一滴の血も流さず！

ベルリン 10 20

ポーランド 5

チェコスロヴァキア

ゴルバチョフ 6

ストラスブール

オーストリア

ハンガリー

ルーマニア 13

7

9

2

8

国境解放！

東欧革命、先陣を切ったハンガリー

1988年に長期政権に替わって首相となったネーメトの下、ハンガリーは他の東欧諸国に先駆け、共産党一党独裁をやめ、複数政党制を導入するなど、民主化に向けての改革を開始した。1989年5月にネーメトがオーストリアとの国境を開放すると、東ドイツ国民がそこに殺到。ベルリンの壁崩壊など、各国で発生した東欧革命の引き金となった。

冷戦終結だ！

マルタ島 11

東欧諸国の民主化ラッシュ

11 ブッシュ＆ゴルバチョフの冷戦終結宣言

ベルリンの壁崩壊など東欧革命が一気に進む中、地中海のマルタ島においてアメリカ・ブッシュ大統領とゴルバチョフの首脳会談が行われた。その中で、戦後誕生したヤルタ体制による東西冷戦が終結したことが宣言された。

その時 日本は！

原田君にもわかる！ 日本史

昭和時代		平成時代
1989年 昭和天皇崩御 ➡日本史P.253	**1989年** 年号が平成となる ➡日本史P.253	**1989年** 海部俊樹内閣発足 ➡日本史P.253

1991 ≫ 1992年

ソ連解体→アメリカ一強時代へ

ECがEUへの進化する一方、自由経済圏の創設は北米・南米でも行われた。

バルト三国独立とロシア共和国の主権宣言によって連邦制が大きく揺らいだソ連。ロシア・ウクライナ・ベラルーシの共和国首脳が独立国家共同体（CIS）を創設することで合意すると、ゴルバチョフは大統領を辞任し、ソヴィエト連邦の解体を宣言した。

ソ連の消滅によって、世界の軍事大国は事実上アメリカ1国となり、これ以降、各地の軍事紛争解決はアメリカ主導となって行われていくこととなる。

一方、米ソ体制に対抗すべく団結の道を探っていたヨーロッパ諸国は、1922年マーストリヒト条約を結んで、さらに統合の進んだ欧州連合（EU）の創設を決めた。こうした経済圏の統合の動きは、北米・南米でも進み、各地で自由貿易圏が設定されていった。

第9章 冷戦終結で再編成進む世界

この時代のダイジェスト

COMECON・ワルシャワ条約機構解体 → ユーゴスラヴィア解体・内戦 → **ソ連解体** → **アメリカ唯一の軍事大国**

EU誕生

ソヴィエト連邦の消滅

⑲ECはさらにEUへと進化！
オランダ・マーストリヒトにヨーロッパ共同体（EC）加盟国が集まり、マーストリヒト条約（ヨーロッパ連合条約）に調印した。この条約はECを発展的に解消し、より統合を強化した欧州連合（EU）の創設を定めたもので、これによって統一通貨であるユーロの導入・ヨーロッパ議会の権限強化などが決定された。

複雑なユーゴスラヴィアの解体と内戦
COMECON解体など、東欧体制が解体されていく中、もともと6つの共和国で構成されていたユーゴスラヴィア連邦内で、各共和国がそれぞれ独自路線を模索するようになった。1991年6月のクロアチア・スロヴェニア独立宣言を皮切りに、4つの共和国が独立を果たすが、その過程で各地で長引く内戦が勃発した。

その時 日本は！

平成時代

1991年 湾岸戦争により **自衛隊の海外派遣**が決定 →日本史P.254

1991年 **宮沢喜一内閣**発足 →日本史P.254

1992年 **PKO法案**成立 →日本史P.254

1992年 カンボジアへ **自衛隊派遣** →日本史P.254

1993 ≫ 1994年

EU誕生で自由化進む欧州
オスロ合意によって和平が進むかに見えたイスラエルとPLOだったが…。

第9章 冷戦終結で再編成進む世界

1992年に締結されたマーストリヒト条約に基づき、ヨーロッパ共同体（EC）を拡大強化し、単一通貨導入と地域内の市場統一を目指した欧州連合（EU）が12ヶ国が参加して誕生し、将来的に政治的統合を目指して歩みを始めた。

一方、長年パレスチナ問題で紛糾を続けていた中東では、ノルウェーのオスロにおいてイスラエルとPLOとの間で秘密交渉が行われ、歴史的な和解が実現。アメリカの仲介でイスラエル・ラビン首相とPLO・アラファト議長の間で「パレスチナ暫定自治協定」が結ばれ、1994年にガザ地区・ヨルダン川西岸地区においてパレスチナ人による自治政府が誕生した。これ以降パレスチナ問題の解決への話し合いが続けられることとなった。

この時代のダイジェスト

マーストリヒト条約締結 → EU誕生 → オスロ合意 → パレスチナ暫定自治行政府誕生

5 イスラエルとPLOの相互承認なる
1992年に政権を取ったイスラエル・ラビン首相は、ノルウェーの仲介で、オスロにおいてPLOとの秘密交渉を始め、両者は相互承認を行うに到った（オスロ合意）。これを受け、ホワイトハウスにおいてクリントン大統領立ち会いのもと、ラビン首相とPLO・アラファト議長との間で「パレスチナ暫定自治に関する原則宣言（パレスチナ暫定自治協定）」が調印された。

ヨーロッパの新体制

EU、12ヶ国でスタート
1993年1月に市場統合を成し遂げたECは、前年に結ばれたマーストリヒト条約に基づき、欧州連合（EU）に転換し、将来的に政治的統合を目指して西欧諸国を中心とする12カ国で再スタートした。

EUまでの歩み

始まりは戦後復興のため…
- 1948年 西ヨーロッパ連合成立（英・仏・蘭・ベルギー・ルクセンブルク）
- ヨーロッパ経済協力機構（OEEC）発足

アメリカ主導からの脱却のため…
- 1950年 ヨーロッパ石炭鉄鋼共同体（ECSC）発足　独仏の争いの元を解決
- 1957年 ローマ条約（仏・西独・伊・ベネルクス三国）
　　ヨーロッパ経済共同体（EEC）発足
　　ヨーロッパ原子力共同体（EURATOM）発足
- 1967年 ECSC＋EEC＋EURATOM ＝ ヨーロッパ共同体（EC）発足
- 1993年 マーストリヒト条約締結

ヨーロッパ連合の誕生

11 ウルグアイ・ラウンドの終結
1986年に始まったウルグアイ・ラウンドは、モロッコのマラケシュでようやく最終合意に達した。これにより、知的財産権保護や農業・繊維貿易自由化が取り決められ、新たに自由貿易推進のための国際機関・世界貿易機関（WTO）の設立が決定した。

その時日本は！

平成時代

1993年 新党さきがけ・日本新党結党 →日本史P.255

1993年 細川護熙内閣発足 →日本史P.255

1995 ≫ 1997年

凶弾によりパレスチナ問題、再び暗礁に

アフガニスタンを掌握したタリバンとアルカーイダに警戒を強めるアメリカ

第9章　冷戦終結で再編成進む世界

和平に向かいつつあったパレスチナ問題だったが、湾岸戦争をきっかけにイスラム原理主義運動が盛んになり、パレスチナの側にも和平路線に反発するハマスが台頭。さらにイスラエル・ラビン首相が暗殺されると一気に交渉は後退し、再び対立の時代に戻ってしまうのだった。

対共産圏の軍事同盟として1967年に発足したASEANは、冷戦が終結すると経済協力のための機構という性格を強め、紛争から立ち直ったベトナムやラオス、ミャンマーが相次いで加盟した。一方、1980年代に急速に経済成長を遂げた韓国などNIEsと呼ばれた国と地域は、1997年のタイ・バーツの大暴落から発生したアジア通貨危機をきっかけに失速。これ以降アジア経済は、香港が返還された中国の動向に注目が集まるようになる。

この時代のダイジェスト

イスラエル ラビン首相暗殺 → イスラエルとPLOの交渉停止 → アメリカとベトナム国交回復 → ベトナム ASEAN加盟

1 15 拡大続けるEU
1995年1月に新たにオーストリア・デンマーク・フィンランドが加盟したEUは、1997年にさらなる加盟国増加に備えるとともに、政治統合の一層の推進のため、アムステルダム条約を締結。EU圏内の移動の自由などが決められた。

7 9 デイトン合意でボスニア紛争終結
セルビア人・クロアティア人・ムスリムの三民族による紛争が続くボスニアでは、諸国から和平案が出されるがいずれもまとまらなかった。しかし、NATO軍によるセルビア人勢力への空爆が実施されたことを受けて、新たな協議が始まり、デイトン合意に到った。

8 10 イスラエル首相の暗殺で交渉は頓挫
パレスチナ暫定自治政府が設立された後も、和平反対勢力によるテロは続き、交渉は一向に進まなかった。さらに1995年にイスラエルのラビン首相が和平反対派のユダヤ人によって暗殺され、極右派のネタニエフが首相となると、最終的地位協定についての協議は頓挫した。

頓挫するパレスチナ問題

その時日本は！

平成時代

1995年	1995年	1996年	1996年
阪神淡路大震災	地下鉄サリン事件	橋本龍太郎内閣発足	東京三菱銀行誕生
➡日本史P.260	➡日本史P.260	➡日本史P.260	➡日本史P.260

1	1995年1月	オーストリア、フィンランド、デンマークがEU加盟
2	1995年6月	米宇宙船・アトランティスと露宇宙船・ミールのドッキング
3	1995年7月	ミャンマーの**アウンサンスーチー**、軍事政権による自宅軟禁から解放
4	1995年7月	アメリカ、ベトナムと国交回復
5	1995年7月	ベトナム、ASEANに正式加盟
6	1995年8月	マイクロソフトがWindows95発売
7	1995年8月	NATO空軍がセルビア人勢力への空爆
8	1995年11月	イスラエル・ラビン首相暗殺
9	1995年12月	デイトン合意でボスニア内戦終結
10	1996年5月	イスラエル、ネタニヤフ首相就任 ➡和平交渉停滞
11	1996年11月	第一次チェチェン紛争の休戦成立
12	1996年3月	包括的核実験禁止条約（CTBT）が国連総会で採択
13	1996年9月	アフガニスタン、**タリバン派**が首都カブール制圧
14	1996年12月	ペルー日本大使公邸襲撃事件
15	1997年6月	EU首脳会議➡アムステルダム条約採択
16	1997年6月	サミットに**ロシア正式参加**
17	1997年7月	**香港**が中国に返還
18	1997年7月	ラオス、ミャンマーがASEANに正式加盟
19	1997年8月	アジア通貨危機（タイ・バーツ大暴落）
20	1997年12月	京都議定書採択

20 地球温暖化対策への先進国の約束
1997年京都で開かれた第3回気候変動枠組条約締約国会議において、京都議定書が採択された。これは地球温暖化の原因となる6種の温室効果ガスの削減基準を、各先進国ごとに定め、共同でその目標値を達成することを定めたものである。

4 5 18 ASEAN、経済協力に移行
もともと、親米諸国によって対共産主義国の軍事同盟の意味合いの強かったASEANだったが、ベトナム戦争終結後から、経済協力の色合いを強めていった。その結果、1995年にその対象国であった**ベトナム**がアメリカと国交を回復するとともにASEANに加盟。さらに1997年には**ラオス・ミャンマー**が加盟するに到った。

17 99年の租借期間が切れ、香港返還
アヘン戦争の結果、1842年よりイギリスの植民地となっていた香港は、1898年に定められた「99年間の租借権」の切れる1997年、中国に返還され、特別行政区となった。現在でも一国二制度体制のもと、資本主義経済が行われている。

13 タリバンがアフガニスタンを掌握
ソ連撤退後に**アフガニスタン**で勢力を伸ばしていたスンニ派原理主義武装集団**タリバン**は、1996年**首都カブール**を武力によって占拠。その背景には**アルカーイダのビン=ラディン**の援助があった。政権を握ったタリバンは反対派を公開処刑するなどの恐怖政治をしき、アフガニスタンを支配した。

用語［新興工業経済地域（NIEs）］
当初は経済協力開発機構（OECD）の報告書の中で、オイルショックなどで欧米諸国の経済が停滞する中でも、経済発展を遂げた10の国と地域をNewly Industrializing Countries（NICs）と表していたが、次第に韓国・香港・台湾・シンガポールを指すようになった。そして1988年のトロント・サミットで「香港」を国と呼ぶことは中国の心証を悪化させるとしてNewly Industrializing Economies（NIEs）と改称されている。
　これらの地域は80年代に輸出を中心に台頭し、その好景気は90年代も続いていたが、次第に主な輸出先であるアメリカがこの地域に対し、通貨切り下げや市場開放を強く求めるようになった上、1997年のアジア通貨危機により、急激に経済が悪化し、それ以降NIEsという言葉も聞かれなくなった。

平成時代

1996年	1996年	1997年	1997年	1997年
民主党結党	駐日米大使**普天間基地返還**を表明	消費税**5%**に引き上げ	北海道拓殖銀行・山一證券破綻	京都議定書採択

1998 >>> 2000年

ユーロ導入で進むEUの経済統合

経済統合へ着実に歩みを進めるEU。仮想通貨としてのユーロの運用が開始された

第9章 冷戦終結で再編成進む世界

統合に進む欧州連合（EU）では1998年の欧州中央銀行の設立に続き、1999年1月にまずは仮想通貨としての「ユーロ」が導入された。

1998年、アフリカのケニアとタンザニアにおいて相次いでアメリカ大使館へのテロ事件が発生。その背後にアルカーイダがいるとしたアメリカはアフガニスタンとスーダンへの報復攻撃を実施。アメリカとアルカーイダの軋轢はここから始まるのだった。またNPTやCTBTに反対を続けていたインドとパキスタンが競うように地下核実験を行い、第6・第7の核保有国となると、アメリカはこの二ヶ国に対して経済制裁を行うことを決定。「世界の警察」としての徹底的な報復行動を撮り続けるのだった。

この時代のダイジェスト

- EUでユーロ使用開始
- インド・パキスタンの核保有
- アメリカ アルカーイダへのテロ報復

ニューリーダー！
プーチン
・モスクワ
18 19

6 9 単一通貨EURO登場
1992年の**マーストリヒト条約**で定められた**通貨統合**に基づき、まずは1999年1月に**金融市場**や**銀行間取引**で使用される仮想通貨としての**ユーロ**が導入された。それに先立ち1998年には**ユーロ圏**の**単一金融政策**を担う中央銀行・**欧州中央銀行**が**フランクフルト**に設立された。

フランクフルト 6

9

セルビア 14

11

11 14 コソヴォ紛争終結するも…
ユーゴスラヴィアの解体が決定的になると、**セルビア共和国**内の**コソヴォ自治区**の独立紛争も激しさを増した。セルビア・ミシェロヴィッチ大統領による**コソヴォ**の**アルバニア住民**への虐殺が明らかになると、**NATO軍**が介入し空爆を行った。6月、ミシェロヴィッチ政権は**アメリカ・EU**の提示した**和平案**を受け入れ、**コソヴォ自治区**は暫定的に国連統治下に置かれた。

2000年問題
西暦2000年になるとコンピュータが誤作動する可能性があるとされた問題である。これは多くのコンピュータシステムが、西暦表示を上2桁を省略して下2桁のみで行っていたことが主な原因であった。

公共機関や医療・軍事など様々な機関での誤作動が警戒され、これに対応すべく1990年代後半にコンピュータシステムの改訂が世界規模で実施されるなど、一大騒動となった。結果対応のおかげか、さしたるトラブルが発生することなく2000年が迎えられた。

その時 日本は！

平成時代

1998年 明石海峡大橋開通 ➡日本史P.261	**1998年** 長野冬季オリンピック ➡日本史P.261	**1998年** 小渕恵三内閣発足 ➡日本史P.261

214

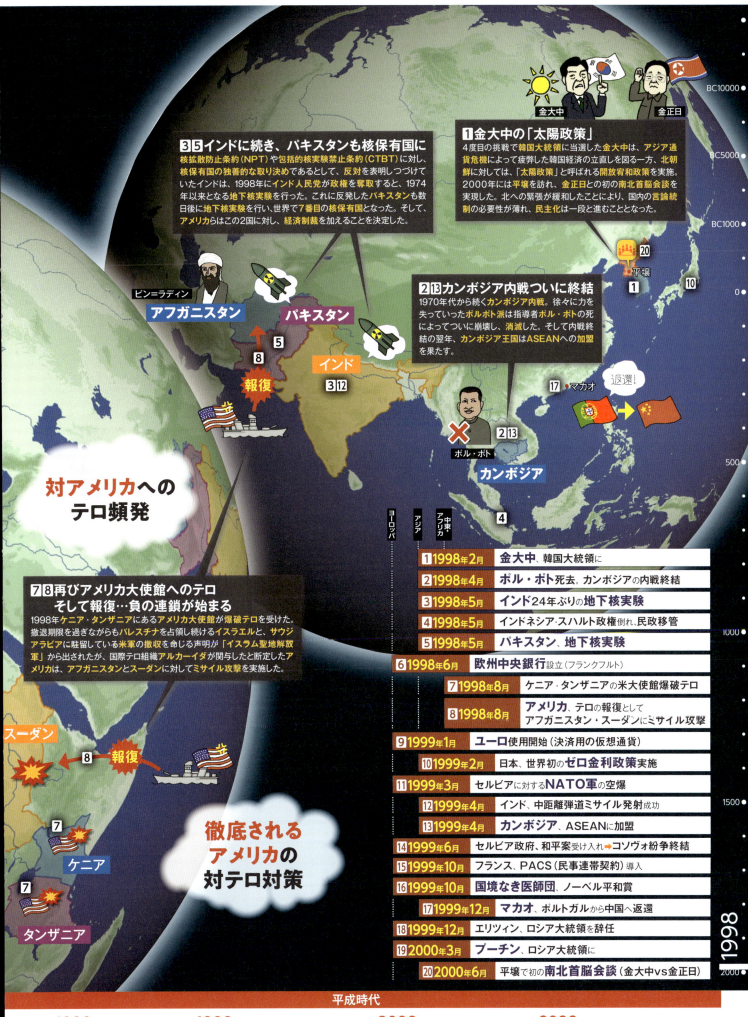

2001 ≫≫ 2003年

9・11 アメリカ中枢で同時多発テロ

アメリカはテロ支援国家に対し徹底報復を開始。その矛先はイラクへも

第9章 冷戦終結で再編成進む世界

2001年9月11日、アメリカの旅客機4機がハイジャックされ、ニューヨークの貿易センタービルやワシントンの国防総省（ペンタゴン）に激突。約6,000人が犠牲者となった。ブッシュ政権はビン＝ラディンの支持のもと、アルカーイダが実行したものと断定し、ビン＝ラディンを匿うアフガニスタンに侵攻した。さらにイラク・イラン・北朝鮮を「悪の枢軸」と名指しで批判し、イラクへも武力攻撃を実施した。

アメリカはイラクのフセインの拘束に成功したが、アフガニスタンではビン＝ラディンの身柄の拘束・アルカーイダの壊滅はできなかった。アメリカはアフガニスタンにアメリカ寄りの政府を立ち上げるが、未だタリバンと政府との間の紛争は解決していない。

この時代のダイジェスト

アメリカ同時多発テロ → 対テロ戦争 → イラク戦争

5 6 世界に流れた衝撃の映像
2001年9月11日、ハイジャックされた旅客機が、NYの貿易センタービルやワシントンの国防総省へ激突し、6,000名近い死者が出た。これに対し、ブッシュ大統領はオサマ＝ビン＝ラディン率いるアルカーイダによる犯行であると発表。アメリカとそれに与する有志連合とともにテロとの徹底した戦いを表明し、アフガニスタン・イラクへの武力攻撃を行った。

18 19 イラク、大量破壊兵器保有の疑い
ブッシュが「悪の枢軸」と名指ししたイラクに対しアメリカは、大量破壊兵器保持の疑い有りとして侵攻。わずか2ヶ月でイラクを制圧し、新政府を立ち上げた。さらに2003年12月にフセイン大統領の身柄を確保した。

ニューヨーク
1 5 10 13

アメリカに立ち込めるイスラムの暗雲

1	2001年1月	ジョージ・W・ブッシュ アメリカ大統領に
2	2001年2月	えひめ丸事故
3	2001年4月	オランダ、世界初の同性結婚法施行
4	2001年6月	上海協力機構発足
5	2001年9月	アメリカ同時多発テロ発生
6	2001年10月	アメリカ、アフガニスタンへ侵攻（対テロ戦争）
7	2001年12月	中国、WTOに加盟
8	2001年12月	アフガニスタンに暫定政権
9	2002年1月	ユーロの現金通貨流通開始
10	2002年1月	ブッシュ、一般教書演説の中でイラン・イラク・北朝鮮を「悪の枢軸」と名指しする
11	2002年5月	東ティモール、主権国家として独立
12	2002年7月	アフリカ連合（AU）結成
13	2002年9月	スイス・東ティモールが国連加盟
14	2002年9月	初の日朝首脳会談（小泉純一郎vs金正日）
15	2002年11月	アルゼンチン政府、デフォルトを発表
16	2003年1月	北朝鮮、核拡散防止条約脱退を宣言
17	2003年2月	ユーゴスラビア連邦共和国 セルビア・モンテネグロに改称
18	2003年3月	アメリカ、イラク侵攻
19	2003年12月	アメリカ、サダム・フセインを捕捉

15 アルゼンチン経済が破綻
アルゼンチンは1990年代に新自由主義経済政策を採用し、市場経済化を進めていたが、国債依存による放漫財政を続けた結果、2001年に債務不履行（デフォルト）に陥った。国際通貨基金（IMF）より巨額の融資を受けて再建に乗り出したアルゼンチンだったが、緊縮財政への国民の怒りが爆発し、暴動が発生するなど混乱は続いた。

その時日本は！

平成時代
2001年 小泉純一郎内閣発足
→日本史P.261

2004 >>>> 2006年

イラク戦争は終結したが、アメリカの主張する大量破壊兵器は確認されず、今回の米英の軍事行動への世界的批判が起きる。イラク国内では「イラクのイスラム国（ISI）」と改称したイスラム過激派組織が活動を開始。さらにデンマークの新聞で発表された風刺漫画から中東・アフリカのイスラム教国で抗議活動が起こり、反欧米気運が高まっていった。

アジアでは、急速な経済成長を見せる中国と日本との関係が悪化。尖閣諸島の領有権を巡って争う両国は、2005年に開催された東アジアサミットでもアジアの覇権を巡り、意見の食い違いを見せた。さらに北朝鮮が核開発や弾道ミサイルの発射などを実行するなど、日本を取り巻く環境は一層厳しいものになっていく。

経済成長により発言力を増す中国

急成長を遂げる中国と核開発を進める北朝鮮。厳しさを増す日本を取り巻く環境

第9章 冷戦終結で再編成進む世界

この時代のダイジェスト

EUに
10カ国加盟

東アジア
サミット開催

北朝鮮
ミサイル発射・
地下核実験

中国、一気に経済大国に
2000年代の半ば頃から、一気に急成長を遂げた中国は、GDPでドイツ・フランスを一気に抜き、世界3位となった。

名目GDPの推移
2002 2003 2004 2005 2006 2007

15 16 核開発を断行する北朝鮮　金正日
NPTからの離脱を宣言した北朝鮮は2006年、突如、スカッド・ノドン・テポドン2号の弾道ミサイル計7発を日本海に向けて発射。さらにその3ケ月後には地下核実験を行い、成功したことを発表した。

北朝鮮

15 16

1 9

北京 10

中国経済の台頭

8

勝手に
入るな〜

3

3 尖閣諸島の領有権を主張する中国
日本が実効支配する尖閣諸島で1968年に海洋資源が発見されて以来、中国・台湾は「固有の領土である」という主張を続けている。2004年には中国人活動家が尖閣諸島に上陸し、沖縄県警によって逮捕されるという事件が起こっている。

12 東アジアサミット初開催
将来の東アジア共同体の創設を視野に入れ、ASEAN諸国と日本・中国・韓国・オーストラリア・ニュージーランド・インドが参加する首脳会議が、マレーシアのクアラルンプールで開催された。経済問題を扱う会議であるが、アジアでの覇権争いに関わるため、様々な部分で日本と中国での意見の喰い違いが見られる。

12
クアラルンプール

その時
日本は！

平成時代

2004年
平成の大合併
→日本史P.262

2004年
2度目の日朝首脳会談
→日本史P.262

高まる反欧米気運

EU新加盟国
- ポーランド、チェコ、スロバキア
- ハンガリー、スロベニア
- エストニア、リトアニア
- ラトビア、マルタ、キプロス

⑬イスラム圏を怒らせた風刺漫画
2005年デンマークの日刊紙に掲載されたムハンマドの風刺漫画に対し、世界中のイスラム教徒から抗議が上がった。ヨーロッパの各新聞はこれに対して表現の自由を主張したが、リビアが在デンマーク大使館を閉鎖したり、レバノン・シリア・ナイジェリアなどで抗議活動が暴徒化するなど政治問題にまで発展した。

⑤⑥イラクに大量破壊兵器はあったのか？
アメリカはイラクが大量破壊兵器を所持しているとして2003年にイラク侵攻を実行したが、大量破壊兵器は発見されず、さらに新政権が誕生した後もイラク国内の治安が悪化したためアメリカ・イギリス軍はイラクに留まり、戦闘を続行した。世界的にアメリカ・イギリスの行為に批判が高まり、イギリスのブレア首相は退陣に追いこまれ、ブッシュも2期目の大統領選挙で苦戦を強いられ、のちに大量破壊兵器保有の報告に誤りがあったことを認めた。

→ ⑰イスラム国誕生へ

用語［イスラム国］

ヨルダンなどで生まれた「タウヒードとジハード集団」を前身とし、2004年にアルカーイダに合流したイスラム過激派組織で、2006年に、「イラクのイスラム国(ISI)」と改称した。

2011年にシリア内戦が勃発すると、アブー・バクル・アル=バグダーディー指揮の下でシリアに侵攻して、アサド政権に対抗。一時はイラクとシリア国内に多くの占領地域を獲得し「イラクとシリアのイスラム国(ISIS)」と改称したイスラム国は、2014年にイスラム国建国を宣言する。しかし、アメリカ・ロシアなど有志連合による空爆によって占領地域は徐々に縮小、2017年イスラム国が首都としていたラッカがシリア民主軍によって奪還されると、事実上消滅した。

①	2004年1月	自衛隊、イラク派遣
②	2004年1月	WHOら鳥インフルエンザの警告共同声明
③	2004年3月	中国人が尖閣諸島に上陸
④	2004年5月	EUに新たに10か国が加盟
⑤	2004年6月	イラクの暫定政権に主権委譲
⑥	2004年10月	アメリカ、イラクに大量破壊兵器がないことを認める
⑦	2004年11月	アラファト大統領死去
⑧	2005年1月	中国-台湾間の航空路線復活
⑨	2005年2月	京都議定書発効
⑩	2005年4月	北京で1万人規模の反日デモ
⑪	2005年11月	メルケル、ドイツ首相に
⑫	2005年12月	第1回東アジアサミット開催
⑬	2006年2月	ムハンマド風刺漫画への抗議行動が暴徒化
⑭	2006年6月	モンテネグロ、独立宣言→国連加盟
⑮	2006年7月	北朝鮮、弾道ミサイルを発射
⑯	2006年10月	北朝鮮、地下核実験成功と発表
⑰	2006年10月	「イラクのイスラム国(ISI)」活動開始
⑱	2006年12月	フセインの死刑執行

平成時代

- **2005年** 郵政民営化法案成立 →日本史P.262
- **2005年** 中部国際空港開港 →日本史P.262
- **2006年** ゼロ金利を廃止 →日本史P.263
- **2006年** 第一次安倍晋三内閣発足 →日本史P.263

2007 ≫≫ 2009年

世界経済に衝撃!! リーマン・ショック

サブプライムローン問題と原油価格の高騰が招いた大手証券会社の倒産が発端

第9章 冷戦終結で再編成進む世界

2007年、アメリカで「サブプライムローン」問題によって、株価が暴落。その影響は中国などの経済発展によって高騰していた原油価格をさらに引き上げる事になり、さらにアメリカ経済を圧迫していった。その結果、2008年に世界経済を一気に停滞に陥れたリーマン・ショックが起きるのだった。

そんな経済的危機の直後、リーマン・ショックの対応に失敗したブッシュに代わって黒人として初めてアメリカ大統領に選出されたオバマは、プラハの演説で「核兵器のない世界」を目指すことを宣言。広島市平和記念式典でも核廃絶をアピールした。これらの国際社会への働きかけが評価され、大統領就任からわずか9ヶ月でノーベル平和賞を受賞した。

この時代のダイジェスト

サブプライムローン問題 → 世界的原油高騰 → リーマン・ショック

③⑩大手証券会社 リーマン・ブラザーズ倒産
（低所得者向け住宅ローンが破綻の原因）
90年代の経済好況により、アメリカでは住宅建築ブームが起こり低所得者向け住宅ローン「サブプライムローン」が人気だった。しかし当初の目論み通りの地価・住宅価格の上昇が見られず、2007年夏頃から不良債権化していた。さらに原油価格高騰がアメリカ経済を圧迫し、ついに2008年9月大手証券会社リーマン・ブラザーズが倒産。ブッシュ政権は公的資金投入を決断するが、議会の反対を受けて頓挫。一気に世界的な株価下落を招いてしまった。

世界を巻き込むリーマン・ショック

No.	年月	出来事
1	2007年1月	iPhone発表
2	2007年5月	サルコジ、仏大統領に
3	2007年8月頃	サブプライムローン問題で株価大暴落
4	2007年12月	原油価格大高騰
5	2004年10月	イラン、初の国産宇宙ロケット打ち上げ
6	2008年2月	セルビアのコソボ自治区が独立を宣言
7	2008年5月	メドヴェージェフ、ロシア大統領に
8	2008年5月	四川大地震
9	2008年5月	ネパール、王制廃止と共和制施行
10	2008年9月	リーマン・ショック（リーマン・ブラザーズ経営破綻）
11	2008年11月	オバマ、黒人初の米大統領に
12	2009年1月	日本、国連安保理の非常任理事国
13	2004年11月	エチオピア軍、ソマリアから撤兵
14	2005年2月	ジンバブエ、100兆ジンバブエ・ドル紙幣の発行
15	2009年2月	米と露の人工衛星衝突事故
16	2009年4月	オバマ、プラハで演説「核兵器のない世界」
17	2009年4月	メキシコで豚インフルエンザ発見
18	2009年5月	北朝鮮、2度目の核実験
19	2009年6月	米、ゼネラル・モータース経営破綻
20	2009年12月	コペンハーゲンで国際会議「COP15」開催

豚インフルエンザが世界的流行
2009年、以前より豚の間で流行していたインフルエンザがメキシコで豚から人へ直接感染し、新型インフルエンザとして世界的に広まった。当初、死亡率が高いとの報道があったため、対応は厳格なものであったが、現在では季節性インフルエンザと同等のものとなっている。

その時日本は！

平成時代

2007年 福田康夫内閣発足 →日本史P.263

2008年 麻生太郎内閣発足 →日本史P.263

2010 >>> 2012年

2011年チュニジアで起こった民衆暴動から、アラブ諸国に民主化と自由を求める運動が拡散し、チュニジア・リビア・エジプト・イエメンの長期独裁政権が次々に倒された。その波はアサド親子による長期政権が続くシリアにも押し寄せ、政府と反政府勢力に分かれて内乱となった。この内乱にはアメリカやロシアなど諸外国が介入、ヒズボラやISなど様々なテロ組織も絡み合って複雑化し、現在も紛争は解決していない。

アジアでは、リーマン・ショックの影響を受けなかった中国が順調に経済成長を遂げ、GDPで日本を抜いて世界第2位に躍り出た。一方の日本では2011年3月11日に発生した東日本大震災によって、福島第一原発事故が発生。「安全」と言われていた原発の神話が崩壊した。

アラブ長期政権相次いで崩壊

チュニジア青年の抗議の焼身自殺から始まった中東・アフリカの民主化運動

第9章 冷戦終結で再編成進む世界

この時代のダイジェスト

チュニジア反政府暴動 → アラブの春　東日本大震災

大統領職再登板！

プーチン 16 18

⑭先行き不透明なユーロ経済
大手格付会社は、**ユーロ圏の財政・金融危機**に対する有効な政策が打ち出されていないことから、2012年1月、**イタリア・スペイン・ベルギー**などユーロ圏5ヵ国の**長期国債の格付引き下げ**を発表した。

③テロ組織が介入 シリア内戦
アサド政権による**一党独裁**が続くシリアでも、2011年2月頃から反政府デモが頻発した。政府は民衆への歩み寄りを見せるつつもデモに対し、**武力弾圧**を行ったため、反発した民衆の中に「**自由シリア軍**」が誕生し、本格的な**内戦状態**に。EUやアメリカなどの諸外国や**アルカーイダ**などの**テロ組織**が介入し、事態はより複雑化。さらには「**イスラム国**」の参戦によって、混乱はさらに極まり、現在も事態は終息していない。

9 シリア

チュニジア
チュニス
4 5
ベン＝アリー
11 トリポリ
リビア
7 エジプト

①チュニジア、「アラブの春」の発端
チュニジアの首都**チュニス**の一人の青年が、警察官から受けた不当な処罰に抗議して**焼身自殺**した。それを知った大衆が**暴動化**し全国へ拡大。独裁的な権力を振るっていた**ベン＝アリー大統領**は**辞任**し、チュニジアは**民主化**された。チュニジアの花にちなみ「**ジャスミン革命**」と呼ばれたこの民主化革命は、圧政に苦しむアラブ各国に広まり、「**アラブの春**」と呼ばれる動きの発端となった。

②絶対的支配者ムバラク、カダフィ政権崩壊
ムバラク　カダフィ

30年にも及ぶ**ムバラク大統領**の独裁政権に苦しんでいた**エジプト**の民衆は、「ジャスミン革命」発生から2週間も経たないうちに、大規模な**反政府デモ**を起こした。これにより**ムバラク**は**政権を返上**、長い独裁時代に終止符が打たれた。一方、**リビア**では人権活動家の弁護士の釈放要求デモが、**カダフィ退陣**を求めるデモに発展。カダフィはデモに対して**強硬な姿勢**を見せるが、これが欧米諸国の軍事介入を引き起こし、リビアは**内戦状態**となった。8月に首都**トリポリ**が陥落、カダフィ政権も**崩壊**する結果となった。

「アラブの春」
長期独裁政権の崩壊

その時日本は！

平成時代

2010年 菅直人内閣発足 →日本史P.263

2010年 東北新幹線全線開通 →日本史P.264

2013 》》》 2015年

第9章　冷戦終結で再編成進む世界

スンニ派武装集団―IS、イスラム国を建国

シリア国内での領土の獲得を目指すISがシリア内乱をさらに複雑化していく

2011年よりシリア内戦に参戦しアサド政権への攻撃を開始したIS（イラクとシリアのイスラム国）は周辺のスンニ派武装グループを吸収して勢力を拡大していたが、一方でアサド政権と敵対する反政府派とも衝突するようになっていた。しかし、イラクのモスルを支配下に入れる2012年にアブー・バクル・アル＝バグダーディーをカリフとする「イスラム国」の建国を宣言、かつてのイスラム王朝の復活を目指すことを表明した。これに対してアメリカ、ロシアはそれぞれ敵対する立場ながらISへの空爆を実施する。

アジアでは、新たに習近平が国家主席となった中国で株価の大暴落が発生し、中国経済に陰りが見られ、アジア経済への影響が懸念された。

この時代のダイジェスト

「イスラム国」建国宣言 → アメリカ・ロシアによるシリア空爆　中国株価大暴落

「イスラム国」の脅威

我々はアサド政権の要請で出撃するのだ

プーチン

17 ロシアもイスラム国を空爆
ロシアのプーチン大統領は、親密な関係にあるシリア・アサド政権の要請と受けたとして、シリア領内で活動中のテロ組織IS・ヌスラ戦線への攻撃を目的とする空爆を宣言。しかし、それ以外のシリア反政府派や民間人への空爆も行われたとして、米英サウジアラビアなど反政府派を支持する国家からの非難が上がった。

加盟！

クロアチア
5

古のイスラム王朝の領土回復を主張するIS
7
2014年4月、シリア・イラク国内に統治地域を確保していたISはアブー・バクル・アル＝バグダーディーをカリフとするイスラム王朝「イスラム国」を建国したと宣言した。西はスペインからアフリカ北部、東は中央アジア、中国西部までを領土として獲得することを目論んでいることを発表。もちろん世界の各国はこれを認めず、アメリカ・ロシアは異なる立場からISの統治地域の空爆を実行した。

12

HELP!

アサド

シリア
6 11

イスラエル
8

8 イスラエル、ガザ地区へ侵攻
2005年にイスラエルはガザ地区を事実上放棄していたが、ガザ地区をファタハに替わってハマスが実効支配するようになるとガザの周囲封鎖を強化し、繰り返し軍事行動を起こしていた。2014年6月、イスラエル人少年が誘拐される事件が発生。これをハマスの犯行と断定したイスラエル軍がガザ地区へ大規模な攻撃を実施した。

10

10 WHOが緊急事態宣言
2013年末頃からギニアなど西アフリカを中心にエボラ出血熱が発生。2014年6月頃から感染が急速に広まり、8月にWHOが緊急事態宣言を行った。史上初めて首都での感染となり、事態は2016年1月まで続き、死者・感染者は過去最大となった。

その時日本は！

平成時代			
2013年 国の借金が 1000兆円を突破	**2013年** 老齢厚生年金 支給開始年齢引き上げ開始	**2013年** 富士山 世界文化遺産に登録	**2011年** 福島第一原発事故 →日本史P.264

2016 ⟫⟫⟫ 2018年

2016年6月、イギリスで実施されたEU離脱の是非を問う国民投票の結果は「離脱決定」だった。アメリカ・トランプ大統領やフィリピンのドゥテルテ大統領、トルコのエルドアン大統領など、世界は自国強化・自国経済保護に力を発揮する強力な指導者を求める気運が広がり、同時に各国で極右と呼ばれる政党が徐々に支持を得ている。

一方、内戦の続くシリアでは事実上の首都ラッカを失ったISは崩壊したが、紛争はアサド政権優勢とはいえ、依然として解決していない。

世界に広がるナショナリズムの潮流

長く続く経済不安から、各国でより強力な指導者の下、自国強化を求める声高まる

第9章　冷戦終結で再編成進む世界

この時代のダイジェスト

中国、南沙諸島開発 → イギリス EUより離脱 → トランプ アメリカ大統領誕生

9 OPEC、15年ぶり原油減産合意
OPECとロシアなどの主要原油国はウィーンで会合を開き、15年ぶりの原油減産に合意した。これは2年で半値以下に下落した原油価格の高騰が目的である。

6 英国民が選んだのはEU離脱の道
同時多発テロやリーマン・ショックによるEU危機とEU地域からの移民増加を受けて、イギリス国内では反大陸欧州感情が芽生えていた。キャメロン首相は、国民投票で是非を問うことでガス抜きを図るが、「EU離脱」が僅差で「EU残留」を上回った。2017年3月、キャメロンに変わって首相となったテリーザ・メイは正式にEU離脱を表明した。

離脱します　イギリス

石油の生産量抑えます OIL

9　ウィーン

独立したい！

権限UP！

カタルーニャ 17　スペイン

エルドアン 14

極右政党の台頭

13

13 アメリカ、アサド政権へ制裁
2017年4月、それまで反体制派への軍事支援に留まっていたアメリカが、アサド政権の化学兵器使用への制裁として、政府軍のシャイラート空軍基地へのミサイル攻撃を実施した。これはトランプにとっても、アメリカにとっても初めてのシリア騒乱への直接的軍事介入であった。

世界はどこへ……？

その時日本は！

平成時代

■索引

あ

アークライト	91、92
アーヘンの和約	87
アーリヤ人	11、13
アイゼンハワー	170
アイゼンハワー・ドクトリン	175
アイユーブ朝	42、46
アヴィニョン捕囚	52
アウグストゥス	18、25
アウクスブルク同盟戦争	81
アウクスブルクの和議	68
アウシュヴィッツ	127、156
アウステルリッツの戦い	98
アウストラロピテクス	6
アウンサンスーチー	213
アカキオスの分裂	27
阿骨打	41、167
アケメネス朝ペルシア	14
アサド	219、222
アジア・アフリカ会議	172
アショーカ王	17
アステカ王国	63、202
アステカ文明	53、202
ASEAN	184
アッカド王国	8
アッシリア王国	12
アッティラ	26
アッバース朝	33、66
アッラフマーン1世	32
アテネ	12、14
アドリアノープル条約	103
アナーニ事件	53
アパッチ戦争	122
アパルトヘイト	179
アブー・バクル	38
アフガニスタン侵攻	196
アフガニスタン民主共和国	196
アフシャール朝	85
アブデュル・ハミト2世	118
アブデュル・メジト1世	105
アブドゥル・ナーセル	170、192
アフリカ大陸横断鉄道	149
アフリカ統一機構(OAU)	181
アフリカの年	178
アフリカ連合(AU)	216
アヘン戦争	74、104、166
アポロ計画	179
アミアンの和約	98
アムル人	10
アメリカ＝イギリス戦争	100
アメリカ合衆国	90、147
アメリカ大使館人質事件	196
アメリカ大陸	146
アメリカ同時多発テロ	216
アメリカ独立戦争	90、147
アメリカ・メキシコ戦争	107
アメリカ連合国	112、147
アメリゴ＝ヴェスプッチ	146
アメンホテプ4世	10
アユタヤ朝	55
アラゴン王国	38
アラファト	193、199
アラブ首長国連邦(UAE)	189
アラブ首脳会議	182、195
アラブ諸国連盟(アラブ連盟)	160
アラブ石油輸出国機構(OAPEC)	190
アラブの春	222
アラブ連盟	192
アラム人	11
アルカーイダ	213
アルクイン	44
アルブレヒト2世	56
アルマ・アタ宣言	209
アルマダ海戦	70
アルマルナ美術	11
アルメニア王国	41、46
アレクサンドル1世	98
アレクサンドロス	16
アレクシオス1世	40、46
アレッポの戦い	227
アロー号事件	111
アロー戦争	110、166
アングロ＝サクソン王国	33
アングロ＝サクソン人	32
アンコール朝	33
安史の乱	33
アンシャン・レジーム(旧体制)	94
アンジュー伯アンリ	42
アンティゴノス朝	17、18
アンボイナ事件	72
アンマン合意	201
アンリ4世	71

い

イヴァン3世	59
イヴァン4世	64
イエズス会	64
イェニチェリの反乱	71
イェルマーク	71
イエメン騒乱	223
イギリス国教会	64、67
イギリス・ビルマ戦争	103
イギリス連邦	148
イスラエル	67、127、164、192
イスラエル王国	12、126
イスラム教	28、66
イスラム共同体	28
イスラム原理主義	196
イスラム国	219、222、224
イタリア王国	34、113
イタリア戦争	59
イタリア戦闘者ファッシ	139
イタリア統一戦争	111
一国二制度	199
一帯一路	225
イドリース朝	32
イブン・サウード	141
イラク戦争	216
イラクとシリアのイスラム国(IS)	224
イラン＝イスラーム共和国	196
イラン＝イラク戦争	198
イラン革命	196
イル＝ハン国	50
殷	9、11、30
インカ帝国	58、202
インカ文明	202
イングランド共和国	76
イングランド銀行	81
インダス文明	9、11
インティファーダ	204
インド統治法	111
インド独立法	163
インドネシア共和国	165
インド連邦	163

う

ヴァイキング	33
ヴァスコ・ダ・ガマ	58
ヴァチカン市国	144
ヴァルダナ朝	29
ヴァルダマーナ	15
ヴァルナ制	13
ヴァレンヌ事件	96
ヴァロワ朝	52
ウィーン会議	100
ウィーン体制	100
ヴィクトリア女王	105
ウイグル	33
ヴィシー政府	156
ヴィジャヤナガル王国	53
ウィルソン	136
ヴィルヘルム1世	116
ヴィルヘルム2世	122
ヴェーダ時代	13
ヴェストファーレン条約	76
ヴェストファーレン体制	76
ウェストミンスター条約	79
ウェストミンスター憲章	149
ヴェネツィア共和国	69
ヴェルサイユ宮殿	80
ヴェルサイユ講和条約	138
ヴェルサイユ条約	87
ヴェルサイユ体制	138
ヴェルダン条約	32
ウォーターゲート事件	191
ヴォルステッド法	139
ウォルポール	84
ウマイヤ朝	28、66
海の民	10
ウラービー革命	120
ウラービー・パシャ	121
ウル第三王朝	8
ウルバヌス2世	40、46

え

英印円卓会議	149
英独海軍協定	151
英仏協商	130
英仏通商条約	111
永楽帝	57
英蘭戦争	78
英露協商	132
エーゲ文明	9
ABCD包囲網	157
エカチェリーナ2世	91
エグバート	32

か (continued / top of third column)

エジプト・イスラエル平和条約	196
エジプト王国	13
エジプト共和国	170、192
エジプト古王国	8
エジプト＝トルコ戦争	105
エジプト文明	8
エデッサ伯領	41、42、46
エマヌエーレ2世	110
エミール・ゾラ	124
エムス電報事件	115
エリザベス1世	68
エリゼ条約	181
エリツィン	209
エルサレム王国	41、42、46、50
エルトリア人	24
エンコミエンダ制	65
袁世凱	135、166
エンリケ航海王子	56

お

欧州経済共同体(EEC)	175
欧州経済協力機構(OEEC)	165
欧州自由貿易連合(EFTA)	178
欧州石炭鉄鋼共同体(ECSC)	168
欧州中央銀行	214
欧州防衛共同体(EDC)条約	170
欧州連合(EU)	208
汪兆銘	155
王莽	21、31
オーストラリア連邦	131
オーストリア継承戦争	84
オーストリア国家条約	173
オーストリア＝ハンガリー帝国	115
オーレグ	34
オクタウィアヌス	18、25
オスマン朝	50、54、67
オスマン・ベイ	50、52
オスロ合意	210
オタワ連邦会議	148
オックスフォード大学	42、45
オットー1世	35、36
オドアケル	26
オバマ	220
オラニエ公ウィレム	71
オランダ独立戦争	68
オルメカ文明	202
オレンジ自由国	109

か

カーター	197
カートライト	92、94
ガーナ王国	35
カーナティック戦争	87
カーネーション革命	195
カール5世	62
カール10世	79
カール12世	83
カール大帝	32、35、44、66
カール＝マルクス	106
カイロ宣言	158
カヴール	108
カエサル	18、24
ガガーリン	178
核拡散防止条約(NPT)	187
核戦争防止協定	191
核兵器実験停止会議	176
ガザ地区	127、193
カスティリャ王国	38
カスティリャ伯領	37
カストロ	177、203
カダフィ大佐	187
カタラウヌムの戦い	26
カッシート	10
GATTウルグアイ・ラウンド	205
カデシュの戦い	11
カニシカ王	21
カノッサの屈辱	40
カピチュレーション	68
カブラル	59、202
カペー朝	37
ガリレオ＝ガリレイ	61
カルヴァン	64
カルヴァン派	68
ガリバルディ	110
カルマル戦争	73
カルロヴィッツ条約	80
カロリング小文字	44
カロリング朝	33、44
カロリング＝ルネサンス	44
漢(前漢)	17、30
カンザス・ネブラスカ法	109
ガンダーラ美術	21
ガンディー	133
カンボジア人民共和国	196

か (continued / fourth column top)

カンボジア内戦	215
カンボス将軍	116
乾隆帝	85

き

キエフ公国	34、48
ギエンヌ戦争	51
北大西洋条約機構(NATO)	165
北ドイツ連邦	114
契丹(遼)	35
姫発	11、31
キプチャク＝ハン国	48
キプロス王国	46
金日成	165
金正日	211
金正恩	223
金大中	215
キャフタ条約	85
キャンプ・デービッド会談	176
キャンプ・デービッド合意	196
キャンプデービッド精神	177
九・三〇事件	182
九十五ヶ条の論題	62
キューバ革命	176、203
キューバ危機	180、203
キュチュク・カイナルジャ条約	91
キュロス2世	15、126
強制収容所	156
京都議定書	213
共産党宣言	106
極東軍事裁判	163
ギリシア独立戦争	103
ギリシア文明	45
キリスト	18、20、66
キリスト教	20、66
キリスト教綱要	64
義和団の乱	128
金	41、167

く

グアヤキル会談	103
クウェート侵攻	207
KKK	112、140
グーテンベルク	58
九月革命	115
クシャーナ朝	21
クヌート	36、39
クフ王	9
グプタ朝	23、27
クメール＝ルージュ	194
グラスノスチ	201、204
クラッスス	18、24
クリオーリョ	203
クリミア戦争	108
クリミア＝ハン国	91
クリューガー	118
クリントン	210
クレイディオンの戦い	37
グレート・トレック	104
グレートブリテン王国	83
クレオパトラ7世	18
グレゴリウス3世	46
グレゴリウス7世	41
グレゴリウス暦	71
クレシーの戦い	52
クレタ文明	9
クレルモン宗教会議	40、46
クローヴィス	26
クロマニョン人	6
クロムウェル	76
軍人皇帝時代	25

け

経済協力開発機構(OECD)	179
経済相互援助会議(COMECON)	165
警察予備隊	168
ケープ植民地	104
ゲッティンゲン宣言	175
ゲティスバーグの戦い	112、147
ケネディ	178
ゲルマン人	22、25、26
ケロッグ・ブリアン条約	144
元	48、51、166
玄奘三蔵	29
原水爆禁止世界大会	173
権利の章典	80
権利の請願	76

こ

紅衛兵	184
航海法	78
江華島事件	117
黄河文明	9、30

こ（続き）

康熙帝 ……………………………… 85
後金 ……………………………… 73
黄巾の乱 ……………………… 23、31
紅巾の乱 ……………………………… 55
孔子 ……………………………… 15
洪秀全 ……………………………… 106
甲申事変 ……………………………… 120
黄巣の乱 ……………………………… 35
後ウマイヤ朝 ………………… 32、66
高麗 ……………………………… 35
コーサラ国 ……………………………… 15
ゴート人 ……………………………… 22
ゴールドラッシュ ……………………… 107
後漢 ……………………………… 21、31
国際原子力機関(IAEA) ………… 175
国際スエズ運河株式会社 ………… 108
国際赤十字条約 ……………………… 113
国際通貨基金(IMF) ……………… 216
国際連合 ………… 127、147、160
国際連盟 ……………………………… 138
国民革命軍 ……………………………… 165
国民三部会 ……………………………… 94
国民政府 ……………………………… 142
国連安保理 ……………………………… 168
国連ソマリア和解会議 ……………… 211
国連貿易開発会議(UNCTAD) …… 182
五賢帝時代 ……………………… 20、25
五胡十六国 ……………………… 23、30
コソヴォ自治区 ……………………… 214
五代十国時代 ………………… 35、37
国家安全保障法 ……………………… 163
国境なき医師団 ……………………… 215
ゴーディン＝ディエム ………………… 173
コバドンガの戦い ……………………… 28
コペルニクス ……………………………… 64
コミンテルン ……………………………… 139
コミンフォルム ……………………………… 162
虎門寨追加条約 ……………………… 107
ゴラン高原 ……………………………… 193
後梁 ……………………………… 35
ゴルバチョフ ……………………………… 200
コロンブス ………… 58、146、202
コンゴ王国 ……………………………… 51
コンゴ動乱 ……………………………… 182
コンスタンティヌス …………… 22、25
コンバウン朝 ……………………………… 103
コンラート3世 ……………………………… 46

さ

サーマーン朝 ……………………………… 35
サイクス・ピコ協定 ………… 127、136
最終的地位協定 ……………………… 211
彩陶文化 ……………………………… 7
済南事件 ……………………………… 144
サウジアラビア王国 ……………………… 149
ザクセン朝 ……………………………… 35
ササン朝ペルシア ……………………… 22
サダト ……………………… 193、196
薩英戦争 ……………………………… 113
サッチャー ……………………………… 199
サティヤーグラハ ……………………… 133
サファヴィー朝 ……………………………… 63
サブプライムローン問題 ……………… 220
サラエヴォ事件 ……………………… 135
サラディン ……………………… 42、46
サラトガの戦い ……………………………… 91
サルコジ ……………………………… 220
サルゴン ……………………………… 8
サルデーニャ王国 ……………………… 83
三王国戦争 ……………………………… 76
三角貿易 ………………… 74、92、104
三カリフ時代 ………………… 34、66
ザンギー ……………………… 42、46
産業革命 ……………………… 90、92
サンクトペテルブルク ……………………… 83
三国干渉 ……………………………… 125
三国協商 ……………………………… 132
三国時代 ……………………………… 23
三国同盟 ……………………………… 120
三国同盟戦争 ……………………… 122
3C政策 ……………………………… 129
サン・ジェルマン講和条約 ………… 138
三十年戦争 ……………………… 67、73
サン＝ステファノ講和条約 ………… 118
三世の春 ……………………………… 85
三帝同盟 ……………………………… 116
三頭政治 ……………………… 18、24
3B政策 ……………………………… 129
サンフランシスコ講和会議 ………… 168
サンフランシスコ講和条約 ………… 168
サン・マルティン ………… 100、203
三民主義 ……………………………… 133
サン・レモ会議 ……………………… 138

し

シーア派 ……………………………… 29
シェイクスピア ……………………………… 61
ジェニー紡績機 ……………… 91、92
ジェファーソン ……………………………… 90
ジェロニモ ……………………………… 122
ジェンキンスの耳戦争 ……………… 85
シオニスト ……………………………… 127
シオニスト会議 ……… 124、127、129
シオニズム運動 …… 124、127、192
シク王国 ……………………………… 107
シク戦争 ……………………………… 107
始皇帝 ……………………… 16、30
七月王政 ……………………………… 103
七月革命 ……………………………… 102
七年戦争 ……………………………… 86
四帝分治制 ……………………… 22、25
シパーヒーの反乱 ……………………… 111
司馬睿 ……………………………… 31
司馬炎 ……………………… 23、31
下関講和条約 ……………………… 125
シモン＝ド＝モンフォール ………… 51
シモン・ボリバル …………… 100、203
ジャイナ教 ……………………………… 15
社会契約説 ……………………………… 90
社会主義者鎮圧法 ……………………… 122
ジャコバイトの反乱 ……………………… 87
ジャコバン派 ……………………………… 96
ジャスミン革命 ……………………… 222
ジャックリーの農民一揆 ………… 54、57
シャルル2世 ……………………………… 34
シャルル10世 ……………………………… 103
ジャワ原人 ……………………………… 6
ジャンヌ・ダルク ……………………………… 57
上海協力機構 ……………………… 216
上海事変 ……………………………… 149
周 ……………………… 11、31
11月蜂起 ……………………………… 105
周恩来 ……………………………… 153
十月革命 ……………………………… 136
宗教改革 ……………………… 62、67
習近平 ……………………………… 223
十字軍 …… 40、42、46、48、67
自由州 ……………………………… 100
重商主義 ……………………………… 74
12世紀ルネサンス ……………………… 45
自由フランス政府 ……………………… 156
14カ条の平和原則 ……………………… 136
主教戦争 ……………………………… 76
朱元璋 ……………………… 55、167
朱全忠 ……………………… 35、167
ジュネーヴ海軍軍縮会議 ………… 143
ジュネーヴ軍縮会議 ……………… 148
シュマルカルデン戦争 ………… 64、67
シュメール人 ……………………………… 8
シュレスヴィヒ公国 ……………………… 112
遵義会議 ……………………………… 151
春秋戦国時代 ………………… 13、31
蒋介石 ……………………… 141、166
小ドイツ主義 ……………………………… 114
ジョージ1世 ……………………………… 82
ジョージ王戦争 ……………………… 87
諸国民の春 ……………………………… 106
ジョン王 ……………………………… 49
ジョン・ケイ ……………………… 84、92
ジョンソン ……………………………… 182
シリア・アラブ王国 ……………………… 139
シリア内戦 ……………………… 219、222
ジロンド派 ……………………………… 96
秦 ……………………… 17、30
清 ……………………… 77、166
新インド統治法 ……………………… 151
新王国(エジプト) ……………………… 10
新 ……………………………… 21
辛亥革命 ……………………… 134、166
新興工業経済地域(NIEs) ………… 213
新自由主義 ……………………………… 198
神聖ローマ帝国 ………………… 36、99
新パナマ運河条約 ……………………… 197
新バビロニア王国 …………… 13、15
清仏戦争 ……………………………… 120
新ベオグラード宣言 ……………… 205
人民戦線 ……………………………… 152
新ユーゴスラヴィア連邦 ………… 209

す

隋 ……………………… 27、29、30
ズィール朝 ……………………………… 37
スウェイン1世 ……………………………… 36
スウェーデン戦争 ……………………… 77
枢軸 ……………………………… 152
枢軸国 ……………………………… 147
ズールー王国 ……………………………… 118

す（続き）

スエズ運河 ……………… 108、192
スエズ戦争 ……………………………… 192
スカルノ ……………………………… 160
スキタイ ……………………………… 15
スコラ学 ……………………… 40、45
スターウォーズ構想(SDI) ………… 201
STARTⅡ ……………………………… 211
スターリン ……………………………… 141
スターリン憲法 ……………………… 153
スターリング＝ブロック ……………… 148
スターリン体制 ……………………… 170
スティーヴンソン ……………… 93、101
スチュアート朝 ……………………………… 73
ステンカ＝ラージンの反乱 ………… 79
スパルタ ……………………… 12、14
スパルタクスの反乱 ……………………… 18
スハルト ……………………………… 215
スペイン王位継承戦争 ………… 74、82
スペイン王国 ……………………………… 58
スペイン内戦 ……………………………… 152
スペースシャトル ……………………… 199
スムータ(ロシア動乱時代) ………… 73
スライマーン ……………………………… 40
スリーマイル島事件 ……………………… 196
スルタンアフマト・モスク ………… 67、73
スレイマン1世 ……………………………… 64
スンニ派 ……………………………… 29

せ

西安事件 ……………………………… 153
西夏 ……………………………… 38
西晋 ……………………… 23、30、31
西太后 ……………………………… 128
正統カリフ時代 ………………… 28、66
青年イタリア ……………………………… 104
青年トルコ人革命 ……………………… 132
セーヴル条約 ……………………………… 137
世界人権宣言 ……………………… 165
世界大恐慌 ……………… 144、147
世界貿易機関(WTO) ……………… 205
石油輸出国機構(OPEC) ………… 178
セシル・ローズ ……………………………… 123
セポイの反乱 ……………………………… 111
セリム2世 ……………………………… 69
セルジューク朝 ……………………………… 38
セルビア共和国 ……………………… 214
セルビア・モンテネグロ ………… 216
セレウコス朝 ……………………… 17、18
ゼロ金利政策 ……………………… 215
全インド・ムスリム連盟 ………… 133
尖閣諸島 ……………………………… 218
先進国首脳会議(サミット) ………… 194
全ドイツ連盟 ……………………………… 125
前黎朝(ベトナム) ……………………… 37

そ

宋 ……………………… 27、31
ソヴィエト ……………………………… 130
ソヴィエト社会主義共和国連邦 …… 140
曾国藩 ……………………………… 109
双十協定 ……………………………… 163
曹丕 ……………………… 23、31
楚漢戦争 ……………………… 17、31
租借地 ……………………………… 128
ソマリア ……………………………… 225
ゾロアスター教 ……………………… 23
ソロモン王 ……………………… 12、126
孫文 ……………………… 133、166
ソンミ村虐殺事件 ……………………… 186

た

第1インターナショナル ………… 113
第一共和政(フランス) ……………… 96
第二共和政(フランス) ……………… 106
第三共和政(フランス) ……………… 115
第四共和政(フランス) ……………… 163
第五共和政憲法 ……………………… 176
第五共和政(フランス) ……………… 176
第一次インドシナ戦争 …… 163、173
第一次ウィーン包囲 ……………………… 64
第二次ウイーン包囲 ……………………… 81
第一次オイルショック ……… 190、193
第二次オイルショック ……………… 196
第一次キューバ独立戦争 ………… 115
第二次キューバ独立戦争 ………… 125
第一次五カ年計画 ……………………… 144
第一次国共合作 ………… 140、166
第二次国共合作 ……………………… 153
第一次山東出兵 ……………………… 143
第一次世界大戦 ………… 134、147
第二次世界大戦 ………… 147、154
第一次チェチェン紛争 ……………… 211
第一次中東戦争 ………… 164、192
第二次中東戦争 ………… 174、192

た（続き）

第三次中東戦争 ………… 185、193
第四次中東戦争 ………… 190、193
第一次天安門事件 ……………………… 194
第二次天安門事件 ……………………… 207
第二次日韓協約 ……………………… 131
第一次バロン戦争 ……………………… 49
第二次バロン戦争 ……………………… 51
第一次ビルマ戦争 ……………………… 103
第二次ビルマ戦争 ……………………… 109
第三次ビルマ戦争 ……………………… 121
第一次ブルガリア帝国 ……………… 29
第一次ポーランド分割 ……………… 91
第二次ポーランド分割 ……………… 97
第三次ポーランド分割 ……………… 97
第一次モロッコ事件 ……………… 130
第二次イタリア＝エチオピア戦争 … 150
第二次国共内戦 ……………………… 163
大英博物館 ……………………………… 87
大越国 ……………………… 37、38
対華21カ条要求 ……………………… 135
大韓民国 ……………………………… 165
大航海時代 ……………………… 58、67
大コロンビア共和国 ………… 100、203
第三世界 ……………………………… 172
大シスマ ……………………… 38、54
大西洋憲章 ……………………………… 156
対テロ戦争 ……………………………… 216
大ドイツ主義 ……………………………… 114
大東亜会議 ……………………………… 158
対仏大同盟 ……………………………… 97
太平天国の乱 ……………………………… 107
太平洋安全保障条約 ……………… 168
太平洋戦争 ……………………………… 156
太武帝 ……………………………… 27
大躍進運動 ……………………………… 177
太陽政策 ……………………………… 215
大陸横断鉄道 ……………………………… 115
大陸間弾道ミサイル ……………………… 175
大陸封鎖令 ……………………………… 98
ダヴィデ王 ……………………… 12、126
タウングー王国 ……………………………… 53
拓跋珪 ……………………… 27、30
多国籍軍 ……………………………… 209
ダニール ……………………………… 50
ダライ＝ラマ14世 ……………………… 177
タラスの戦い ……………………………… 33
タリバン ……………………………… 213
ダレイオス1世 ……………………………… 14
単一欧州議定書 ……………………… 201
塘沽停戦協定 ……………………… 151
タンジマート ……………………………… 105
ダンテ ……………………………… 60

ち

チェ・ゲバラ ……………………………… 203
チェチェン共和国 ……………………… 211
チェルノブイリ原発事故 ………… 205
地球温暖化防止条約 ……………… 209
地球環境サミット ……………………… 209
千島・樺太交換条約 ……………… 117
血の日曜日事件 ……………………… 130
チベット自治区 ……………………… 182
チベット独立宣言 ……………………… 177
チャーチル ……………………………… 156
チャーティスト運動 ……………………… 104
チャールズ1世 ……………………………… 76
チャールズ2世 ……………………………… 79
チャイナ・ショック ……………………… 225
チャウシェスク ……………………………… 207
チャガタイ＝ハン国 ……………………… 48
チャンドラグプタ1世 ……………………… 23
チャンドラグプタ王 ……………………… 17
チャンパー国 ……………………………… 23
中印国境紛争 ……………………… 181
中越国境戦争 ……………………… 196
中王国(エジプト) ……………………… 9
中央フランク王国 ……………………… 32
中華人民共和国 ……………………… 165
中華民国 ……………………… 135、166
中距離核戦力(INF)全廃条約 …… 205
中国共産党 ………………… 139、166
中国国民党 ………………… 139、166
中国人移民排斥法 ……………………… 120
中国人民解放軍 ……………………… 165
中国人民義勇軍 ……………………… 168
中国代表権問題 ……………………… 169
中国同盟会 ……………………………… 133
中ソ友好同盟相互援助条約 ……… 168
中東条約機構(METO) ……………… 172
中東戦争 ………… 67、127、192
趙匡胤 ……………………… 37、167
張学良 ……………………………… 145
張鼓峰事件 ……………………………… 155
張作霖爆殺事件 ……………………… 144

朝鮮人民共和国 160	**な**	ハイチ共和国 99、203	ヒンデンブルク 149
朝鮮戦争 168	ナーディル・シャー 85	ハインリヒ4世 40	ヒンドゥー教 23
朝鮮戦争休戦協定 170	ナイメーヘンの和約 80	パウルス3世 64	ピンポン外交 188
朝鮮特需 168	ナヴァリノの海戦 103	パウロ6世 182	ビン＝ラディン 213
朝鮮民主主義人民共和国 165	嘆きの壁事件 144	パガン朝 38	
チョーラ朝 35	ナスル朝 49	朴槿恵 225	**ふ**
チンギス＝ハン 48、166	ナチス 127、138	バクサールの戦い 91	ファーティマ朝 34、66
陳朝（ベトナム）49	ナポレオン 96	バグダーディー 219、224	ファイサル1世 139

つ
ツァーリズム 65
通商破壊作戦 136

て
T型フォード 133
ディオクレティアヌス 22、25
丁朝（ベトナム）37
デイトン合意 212
ティムール 55
ティムール朝 54
鄭和 57
デーン人 32
デーン朝 36
テオドール・ヘルツル 124
テオドシウス 22、25、66
テオドリック 27
デカブリストの反乱 102
鉄のカーテン 162
テトラルキア 23、25
テニスコートの誓い 95
テヘラン会談 158
テムジン 49
テューダー朝 58
テルミドール反動 97
デロス同盟 14
天津講和条約 121
天津条約 111
天津条約（日本―清）120
デンマーク戦争 73、77、112

と
ドイツ関税同盟 104
ドイツ騎士団 42、51
ドイツ共和国 136
ドイツ社会主義労働党 122
ドイツ社会民主党 122
ドイツ帝国 116
ドイツ農民戦争 63
ドイツ民主共和国（東ドイツ）165
ドイツ連邦 104
ドイツ連邦共和国（西ドイツ）165
唐 29、30、166
トゥーサン＝ルヴェルチュール 99、203
トゥール・ポワティエ間の戦い 28
東学党の乱 125
トゥグリル＝ベグ 38
東西ドイツ基本条約 190
東西ドイツ統一 206
東西冷戦 147、162
鄧小平 184
東晋 23、31
ドゥテルテ 226
東南アジア条約機構（SEATO）172
東方外交 187
ドゥラーニー朝 87
ドーズ案 140
トーリ党 78
独ソ戦 157
独ソ中立条約 143
独ソ不可侵条約 154
独立国家共同体（CIS）208
ド・ゴール 156
ドナテルロ 61
飛び杯 92
ドミニカ共和国 107
ドミノ理論 175
トラファルガーの戦い 98
トラヤヌス 25
トランスヴァール共和国 118
トランスヴァール独立戦争 119
トランプ 226
トリエント公会議 64、68
トリポリ伯領 46
トルーマン・ドクトリン 163
トルコ共和国 141
トルコ大国民議会 139
奴隷解放宣言 112、147
奴隷州 100
奴隷制度廃止法 104
ドレスデン大空襲 160
ドレフュス事件 124
トンキン湾事件 182
ドンソン文化 17

ナポレオン3世 115
ナポレオン法典 98
ナルヴァの戦い 83
南海泡沫事件 83
南京国民政府 157
南京条約 107
南宋 41
ナントの勅令 71
南米南部協同市場 209
南北首脳会談 215
南北戦争 112、147
南北朝時代 27

に
二月革命（フランス）106
二月革命（ロシア）136
ニクソン 186
ニクソン・ショック 188
ニケーア帝国 49、51
ニコライ1世 103
西インド会社 72
西インド連邦 177
西ゴート王国 26
西ゴート人 22
西フランク王国 32、34
西ヨーロッパ連合条約 165
西ローマ帝国 22、26
ニスタット条約 85
2000年問題 214
日英同盟 130
日独伊三国同盟 157
日独伊防共協定 152
日米安全保障条約 168
日米共同声明 187
日米新安保条約 178
日米和親条約 109
日露戦争 130
日韓基本条約 182
日韓併合 133
日清戦争 124、166
日ソ共同宣言 175
日ソ中立条約 157
日中共同声明 191
日中戦争 152
日朝首脳会談 216
ニューディール政策 151
ニュルンベルク裁判 160
ニュルンベルク法 127

ぬ
ヌーヴェル＝フランス 72
ヌスラ戦線 224
ヌルハチ 73、166、167

ね
ネアンデルタール人 6
ネーデルラント連邦共和国 71
ネーメト 206
ネオナチ 211
ネタニエフ 212
ネブカドネザル2世 15、126
ネリー・ロス 143
ネルー 172
ネルソン＝マンデラ 181
ネルチンスク条約 81
ネロ 20、66

の
ノヴゴロド国 34
農奴解放令 113
ノモンハン事件 155
ノリエガ 207
ノルマン・コンクエスト 38
ノルマン人 33、39、66
ノルマン朝 38
ノルマンディー公国 35、38
ノルマンディー上陸作戦 160
ノルマンディー公ウィリアム 38

は
ハーキム 36
ハーグ万国平和会議 129
ハーグリーブズ 91、92
バーブル 64
ハイチ革命 99

バクトリア 17、18
白蓮教徒の乱 55
バシレイオス2世 37
バティスタ 203
バトゥ 48
ハドリアヌス 20、126
パナマ運河 119
パナマ運河会社 119
パナマ運河返還条約 196
パナマ侵攻 207
ハノーファー朝 82
バビロン第一王朝 10
バビロン捕囚 15、126
ハプスブルク家 51、56、67
ハマス 212
バラ戦争 58
バラモン教 11
パリ解放 160
パリ協定 172
パリ講和会議 138
パリ講和条約（七年戦争）86、91
パリ講和条約（米西戦争）129
パリ＝コミューン 116
パリ不戦条約 144
バルカン戦争 134
バルカン同盟 134
ハルシャ王 29
パルティア 17、18
パルテノン神殿 15
バルト三国 207
バルト三国同君連合 54
バルトロメウ＝ディアス 58
ハル＝ノート 157
バルフォア宣言 127、136
パレスチナ円卓会議 155
パレスチナ解放機構（PLO）182、192
パレスチナ解放人民戦線（PFLP）185
パレスチナ暫定自治政府 211
パレスチナ暫定自治協定 210
パレスチナ戦争 164、192
パレスチナ難民 164、211
パレスチナ分割決議案 127、163、192
パン＝アメリカ会議 203
バングラディシュ民主共和国 189
ハンゲの海戦 83
反大陸欧州感情 226
半島戦争 98
ハンニバル 16
反ファシズム人民戦線 151
ハンムラビ王 10
板門店宣言 227
反ユダヤ主義 124、127
汎ヨーロッパ・ピクニック 206

ひ
東アジアサミット 218
東アフリカ会社 123
東インド会社 70
東ゴート王国 26
東ゴート人 22
東ティモール 195
東ティモール人民民主共和国 195
東日本大震災 222
東フランク王国 32、34
東ローマ帝国 22、26
ピカソ 153
ヒクソス 10
ビザンツ帝国 26、46、51、56、66
ヒジャース 136
ヒジャース・ナジュド王国 142
ヒズボラ（神の党）201
ビスマルク 112
ビスマルク体制 120
ピッグス湾事件 178
ヒッタイト 10
ヒトラー 127、150
ピノチェト軍事政権 200
ピピン3世 32、44、66
百年戦争 52、56
ピューリタン 72、146
ピューリタン革命 76
ピョートル大帝 81
ピルグリム・ファーザーズ 72、74
ビロード革命 207

ファシスト党 141
ファシズム 147
ファショダ事件 129
ファルツ戦争 80
フィリピン・アメリカ戦争 128
フィリピン革命 128
フィリピン共和国 163
フィリピン民族同盟 125
プーチン 214
フェニキア人 12
フェニキア文字 12
フェリーニヒン和平条約 130
フェリペ2世 68
フェリペ3世 73
フェリペ5世 82
フェルディナント2世 73
普墺戦争 114
フォークランド紛争 199
フォンテーヌブローの勅令 80
溥儀 143
武器貸与法 157
福島第一原発事故 222
フサイン 134
フサイン・マクマホン協定 127、135
武昌蜂起 135
フセイン 196
豚インフルエンザ 220
プチャーチン 108
仏教 15
ブッシュ 207
仏ソ相互援助条約 152
ブッダ 15
仏独相互協力条約 181
プトレマイオス朝 17、18
扶南国 21
フビライ＝ハン 51、166
普仏戦争 114
部分的核実験禁止条約（PTBT）180
冬戦争 155
プラザ合意 200
ブラジル連邦共和国 125
プラッシーの戦い 87
プラハ条約 114
プラハの春 187
フランク王国 26、44、66
フランクリン 87
フランコ将軍 152
フランシスコ会 63
フランシス・デイ 77
フランシス・ドレーク 71
フランス革命 94
フランス革命戦争 96
フランス皇帝 98
フランス・スウェーデン戦争 77
フランスのアルジェリア 176
フランス領インドシナ連邦 123
プランタジネット朝 42
フランツ1世 98
フランツ＝ヨーゼフ1世 115
ブラント 187
ブリアン 142
フリードリヒ2世 47、48、85
ブリュッセル条約 165
ブリュメールのクーデター 97
武力不行使条約 189
ブルートの戦い 83
ブルシェンシャフトの蜂起 102
フルシチョフ 170
ブルジュ・ハリファ 223
ブルボン朝 71
ブレア 219
プレヴェザの海戦 64
ブレジネフ 182
プレスブルクの和約 99
ブレティニー・カレー条約 55
プレトリア講和条約 120
ブレトン・ウッズ協定 160
フレミング 144
フレンチ・インディアン戦争 87、146
プロイセン王国 83
プロテスタント（新教徒）64、67
プロレタリア文化大革命 184
フロンドの乱 77
ブロンビエールの密約 110
ブワイフ朝 35
ブルグンド王国 27

フン族…………………………… 22

へ

米西戦争…………………………… 129
平和五原則………………………… 172
ベーコンの反乱…………………… 79
北京議定書………………………… 131
北京軍閥政府…………… 141、166
北京原人……………………………… 6
北京条約…………………………… 111
ペスト(黒死病)………………… 52
ベトナム共和国…………………… 173
ベトナム社会主義共和国………… 194
ベトナム戦争……………………… 182
ベトナム民主共和国……………… 160
ベトナム和平協定………………… 190
ペトロ2世………………………… 122
ヘブライ王国…………… 12、126
ペルシア戦争……………………… 14
ベルリン会議…………… 118、121
ベルリン条約……………………… 118
ベルリンの壁……………………… 178
ベルリン封鎖……………………… 165
ベルリン・ローマ枢軸…………… 152
ペレストロイカ………… 201、204
ヘレニズム文化………… 17、45
ペロポネソス戦争………………… 14
ベン=アリー……………………… 222
ヘンリー8世…………… 64、67

ほ

ホイッグ党………………………… 78
包括的核実験禁止条約(CTBT)… 213
ポエニ戦争……………… 16、18、24
ボーア人…………………………… 104
ボーア戦争………………………… 129
ホー・チ・ミン…………………… 160
ホーチミン・ルート……………… 188
ポーツマス講和条約……………… 131
ポーランド継承戦争……………… 84
ポーランド公国…………………… 37
ポーランド侵攻…………………… 154
ポーランド・ロシア戦争………… 79
北魏………………… 27、30、31
北清事変…………………………… 129
北宋………………………………… 167
北部仏印侵攻……………………… 157
北米自由貿易協定(NAFTA)…… 209
ポグロム…………………………… 127
戊戌の変法………………………… 128
ボストン茶会事件……… 90、147
ボスニア紛争……………………… 209
ボスニア=ヘルツェゴヴィナ…… 209
ホセ・マルティ…………………… 125
ホセ・リサール…………………… 125
ボッカチオ………………………… 60
ポツダム宣言……………………… 160
ボッティチェリ…………………… 60
北方戦争…………………………… 81
ポトシ銀山………………………… 64
ボヘミア・プファルツ戦争 … 73、77
ホメイニ…………………………… 196
ホモ・ハビリス…………………… 7
ポリス…………………… 12、14
ホルシュタイン公国……………… 112
ポルタヴァの戦い………………… 83
ポルトガル王国………… 40、42
ポル・ポト………………………… 194
ボローニャ大学…………………… 45
ホロコースト……………………… 127
ボロトニコフの農民反乱………… 73
香港返還………………… 201、213
ホンタイジ……………… 77、166
ポンペイウス…………… 18、24

ま

マーシャル・プラン……………… 162
マーストリヒト条約……………… 208
マイソール王国…………………… 91
マウリヤ朝………………………… 17
マガダ国…………………………… 15
マキァヴェリ……………………… 60
巻き返し(ロールバック)政策…… 171
マクシミリアン1世……………… 63
マグナ=カルタ(イギリス大憲章)… 49
マケドニア………………………… 16
マケドニア戦争…………………… 17
マジャール人……………………… 36
マジャパヒト王国………………… 51
マゼラン…………………………… 62
マッカーシズム…………………… 168
マッツィーニ……………………… 104
マヤ古典期文化…………………… 23
マヤ文明…………………………… 202

マラータ同盟……………………… 91
マラケシュ宣言…………………… 211
マラズギルトの戦い……………… 38
マラッカ王国……………………… 63
マリア・テレジア………………… 84
マリーン朝………………………… 51
マルコ=ポーロ…………………… 51
マルタ会談………………………… 207
マムルーク朝……………………… 48
満州国……………………………… 149
満州事変…………………………… 149
満州鉄道…………………………… 149
マンハッタン計画………………… 158

み

ミケーネ文明……………………… 10
ミケランジェロ…………………… 60
ミシェロヴィッチ………………… 214
ミズーリ協定……………………… 100
ミタンニ…………………………… 10
ミッドウェー海戦………………… 158
ミドハト憲法……………………… 119
ミドハト=パシャ………………… 118
南アフリカ金鉱会社……………… 123
南アフリカ戦争…………………… 129
南アフリカ連邦…………………… 132
南ベトナム解放戦線(ベトコン)… 182
ミハイル・ロマノフ……………… 73
ミュール紡績機………… 91、92
ミュンヘン会議…………………… 154
ミラノ勅令……………… 22、66
明………………………… 55、167
民主カンボジア…………………… 194
民政移管…………………………… 200
民族解放戦線(FLN)……………… 176

む

ムアーウィヤ……………………… 29
ムガール朝………………………… 64
ムジャヒッディーン……………… 197
ムスタファ・ケマル……………… 139
ムッソリーニ……………………… 139
ムドロス休戦協定………………… 136
ムバラク…………………………… 222
ムハンマド……………… 28、66
ムハンマド・アリー……………… 105
ムハンマド・アリー朝…………… 99
ムベキ……………………………… 217
ムラービト朝……………………… 38
ムワッヒド朝…………… 40、42
文在寅……………………………… 227

め

メイフラワー号…………………… 72
名誉革命…………………………… 80
メキシコ革命……………………… 133
メキシコ債務危機………………… 198
メソポタミア……………………… 8
メディア王国……………………… 13
メディチ家……………… 57、60
メドヴェージェフ………………… 220
メフメト2世……………………… 56
メフメト6世……………………… 137
メリーヌ関税……………………… 125
メルケル…………………………… 219
メルセン条約……………………… 34
メロヴィング朝…………………… 26

も

毛沢東…………………… 139、167
モーセ…………………… 10、126
モガデシュの戦闘………………… 211
モサド……………………………… 193
モスクワ公国……………………… 50
モスクワ大公国…………………… 53
モスル……………………………… 224
モハーチの戦い…………………… 64
モロッコ協定……………………… 133
モンゴル帝国……… 48、50、166
モンロー宣言…… 102、147、203

や

ヤッシー条約……………………… 97
ヤルタ会談………………………… 160
ヤング案…………………………… 145
仰韶文化…………………… 6、30

ゆ

ユーゴスラビア連邦共和国……… 198
ユーロ……………………………… 208
ユーロトンネル…………………… 211
ユエ条約…………………………… 120
ユグノー戦争…………… 67、68
ユスティニアヌス1世…………… 27

ユダ王国………………… 12、126
ユダヤ教…………… 14、66、126
ユダヤ人………………… 126、192
ユダヤ戦争……………… 20、126
ユトレヒト条約…………………… 74
ユトレヒト同盟…………………… 71
ユニラテラリズム………………… 147

よ

楊堅……………………… 27、30
煬帝……………………… 29、30
ヨークタウンの戦い……………… 95
ヨーロッパ共同体(EC)…………… 184
ヨハネ・パウロ2世……………… 196
ヨルダン川西岸地区…… 127、193

ら

ライプツィヒの戦い……………… 101
ライン同盟………………………… 99
ラインラント……………………… 152
ラッセル・アインシュタイン宣言… 174
ラッダイト運動…………………… 101
ラテラノ条約……………………… 144
ラテンアメリカ自由貿易連合…… 178
ラテン帝国……………… 47、49、51
ラバト決議………………………… 195
ラパロ条約………………………… 141
ラビン……………………………… 210
ラファエロ………………………… 60
ランゴバルド王国……… 27、32

り

リーマン・ショック……………… 220
リヴォニア戦争…………………… 68
リエゴ革命………………………… 101
李淵……………………… 29、30、166
力織機…………………… 92、94
リグ・ヴェーダ…………………… 11
李氏朝鮮…………………………… 55
李承晩……………………………… 139
李承晩ライン……………………… 171
李鴻章……………………………… 55
李世民……………………………… 166
リチャード1世………… 42、46
李朝(ベトナム)………………… 37
リットン調査団…………………… 148
リディア王国……………………… 13
竜山文化………………… 9、30
劉秀……………………… 21、31
柳条湖事件………………………… 149
劉邦……………………… 17、31
劉裕……………………… 27、30
リューリク……………… 34、39
両シチリア王国…………………… 41
リンカーン……………… 111、147
臨時国防政府……………………… 115
臨時大総統………………………… 135
林則徐……………………………… 105
リンドバーグ……………………… 143

る

ルイ7世…………………………… 46
ルイ9世…………………………… 47
ルイ14世…………………………… 80
ルイ15世…………………………… 84
ルイ16世…………………………… 91
ルイ=ナポレオン………………… 106
ルイ・フィリップ………………… 103
ルーズヴェルト…………………… 151
ルートヴィヒ2世………………… 34
ルーム・セルジューク朝 40,42,46,67
ルール地方………………………… 140
ルソー……………………………… 90
ルター…………………… 62、67
ルッジェーロ……………………… 38
ルッジェーロ2世……… 39、41
ルドルフ1世……………………… 51
ルネサンス……………… 52、60
ルワンダの大虐殺………………… 211

れ

冷戦勝利宣言……………………… 209
レヴァント会社…………………… 71
レーガン…………………………… 198
レーニン…………………………… 125
レオ10世…………………………… 62
レオ・シラード…………………… 159
レオナルド・ダ=ヴィンチ……… 60
レコンキスタ 28、40、45、58、66
レセップス………………………… 108
レッドパージ……………………… 168
レバノン内戦……………………… 195
レパントの海戦…………………… 68
レヒフェルトの戦い……………… 36

連合王国…………………………… 98
連合国……………………………… 158
連合国共同宣言…………………… 158
レントゲン………………………… 125

ろ

ローザンヌ条約…………………… 141
ローザンヌ会議…………………… 149
ローマ……………………………… 12
ローマ教皇領…………… 32、66
ローマ共和国……………………… 106
ローマ皇帝……… 18、32、36、66
ローマ帝国……… 18、24、126
ロカルノ条約……………………… 142
盧溝橋事件………………………… 152
盧山会議…………………………… 177
ロシア革命……………… 130、137
ロシア共産党……………………… 141
ロシア共和国……………………… 207
ロシア正教会……………………… 57
ロシア帝国………………………… 84
ロシア・ポーランド戦争………… 73
ロスチャイルド財閥…… 116、127
露独再保障条約…………………… 123
露土戦争………………… 91、103、119
ロヒンギャ………………………… 227
露仏同盟…………………………… 124
ロベスピエール…………………… 97
ロマノフ朝………………………… 73
ロロ……………………… 35、39
ロンドン会議……………………… 103
ロンドン海軍軍縮会議…………… 144
ロンドン大空襲…………………… 157
ロンドン万国博覧会……………… 109
ロンバルディア都市同盟………… 42

わ

ワーテルローの戦い……………… 101
ワールシュタットの戦い………… 48
ワイマール共和国………………… 139
ワシントン………………………… 95
ワシントン軍縮会議……………… 139
ワット…………………… 91、92
ワット・タイラーの乱… 55、57
倭奴国……………………………… 21
ワルシャワ条約機構……………… 173
ワレサ……………………………… 199
湾岸戦争…………………………… 209

[STAFF]

デザイン・イラスト・図版：株式会社ウエイド

[参考文献]
詳説 世界史研究（山川出版社）／世界史年表（岩波書店）／「全世界史」
講義Ⅰ 古代・中世編 （新潮社） ／「全世界史」講義Ⅱ 近世・近現代
編（新潮社）／エリア別だから流れが繋がる世界史（朝日新聞出版）
／標準 世界史地図（吉川弘文館）／山川世界史総合図録（山川出版社）
／新訂版 世界史図録ヒストリカ （山川出版社）

世界史 on MAP

令和元年10月20日 初版発行

起草・編纂者	鎌田雅治
編纂者	山岸全
発行人	山岸全
発行所	株式会社ウエイド
	http://www.wade-japan.com
	〒151-0072 東京都渋谷区幡ヶ谷1-17-8
	電話 03-6304-2154
	E-mail: office@wade-japan.com
印刷・製本	株式会社 シナノ

©2019 WADE Co.,Ltd ISBN978-4-9907378-2-5
※本誌の記事、写真、データ等の無断転載を禁止します。
※落丁・乱丁本は、小社宛にご送付ください。送料は小社負担にてお取替
　えいたします。